Informatik-Fachberichte 281

Herausgeber: W. Brauer
im Auftrag der Gesellschaft für Informatik (GI)

Subreihe Künstliche Intelligenz

Mitherausgeber: C. Freksa
in Zusammenarbeit mit dem Fachbereich 1
„Künstliche Intelligenz" der GI

Werner Emde

Modellbildung, Wissensrevision und Wissensrepräsentation im Maschinellen Lernen

Springer-Verlag

Berlin Heidelberg New York London Paris
Tokyo Hong Kong Barcelona Budapest

Autor

Werner Emde
Fachbereich Sprach- und Literaturwissenschaft
Universität Osnabrück
Sedanstr. 4, W-4500 Osnabrück

CR Subject Classification (1991): I. 2. 3–4, I. 2. 6

ISBN-13:978-3-540-54523-1   e-ISBN-13:978-3-642-76909-2
DOI: 10.1007/978-3-642-76909-2

Satz: Reproduktionsfertige Vorlage vom Autor

2133/3140-543210 – Gedruckt auf säurefreiem Papier

Vorwort

Maschinell lernende Systeme, die selbständig mit Hilfe induktiver Verfahren Modelle von Weltausschnitten bilden, sollten in der Lage sein, ihr Wissen zu revidieren, beispielsweise dann, wenn neue Daten früheren Lernresultaten widersprechen. In vielen Fällen empfiehlt sich eine konservative Revisionsstrategie, um das Wissen des Systems einem neuen Datum oder neuen Anforderungen anzupassen. Mit einer konservativen Revisionsstrategie wird ein vorschnelles Aufgeben von Wissen verhindert und das Lernen auf die Ergänzung und Verfeinerung des Wissens ausgerichtet. Dies ist insbesondere wichtig beim Lernen in komplexen Weltausschnitten, wo es kaum möglich ist, Regularitäten zu finden, die nicht irgendwelche Ausnahmen aufweisen. Konservatismus bei Wissensrevisionen sollte ergänzt werden durch eine auf Bestätigung des vorhandenen Wissens ausgerichtete Bildung und Überprüfung neuer Hypothesen, wenn Versuche der induktiven Erweiterung des Wissens vorgenommen werden.

In dieser Arbeit wird verdeutlicht, daß konfirmative Lern- und konservative Revisionsstrategien beim Lernen in komplexen Weltausschnitten notwendig sind, daneben aber auch einen schweren Nachteil aufweisen: Sie können zu Fehlern im Wissen des lernenden Systems führen, die nicht durch konservative Wissensrevisionen korrigiert werden können. Es wird gezeigt, daß bekannte Ansätze zur nicht-konservativen Wissensrevision im Maschinellen Lernen auf *destruktive* Veränderungen von Wissen ausgerichtet sind, d.h. es wird weder der Versuch unternommen, mit Hilfe des vorliegenden Modells Alternativen zu entwickeln, noch wird der Versuch unternommen, die korrekten Bestandteile des Wissens zu identifizieren und in ein neues Modell von dem Weltausschnitt zu übernehmen.

Darauf aufbauend wird ein *konstruktiver* nicht-konservativer Ansatz zur Wissensrevision in induktiv lernenden Systemen vorgestellt, in dem versucht wird, teilweise inkorrektes Wissen zur Bildung einer alternativen Modellierung zu verwenden, wobei auch die korrekten Bestandteile der ursprünglichen Modellierung einbezogen werden.

Die Realisierung eines lernenden Systems, das sowohl konservative als auch konstruktiv nicht-konservative Revisionen durchführen kann, bedingt eine Wissensrepräsentationskomponente, die bestimmte Anforderungen erfüllen muß. Diese Anforderungen werden expliziert, und am Beispiel der Inferenzmaschine IM-2 wird gezeigt, wie diese Anforderungen erfüllt werden können.

Obwohl die Überlegungen zur Modellbildung, Wissensrevision, und Wissensrepräsentation auf die Entwicklung induktiv lernender Systeme ausgerichtet sind, beschränkt sich ihre Bedeutung nicht auf das Forschungsgebiet des Maschinellen Lernens. So können sich beispielsweise bei der Verarbeitung natürlich-sprachlicher Texte ähnliche Probleme ergeben wie bei der induktiven Modellbildung und damit konstruktive nicht-konservative Wissensrevisionen erforderlich werden.

Die vorliegende Arbeit ist eine überarbeitete Fassung meiner am Fachbereich Informatik der Universität Hamburg unter dem Titel „Konstruktive nicht-konservative Wissensrevision im Maschinellen Lernen" eingereichten Dissertation. Ihre Grundidee hat ihren Ursprung in meiner Diplomarbeit am Fachbereich Informatik der Technischen Universität Berlin. Im Rahmen meiner wissenschaftlichen Tätigkeit im Projekt „Textverstehen: Interessengesteuerte Variation der Analysetiefe", im Projekt „Maschinelle Konsistenzüberprüfung und Lernen bei wissensbasierten Systemen" (beide am Fachbereich Informatik der Technischen Universität) und zuletzt im Projekt „Wissensstrukturen und Lexikalische Strukturen" (am Fachbereich Sprach- und Literaturwissenschaft der Universität Osnabrück) konnte ich die Idee beharrlich weiterverfolgen und diese Arbeit erstellen. Mein erster Dank richtet sich an Christopher Habel und Claus-Rainer Rollinger, die mir bei meiner Diplomarbeit betreuend zur Seite standen und mich gewähren ließen, als ich den ersten Schritt hin auf die vorliegende Arbeit machte, obwohl meine damaligen Lösungsversuche sehr ad hoc waren. Ihre dezenten Anmerkungen und meine Diskussionen mit ihnen haben mir immer sehr geholfen.

Christopher Habel übernahm dann auch die Betreuung meiner Promotion. Ich danke ihm für seine Ratschläge und die vielen wertvollen Anmerkungen, die auch heutzutage noch dezent sind (und für mich vielleicht gerade deshalb besonders lehrreich waren). Auch Claus-Rainer Rollinger danke ich für seine hilfreiche Kritik, die Unterstützung, die er mir zukommen ließ, und seinen (weniger dezenten) Fragen nach dem Stand der Dinge. Günther Görz danke ich für seine Bereitschaft, die Pflichten des Korreferenten in meinem Promotionsverfahren zu übernehmen.

Dem Leiter der genannten Projekte an der TU-Berlin, Prof. H.-J. Schneider, sowie seinem Nachfolger, Prof. B. Mahr, danke ich für die Möglichkeit, in den Forschungsprojekten zu arbeiten, und für den wertvollen Freiraum, den sie allen Mitarbeitern der KIT-Projektgruppe ließen. Der entsprechende Dank gebührt Prof. S. Kanngießer, dem Leiter des LILOG-Teilprojektes in Osnabrück, in dem ich zur Zeit arbeite.

Die größte Diskussionsbereitschaft findet man naturgemäß bei Kollegen/-innen. Ich habe sehr viel aus den Diskussionen mit meinen Kollegen im LERNER-Projekt, Katharina Morik, Sabine Thieme und Stefan Wrobel, gelernt und dabei viele Anregungen erhalten. Ihnen und auch den anderen Mitarbeitern/-innen der KIT-Projektgruppe (einschließlich der Sekretärinnen und der studentischen Hilfskräfte) danke ich für ihre moralische Unterstützung, Diskussionsbereitschaft und alltäglichen Hilfestellungen, besonders hevorzuheben sind Kai von Luck, Bernhard Nebel, Christof Peltason, Albrecht Schmiedel, Michael König und Carola Reddig (sie machte mich neugierig auf Feyerabend). Auch meinen Kollegen/-innen in Osnabrück danke ich für ihre Unterstützung und Rücksichtnahme in der letzten Phase des Unternehmens, insbesondere Manfred Grothaus und Hardy Scheffczik.

Außer von meinen direkten Kollegen/-innen bekam ich wichtige Anregungen von Pavel Brazdil. Das Nachdenken über eine seiner Fragen führte zum vierten Kapitel dieser Arbeit. Ich danke ihm, einigen anonymen Gutachtern und vielen anderen für ihre Anmerkungen und/oder ihre Diskussionsbereitschaft.

Meinen Eltern danke ich für die vielfältige Unterstützung, die mir half, das Berufsziel meiner Kindheit (ich wollte immer „Ganzmacher" werden) zu verwirklichen - zugegebenermaßen auf eine früher nicht ganz vorhersehbare Art.

Mein größter Dank richtet sich an meine Frau Iris. Bei ihr fand ich (zum Glück) keine wissenschaftliche Diskussionsbereitschaft, dafür aber eine umso größere moralische Unterstützung und eine schier unendliche Geduld, Nachsicht und Rücksichtnahme.

W. Emde
Osnabrück, Juni 1991

Inhaltsverzeichnis

1. Einleitung

Die Forschungsanstrengungen auf dem Gebiet des Maschinellen Lernens gelten dem Studium von Lernprozessen und der Implementierung von Lernverfahren auf Computeranlagen. Ähnlich wie bei den anderen Forschungsrichtungen im Bereich der Künstlichen Intelligenz (KI) liegt die Motivation zum einen darin, eine Ausprägung von menschlicher Intelligenz zu studieren, zu modellieren und zu simulieren. Zum anderen soll der Wissenserwerb zum Aufbau und zur Wartung der Wissensbasen wissensbasierter Computersysteme durch maschinelles Lernen (unabhängig von einer wie auch immer gearteten kognitiven Adäquatheit der verwendeten Verfahren) unterstützt und automatisiert werden.[1]

Der Begriff des Lernens umfaßt eine Vielzahl unterschiedlicher Phänomene, wie z.B. das Abspeichern und Erinnern von Informationen, das Erkennen von Regularitäten und Zusammenhängen, das Verknüpfen neuer Informationen mit bereits Bekanntem, das Transformieren und Zusammenfassen von Wissen für eine effiziente Verwendung, das Abstrahieren von Unwesentlichem, das Bilden von Analogien, das Experimentieren mit Hypothesen oder die Anpassung von Gelerntem an neue Informationen oder neue Probleme. Dabei treten diese verschiedenen Phänomene meist nicht einzeln auf, vielmehr ist das, was insgesamt betrachtet einfach als Lernen bezeichnet wird, meistens ein komplexer Teilprozeß unterschiedlicher Lernaktivitäten im Rahmen anderer Prozesse, wie z.B. der Lösung irgendwelcher Aufgaben. Entsprechend breit streuen sich auch die Anstrengungen auf dem Gebiet des Maschinellen Lernens.

Aufgrund der relativ kurzen Vergangenheit dieser Forschungsrichtung ist es bisher noch nicht gelungen, die verschiedenen bisher entwickelten Ansätze theoretisch zu vereinheitlichen und eine einheitliche Gesamttheorie des Maschinellen Lernens zu entwickeln. Die Schwierigkeit der Entwicklung einer allgemeinen Theorie, ergibt sich nicht nur durch die Mannigfaltigkeit der Prozesse, die beim Lernen auf verschiedene Weise zusammenspielen, sondern auch durch die Vielzahl der Möglichkeiten, die zur Realisierung einzelner Teilschritte bestehen. Allein die Problematik der Generalisierung von Konzeptbeschreibungen aus einer vorgegebenen Menge von Beschreibungen einzelner Instanzen hat, um ein Beispiel zu nennen, zur Entwicklung einer breiten Palette verschiedener Generalisierungsverfahren geführt (s. (Dietterich, Michalski 1983)). Jedes einzelne Verfahren hat mit seinen Vorteilen gegenüber anderen Verfahren und den Voraussetzungen, die seine Anwendbarkeit in einer bestimmten Situation bestimmen, eine potentielle Daseinsberechtigung in einem lernenden System. Dies deutet darauf hin, daß eine Theorie des Maschinellen Lernens nicht auf der Annahme eines allgemeinen Lernverfahrens basieren wird,

---

[1]Eine Einführung ins Maschinellen Lernen geben (Dietterich et al. 1982; Habel, Rollinger 1984; Kodratoff 1988).

das zur Lösung verschiedener Lernaufgaben gleichermaßen geeignet ist, sondern vielmehr Lernprozesse als Resultat des Zusammenspiels vieler spezieller Verfahren erklärt, sie in einen entsprechenden Rahmen einordnet und Aussagen über ihr Zusammenspiel macht.

Zu den Fragestellungen, die in jüngster Zeit verstärkt untersucht werden, gehört die Problematik der Wissensrevision in Lernprozessen. Wissensrevision nimmt eine zentrale Stellung beim Lernen insofern ein, weil Lernprozesse nur selten beim Stande Null beginnen, sondern meist auf Vorwissen aufbauen, dieses verfeinern, verändern oder ergänzen. Trotzdem waren lange Zeit im Maschinellen Lernen die Probleme der Veränderung und Anpassung von Wissen an neue Gegebenheiten im Hintergrund der Forschungsanstrengungen verblieben. Erst in den letzten Jahren sind von verschiedenen Lernverfahren inkrementelle Versionen entwickelt worden, die ihre Hypothesen an neues Datenmaterial anpassen können (Reinke, Michalski 1985; Bentrup et al. 1987), und auch im Rahmen der Modellierung wissenschaftlicher Entdeckungsprozesse mit maschinell lernenden Systemen findet die Problematik der Revision von Wissen mehr und mehr Aufmerksamkeit (s. (Rose, Langley 1986)).

Auch diese Arbeit ist der Wissensrevision in maschinell lernenden Systemen gewidmet. Es wird die Notwendigkeit nicht-konservativer Wissensrevisionen behandelt und ein konstruktiver Ansatz zur nicht-konservativen Wissensrevision entwickelt, der es lernenden Systemen ermöglichen soll, unter Ausnutzung ihres in früheren Lernschritten erworbenen Wissens sprunghafte („revolutionäre") Fortentwicklungen ihres Wissens zu erzielen. Bevor genauer auf die Zielsetzung dieser Arbeit eingegangen wird, scheint es geraten, ein wenig in die Thematik einzuführen, die Bedeutung des Begriffs Wissensrevision in dieser Arbeit zu erläutern und die Beziehung zu anderen Arbeiten aufzuzeigen, die sich mit der Revision von Wissen inner- und außerhalb des Maschinellen Lernens beschäftigen.

1.1 Zum Begriff der Wissensrevision

In dieser Arbeit werden Probleme der Wissensrevision in induktiv lernenden Sytemen behandelt. Um die Zielrichtung abzugrenzen von anderen Arbeiten in der KI, die Wissensrevision (*belief revision*) im Rahmen deduktiver Systeme behandeln, wollen wir den Begriff *induktive Wissensrevision* einführen[2]:

> Eine induktive Wissensrevision ist eine auf induktiven Prozessen basierende Veränderung einer Wissensbasis, die die Modifikation oder Löschung mindestens einer Wissensentität des in der Wissensbasis enthaltenen Modells beinhaltet und das Modell hinsichtlich bestimmter Kriterien wie Konsistenz und Kohärenz, Vollständigkeit etc. verbessert.

Als Modelle werden dabei an bestimmten Zielen orientierte axiomatisierte Darstellungen von Weltausschnitten bezeichnet, die zusammen mit aus den Modellen abgeleiteten Theoremen in einer Wissensbasis gespeichert sind. Um dem intuitiven Verständnis gerecht zu werden, das eine Revision die Änderung von Bestehendem beinhaltet, wird verlangt, daß mindestens ein Element des Modells modifiziert oder gelöscht wird. Das bloße Hinzufügen neuer Information (z.B. einer induzierte Regel) wird nicht als induktive Wissens*revision* bezeichnet (vgl. (Wirth 1988; Nebel 1990)).

---

[2]s. a. Abschnitt 3.4.2

Die Begriffsdefinition ist speziell auf die Beschreibung von Revisionsprozessen beim induktiven Lernen ausgerichtet und so ergeben sich in verschiedener Hinsicht einige Unterschiede zu der („üblichen") Bedeutung, die dem Begriff Wissensrevision (meist implizit) in der KI zugeordnet ist.

Eine Verwendung des Begriffs „induktive Wissensrevision" in dieser Arbeit impliziert nicht, daß das Ergebnis eines damit beschriebenen Prozesses unbedingt eine konsistente Wissensbasis sein muß (vgl. (Nebel 1990; Makinson 1985)), vielmehr soll es auch ausreichend sein, wenn die Wissensbasis einfach nur „weniger Widersprüche"[3] beinhaltet. Dem liegt folgende Betrachtung zugrunde: Lernprozesse können unter bestimmten Umständen, z.B bei einem noch wenig systematisierten Weltausschnitt und geringer Qualität der vorliegenden Daten, sehr leicht zu einem Modell führen, das bei einer genaueren Überprüfung Inkonsistenzen aufweist. Eine zu starke Fokussierung auf eine Konsistenzerhaltung (sowohl innerhalb des Modells, als auch in Bezug zum vorliegenden Datenmaterial) kann Fortschritte in der Modellbildung sehr leicht unterbinden, wenn dadurch die Aufmerksamkeit von der Fortentwicklung des Modells abgezogen wird. Diesen Schluß legen verschiedene psychologische Untersuchungen (Tweney et al. 1981, S. 115ff) als auch wissenschaftstheoretische Betrachtungen (Feyerabend 1976, S. 71ff) nahe. Für die Wissensrevision in einem lernenden System bedeutet das, daß die Priorität einer Wissensrevision nicht unbedingt bei der Beseitigung aller Widersprüche in einem Modell liegen muß, vielmehr kann es vorteilhafter sein, einzelne weniger relevante Widersprüche im Wissen des Systems zu akzeptieren und die zur Verfügung stehenden Ressourcen der Verbesserung wichtig erscheinender Hypothesen zu widmen.[4]

Eine weitere Besonderheit ist ebenfalls hinsichtlich der allgemeinen Aufgabe einer Wissensrevision im Rahmen induktiv lernender Systeme zu bemerken. In einem lernenden System kann das Ziel einer Wissensrevision auch darin bestehen, das gelernte Wissen hinsichtlich anderer Kriterien wie z.B. Kohärenz oder Effizienz zu verbessern, statt nur auf die Herstellung von Konsistenz ausgerichtet zu sein.[5] Ein Grund für die Tatsache, daß in den meisten KI-(relevanten)-Ansätzen zur Revision von Wissen, die außerhalb des Maschinellen Lernens entwickelt worden sind[6], andere Kriterien neben Konsistenz keine oder nur eine untergeordnete Rolle spielen, ist sicherlich darin zu sehen, daß unter bestimmten Umständen die Kohärenz, Einfachheit, Vollständigkeit etc. eines Wissenssystems vorausgesetzt werden kann. Bei Revisionsprozessen, die in Zusammenhang mit der Bildung oder Erweiterung einer Wissensbasis stehen, kann eine solche Annahme nicht gemacht werden.

Dazu stelle man sich eine Situation vor, in der ein lernendes System bestimmte Beobachtungen, die sich nicht mit seinem Modell des Weltausschnittes decken, als irrelvante Ausnahmen deklariert oder den Gültigkeitsbereich einzelner Aussagen einschränkt. In diesem Fall kann das Modell zwar konsistent, aber trotzdem verbesserungsfähig sein, z.B.

---

[3]Neben der Anzahl von Widersprüchen in einem Wissenssystem ist sicherlich auch deren Relevanz in die Bewertung einer Veränderung einzubeziehen, d.h. die Änderung eines Modells kann auch dann eine Verbesserung bedeuten, wenn anschließend die gleiche Anzahl von Widersprüchen vorliegt, deren Bedeutung aber gering ist (z.B. in Hinblick auf den Verwendungszweck des Modells).

[4]Daraus ergeben sich auch Konsequenzen hinsichtlich der Frage, wieviel Aufwand in die Überprüfung der Konsistenz gesteckt werden sollte (s.a. Abschnitt 1.5.1 und 5.3.1).

[5]Eine auf die Konsistenzerhaltung eingeschränkte Erklärung (oder Verwendung) des Begriffs der Wissensrevison im Maschinellen Lernen findet sich in z.B. in (Wirth 1988; Rose, Langley 1986) (vgl. (Michalski 1985)).

[6]s. z.B. (Nebel 1990; Dalal 1988; Makinson 1985; Alchourron et al. 1985)

über die Entdeckung von Regularitäten in den Ausnahmen (s. (Emde, Habel, Rollinger 1983; Wrobel 1988)). Daher werden auch solche Verbesserungen, die nicht direkt mit der Beseitigung von Inkonsistenzen zu tun haben, im weiteren als Wissensrevisionen betrachtet.

Das in gewisser Weise wichtigste Merkmal des Begriffs „Wissensrevision", wie er in dieser Arbeit verwendet wird, betrifft die eingeschränkte Gültigkeit des Ziels, möglichst geringe Änderungen anzustreben. In den Arbeiten, die sich mit der Konsistenzerhaltung in Wissensbasen auseinandersetzen, ist das am häufigsten genannte Präferenzkriterium zur Auswahl einer von verschiedenen Möglichkeiten der Modifikation die Bevorzugung „minimaler Änderungen einer Wissensbasis" (bzw. Datenbasis, Theorie, etc.) (s. z.B. (Doyle 1979; Fagin et al. 1983; Ginsberg 1986; Lenzerini, Nardi 1988)). Auch in Lernprozessen spielen die Konsistenz und die Forderung nach minimalen Änderungen eine wichtige Rolle, können aber eine untergeordnete Position einnehmen, wenn minimale Änderungen weitere Fortschritte im Lernprozeß behindern. Unter solchen Umständen, die in Abschnitt 1.5 näher spezifiziert und im 2. Kapitel am Beispiel verschiedener Lernprogramme eingehend behandelt werden, kann es zweckmäßig sein, radikale Modifikationen auch unter Einbeziehung einer völlig neuen Sichtweise zu erlauben, wenn dadurch mittel- oder auch langfristig weitere Fortschritte ermöglicht werden. Auch solche radikalen Modifikationen wollen wir in die Betrachtung von Revisionsmöglichkeiten einbeziehen. Radikale Modifikationen unterscheiden sich grundlegend vom Neuerwerb dadurch, daß sie überkommenes Wissen ausnutzen, um neues Wissen hervorzubringen. In diesem Sinne wird, um ein Beispiel zu geben, der Übergang von der Newtonschen Mechanik auf die Relativitätstheorie als Wissensrevision betrachtet (vgl. (Michalski 1985)).

1.2 Wissensrevision in der KI

Die Problematik der Wissensrevision wird in der KI (als Oberdisziplin des Maschinellen Lernens) schon seit geraumer Zeit unter verschiedenen Aspekten untersucht. Als grober Überblick soll ein kurzes Eingehen auf die folgenden wesentlichen Zielsetzungen reichen[7]:

- die Verwaltung von Datenabhängigkeiten (s. (Charniak, McDermott 1986, S. 411ff)),

- die Verwaltung von Standardannahmen (s. z.B. (Doyle 1979; McAllester 1980) und

- die Revision vorgegebener Informationen (s. z.B. (Nebel 1990; Ginsberg 1986; Fagin et al. 1983).

Das wichtigste Unterscheidungsmerkmal besteht in den Freiheitsgraden, die bei entsprechenden Revisionen offen stehen. Die Verwaltung von Datenabhängigkeiten (*data-dependency maintenance*) dient dazu, nach einer Hinzufügung oder Löschung von Informationen in einer Daten- bzw. Wissensbasis, die Gültigkeit vorgenommener Ableitungen zu überwachen. Ändert sich durch eine Eingabe oder Löschung eines Faktums der Verifikationsstatus der Prämisse einer Inferenz, dann sollte die Konsequenz der Modifikation auf die Konklusion berechnet und die Wissensbasis entsprechend modifiziert werden. Bei

---

[7]Eine ausführlichere Darstellung findet sich in (Nebel 1990, S. 175ff).

der Verwaltung von Datenabhängigkeiten ergeben sich typischerweise keine Wahlmöglichkeiten, die zu unterschiedlichen Resultaten einer Wissensrevision führen können.

Beschränkte Wahlmöglichkeiten können sich bei der Verwendung von Standardannahmen zur Erschließung von Wissen bei unvollständiger Information bieten.[8] Verwendet ein
System Standardannahmen zur Lösung eines Problems und erhält es zu einem späteren
Zeitpunkt neue Informationen, die zu einem Widerspruch im Wissen des Systems führen,
dann muß eine Wissensrevisionskomponente die Aufgabe haben, die Ursache des Widerspruchs zu finden und die Konsistenz des Wissens wiederherzustellen.[9] Unter der Voraussetzung, daß die explizit vorgegebenen Informationen korrekt sind, bedeutet dies, eine in
der gegebenen Situation nicht angemessene Annahme zu identifizieren. Die Notwendigkeit einer Auswahl ergibt sich genau dann, wenn bei der Ableitung des widersprüchlichen
Wissens mehr als eine Annahme verwendet wurde und die Rücknahme jeder dieser Annahmen zur Lösung des Widerspruchs führt.[10] Das Charakteristische an der Verwaltung
von Schlußfolgerungen aus Standardannahmen besteht darin, daß nur eine beschränkte
Menge speziell ausgezeichneter Einträge für Inkonsistenzen verantwortlich gemacht wird.
Das meistverwendete Präferenzkriterium zur Auswahl einer Wissensrevisionsmöglichkeit
ist die Bevorzugung „minimaler Änderung an der Wissensbasis".

Wenn bei einer Wissensrevison zur Beseitigung eines Widerspruchs nicht nur Annahmen (*assumptions*), sondern auch die dem System explizit vorgegebenen Informationen
in Zweifel gezogen werden können oder müssen, bzw. Annahmen nicht als solche gekennzeichnet sind, dann fällt die obengenannnte Beschränkung der Revisionsalternativen weg.
Jeder Eintrag in der Wissensbasis kann potentiell für den Widerspruch verantwortlich
gemacht werden. Während es zur Beseitigung eines Widerspruchs aufgrund von Standardannahmen ausreicht, die Ableitungen, die zum Widerspruch geführt haben, bis auf die
gemachten Annahmen zurückzuverfolgen, erfordert dieser Fall die kritische Betrachtung
aller Informationen, die am Zustandekommen des Widerspruch beteiligt sind bzw. dazu
verwendet werden könnten.

Verschiedene Revisionsalternativen ergeben sich in einem solchen Fall meist dadurch,
daß verschiedene Teilmengen von Einträgen in der Wissensbasis eine konsistente Unter-
menge der inkonsistenten Wissenbasis bilden. Einen besonderen Status nehmen dabei die
maximal konsistenten Untermengen ein (s. (Rescher 1973)), die dadurch charakterisiert
sind, daß ihnen kein weiteres Element der inkonsistenten Wissensbasis hinzugefügt werden
kann, ohne daß sie inkonsistent werden. Im allgemeinen ergeben sich selbst unter der Voraussetzung, daß minimale Änderungen der Wissensbasis angestrebt werden, verschiedene
Revisionsalternativen, weil in den meisten Fällen mehrere *maximal konsistente Unter-*

---

[8]Die Verwendung von Standardannahmen beim Vorliegen unvollständiger Information wird in der KI
unter der Bezeichnung *Default reasoning* untersucht. Einen Überblick über verschiedene Ansätze gibt eine
Sonderausgabe des Artificial Intelligence Journals vom April 1980 (s.a. (Habel 1983; Winston, Michalski
1986)).

[9]Das „Truth Maintenance System" von Doyle (Doyle 1979), das „Reasoning Utility Package" von
McAllester (McAllester 1980) und das „Assumption-based Truth Maintenance System" von de Kleer (de
Kleer 1986) sind die bekanntesten Programme, die die Verwaltung von Standardannahmen übernehmen
können.

[10]s. (Doyle 1979; McAllester 1980) zur Frage der Ermittlung solcher Auswahlmöglichkeit

mengen existieren. Betrachten wir dazu folgendes Beispiel: Eine Wissensbasis enthalte die folgenden Mengen von Einträgen in Klauselnotation:

$$M_1 = \langle \{r(c1), q(c1)\}, \{\forall x(p(x) \to q(x)), \forall x(r(x) \to q(x))\}\rangle.$$

Eine neue („sichere") Beobachtung $\neg q(c1)$ führe zur Rücknahme von $q(c1)$ und dem Eintragen von $\neg q(c1)$. Damit wird ein Widerspruch ableitbar. Die Aufgabe einer Wissensrevison sollte nun sein, die Wissensbasis hinsichtlich vorgegebener Fakten und Regeln zu untersuchen, die die Ableitung von $q(c1)$ erlauben, und den Widerspruch zu beseitigen. In diesem Beispiel ist offensichtlich, daß ein Element der Menge $\{r(c1), \forall x(r(x) \to q(x))\}$ gelöscht oder modifiziert werden muß, d.h. mindestens zwei Revisionsmöglichkeiten gegeben sind:

$$M_2 = \langle \{\neg q(c1)\}, \{\forall x(p(x) \to q(x)), \forall x(r(x) \to q(x))\}\rangle$$

$$M_1$$

$$M_3 = \langle \{\neg q(c1), r(c1)\}, \{\forall x(p(x) \to q(x))\}\rangle$$

An dieser Stelle sollte darauf hingewiesen werden, daß die oben genannten Arbeiten von Doyle, de Kleer, McAllester und Ginsberg in erster Linie in einem Problemlösungskontext zu sehen sind und der Konsistenzerhaltung in Wissensbasen zur Exploration von Problemlösungen dienen. Der Fokus bei Wissensrevisionen liegt in diesem Zusammenhang daher eher in der kritischen Behandlung spezifischer Informationen (wie r(c1) im obigen Beispiel) statt in der Beurteilung (allgemeineren) regelhaften Wissens (wie $\forall x(r(x) \to q(x))$) (vgl. (Ginsberg 1986)).[11]

Auch im Fall der Revision vorgegebener Informationen kann das Auswahlkriterium „minimale Änderung" der Daten- bzw. Wissensbasis verwendet werden (s. (Lenzerini, Nardi 1988)), allerdings stellt sich hier eher die Frage, was eine „minimale Änderung" eigentlich ist (oder mit anderen Worten: woran sich Änderungen einer Wissensbasis messen oder vergleichen lassen). Der Grund ist folgender: Einträge in einer Wissensbasis können, von einem außer-logischen Standpunkt betrachtet, unterschiedlich „wichtig" (relevant, wahrscheinlich, glaubwürdig) sein, selbst dann, wenn sie die gleiche syntaktische Struktur aufweisen. Eine Entscheidung, welche von mehreren Revisisonsalternativen eine minimale Änderung einer Wissensbasis darstellt, ist daher abhängig von außer-logischen Kriterien.

Gefordert ist folglich die Einbeziehung zusätzlicher, anwendungs- oder sachbereichsspezifischer Bewertungen bei der Berechnung maximal konsistenter Untermengen. Der schon mehrmals zitierte Aufsatz Ginsbergs liefert mehrere Beispiele solcher Bewertungen[12]: Die in einem Problemlösungskontext oft unerwünschte Verwerfung regelhaften Wissens wird durch spezielle Angaben über nicht erlaubte Revisionsmöglichkeiten verhindert. Ginsberg verwendet dazu ein „badworld"-Prädikat B, mit dem explizit die Wissenselemente gekennzeichnet werden können, die nicht verworfen werden sollen.

---

[11]Unabhängig vom Revisionskontext kann eine bevorzugte Modifikation assertionellen Wissens auch darin begründet liegen, daß regelhaftes Wissen als widerstandsfähiger gegen Anfechtungen durch Inkonsistenzen angesehen wird (s. (Habel 1986, S. 82)).

[12]s.a. (Nebel 1990, S. 159ff; Fagin et al. 1983)

Übertragen auf unser Beispiel würde mit der Annahme $B(M_1 - \forall x(r(x) \rightarrow q(x)))$ das Löschen der Regel als nicht akzeptabel markiert werden können. Auf ähnliche Weise repräsentiert Ginsberg auch deklarativ die Prioritäten, die verschiedenen Modifikationen eingeräumt werden, z.B. aufgrund einer vorgegebenen Bewertung der Wahrscheinlichkeit von bestimmten Zuständen im betreffenden Weltausschnitt.

Eine weitere Art der Bewertung der Einträge einer Wissensbasis (neben einer vorgegebenen Rangfolge- oder Wahrscheinlichkeitsbewertung) können Verweise auf die Informationsquelle darstellen, die dann zur Berechnung von Rangfolgebewertungen herangezogen werden können. Stammen die im Fokus stehenden Einträge einer Wissensbasis aus verschiedenen Informationsquellen, dann kann eine Bewertung der Glaubwürdigkeit der Informationsquellen (z.B. basierend auf einer Kompetenzbewertung[13]) auf die vorliegenden Informationen übertragen werden. Informationen, die von einem Experten geliefert wurden, können z.B. eine höhere Glaubwürdigkeit erhalten, als Informationen, die von einem Nicht-Experten stammen. Eine „minimale Änderung" der Wissensbasis zur Auflösung eines Konfliktes würde dann gleichbedeutend gesetzt werden mit der Änderung, der am wenigsten glaubwürdigen Informationen.[14]

Nähern wir uns nun dem eigentlichen Thema dieser Arbeit und betrachten als Informationsquelle für Einträge in einer Wissensbasis induktive Lernverfahren. Als erstes ist die Frage zu klären, ob und wie sich die Wissensrevisionsproblematik in einem Problemlösungskontext von der Problematik unterscheidet, die sich bei der Wissensrevision im Lernen ergibt.[15] Auf einen wichtigen Unterschied ist schon bei der Einführung des Begriffs „Wissensrevision" hingewiesen worden: Das Ziel einer Wissensrevision in einem lernenden System kann nicht nur darin bestehen, Widersprüche zu beseitigen, vielmehr können auch Kriterien wie die Kohärenz, die Eleganz, die Effizienz und die Effektivität des gelernten Wissens in einer Wissensrevison eine wichtige Rolle spielen und insbesondere auch zu den Faktoren gehören, die eine Revision auslösen. Ein weiterer wichtiger Unterschied ist darin zu sehen, daß die Modifikation von regelhaftem Wissen (als Ergebnis von Generalisierungsprozessen) im Vordergrund des Interesses steht (Wirth 1988).

1.3 Wissensrevision im Maschinellen Lernen

Zur Untersuchung der Revisionsalternativen beim Lernen wollen wir das oben angeführte Beispiel, in dem die Auswahl mindestens eines Elementes aus der Menge $\{r(c1), \forall x(r(x) \rightarrow q(x))\}$ zur Löschung notwendig war, weiterführen und zusätzlich annehmen, daß die Regel $\forall x(r(x) \rightarrow q(x))$ das Ergebnis eines induktiven Prozesses ist. In einer solchen Situation lassen sich in Abhängigkeit der näheren Umstände verschiedene Handlungen rechtfertigen

---

[13]Andere Faktoren, die neben einer Kompetenzbewertung Auswirkungen auf die Glaubwürdigkeit von Informationen haben können, werden in (Morik 1982) aus der Sicht der Modellierung von Überzeugungssystemen beschrieben.

[14]Hier sollte angemerkt werden, daß die Glaubwürdigkeit von Informationen z.Zt. in der KI im allgemeinen nicht behandelt wird. Auf die Bewertung der Glaubwürdigkeit von Informationen wird nochmals in Abschnitt 5.3.1 eingegangen.

[15]Eine wichtige Frage, die sich in diesem Zusammenhang stellt (und einer näheren Betrachtung unterzogen werden sollte) ist die, ob spezielle Revisionsverfahren für das maschinelle Lernen erforderlich sind oder ob allgemeine Revisionsverfahren u.a. zur Verbesserung von Lernresultaten geeignet sein sollten (s. Kapitel 7)

(vgl. (Michalski, Winston 1986)), die sich nicht nur auf die spezifische Situation (z.B. eine spezifische Problemlösung) auswirken, sondern auch entscheidende Konsequenzen auf das zukünftige Verhalten des Systems haben können:

Möglichkeit 1: Die Regel (bzw. die Assertion) kann als falsch eingestuft und gelöscht werden.

Möglichkeit 2: Die Regel kann als „in dieser Situation nicht anwendbar" klassifiziert werden und eine Bewertung (Sicherheit, Evidenz) zugeordnet bekommen, die ihre Anwendung in der Zukunft beeinflußt oder zu einer entsprechenden Bewertung inferierter Informationen führt.

Möglichkeit 3: Die Regel kann als „in dieser Situation nicht anwendbar" erklärt werden und in der Zukunft als „Default Regel" behandelt werden.

Möglichkeit 4: Die Regel kann als „in dieser Situation nicht anwendbar" erklärt werden und bekommt eine explizite Beschreibung der Ausnahmesituation zugeordnet, so daß sie in dieser Situation nicht mehr angewendet wird.

Möglichkeit 5: Die Regel wird modifiziert, so daß sie bei einer Anwendung nur richtige Ergebnisse liefert.

Möglichkeit 6: Die Regel wird durch eine neue ersetzt.

Bei der Revision assertionellen Wissens zur Konsistenzerhaltung besteht im allgemeinen für einzelne Einträge immer nur die Möglichkeit, sie zu löschen oder sie zu behalten. Demgegenüber erlaubt eine in Mißkredit geratene Regel, wie oben gezeigt, einen größeren Handlungsspielraum und somit wird das Revisionsproblem komplexer. Insbesondere in solchen Fällen, wo die betreffende Regel in der Vergangenheit gute Dienste geleistet hat und in der überwiegenden Zahl von Fällen korrekte Ergebnisse geliefert hat, ist es wenig sinnvoll, die Regel ohne eine eingehende Untersuchung möglicher Verbesserungen zu verwerfen. Dabei kann auch die neuerliche Anwendung induktiver Schlußverfahren eine Rolle spielen (Möglichkeit 5 und 6).

Darüber hinaus bestehen weitere Revisionsmöglichkeiten, wenn das Wissen des Systems partitioniert wird, d.h. einzelne Wissenselemente zu einer Einheit zusammengefaßt und als eine Einheit gelöscht, modifiziert oder ersetzt werden. So lassen sich die oben genannten Revisionsmöglichkeiten auch auf Regelmengen anwenden. Statt beim Auftreten von Schwierigkeiten einzelne Bestandteile zu modifizieren, kann es z.B. vorteilhafter sein, den Anwendungsbereich einer Regelmenge auf einen bestimmten Bereich einzuschränken oder eine Regelmenge durch eine neue Regelmenge zu ersetzen.[16]

Welche Revisionsmöglichkeit von einem lernenden System in einer konkreten Situation gewählt wird, hängt von verschiedenen Faktoren ab. Sie betreffen zum einen die allgemeine Lernaufgabe des Systems, den Verwendungszweck des gelernten Wissens, die Komplexität des Sachgebietes und die Qualität der vorliegenden Daten. Zum anderen spielt die konkrete Lernsituation eine Rolle, z.B. der Grad der Konsistenz und Kohärenz des gelernten Wissens, die Erfolge und Schwierigkeiten, die sich im Verlauf des Lernprozesses eingestellt haben und die zur Verfügung stehenden Ressourcen. Bevor auf mögliche Strategien zur

---

[16]s. (Michalski 1985), Abschnitt 1.5.2, Kapitel 6

Wissensrevision eingegangen wird, sollte die Frage behandelt werden, warum induktive Lernprozesse überhaupt zu Situationen führen können, in denen Wissen revidiert werden muß.

Die Notwendigkeit zu Wissensrevisionen kann sich in Lernprozessen aus verschiedenen Gründen ergeben (vgl. (Reinke, Michalski 1985)):

- Informationen sind oft nur inkrementell verfügbar

- die Welt hat die Eigenschaft sich zu ändern

- Anforderungen an ein lernendes System können sich ändern

- die Komplexität eines Weltausschnittes erfordert einen mehrstufigen Lernprozeß.

Oft sind Informationen über einen Weltausschnitt nur inkrementell verfügbar. Die Umgebung lernender Systeme ist im allgemeinen jederzeit in der Lage, neue Informationen zu liefern, die zu einer Erweiterung oder Verfeinerung eines Modells des Weltausschnittes beitragen können. Zwangsläufig sind daher von einem lernenden System konstruierte Modelle über einen Weltausschnitt unvollständig und können noch erweitert, verfeinert oder vertieft werden. Trotzdem sollte ein intelligentes System möglichst früh zumindest auf die wichtigsten Informationen oder Anforderungen reagieren können, selbst wenn das Modell des Systems über den betreffenden Weltausschnitt nur grob ist.[17] Werden dem System zu einem späteren Zeitpunkt neue Informationen bekannt, sollte es sein Modell über den Weltausschnitt verbesseren, sofern dies die Aufgabenerfüllung des Systems verlangt oder unterstützt.

Ein Beispiel aus dem Spracherwerb von Kindern mag diese Forderung nach der frühzeitigen Verwendbarkeit von Wissen erläutern. Kinder, die ihre erste Sprache erwerben, sind relativ früh in der Lage, Äußerungen (wie z.B. Hinweise auf irgendwelche Gefahren) in ihrem wichtigsten Kern zu verstehen und in entsprechender Weise darauf zu reagieren, obwohl sie die volle Bedeutung des verwendeten Vokabulars noch nicht kennen. So ist beispielsweise aus entwicklungs-psychologischen Experimenten bekannt, daß Kinder Adjektive wie „lang" und „breit" auf die Bedeutung des allgemeineren Adjektivs „groß" abbilden, während die Wörter „kurz" und „schmal" wie das Adjektiv „klein" verstanden werden (Carey 1978). Die Fähigkeit Wissen zu revidieren und Fertigkeit zu verbessern bzw. in diesem speziellen Fall verfeinern zu können, erlaubt es Kindern relativ früh, wichtige Teile von sprachlichen Äusserungen zu verstehen und trotzdem später noch die volle, korrekte Bedeutung zu lernen.

Ein zweiter Grund für die Notwendigkeit von Wissensrevisionen besteht darin, daß die Welt die Eigenschaft hat, sich zu ändern, und ein intelligentes System sollte solchen Änderungen in seinem Modell über einen Weltausschnitt Rechnung tragen können, sofern er davon betroffen ist. Dies ist insbesondere von Bedeutung für die Anwendung von KI-Systemen in Bereichen, die starken Wandlungen unterworfen sind, wie z.B. der Medizin, in der ständig neue Erkenntnisse gewonnen werden, neue Krankheiten entdeckt und neue Heilverfahren und Medikamente entwickelt und eingesetzt werden. Die Lernkomponente

---

[17]Dem liegt das allgemeine (vom Lernen unabhängige) Prinzip zugrunde, daß ein System trotz unvollständigen Wissens handlungsfähig sein sollte. Auf diesem Prinzip beruhen auch die Arbeiten zum Schließen aus unvollständigem Wissen (s. (Habel 1983)).

eines Systems, das in solchen Bereichen eingesetzt wird, kann deshalb die Aufgabe haben, eine Anpassung des Wissens des Systems an neue Gegebenheiten durch automatische Wissensrevisionen zu unterstützen.

Drittens können sich darüber hinaus auch die Anforderungen an ein System ändern, so daß eine Verfeinerung oder Erweiterung eines Modells über einen Sachbereich erforderlich wird. Um beim Beispiel der Anwendung eines KI-Systems im Bereich der Medizin zu bleiben, kann zur Illustration ein Szenario mit einem Beratungssystem für Medikamente angeführt werden. Ein System, das Auskünfte über Anwendungsmöglichkeiten von Arzneimitteln erteilt, sollte seine Dienste nicht versagen, wenn mit neuen Medikamenten eine gänzlich neue Therapieform erschlossen wird, die die Berücksichtigung bis dahin vernachlässigter Wirkungszusammenhänge erfordert. Damit können Revisionsprozesse notwendig werden, weil neue Anforderungen ein verfeinertes Wissen über diese Wirkungszusammenhänge notwendig machen.

Viertens können (insbesondere bei komplexen Lernaufgaben) Revisionen notwendig werden, weil im Lernprozesses grundlegende Annahmen über die Struktur des Weltausschnittes gemacht werden, die sich später als falsch herausstellen. Ist die Anzahl der zu betrachtenden Objekte, Relationen und Daten im Verhältnis zu den zur Verfügung stehenden Ressourcen (Speicherplatz, Zeit, etc.) groß, dann bietet sich eine Zerlegung der Lernaufgabe in kleinere Teilaufgaben an. So kann es beispielsweise sinnvoll sein, in einer ersten Phasen eines Lernprozesses in einem neuen Weltausschnitt eine Vorstrukturierung vorzunehmen, um dann in einer folgenden Lernphase, kleine und überschaubare Teilbereiche einer näheren Untersuchung zu unterziehen. Ein solches Vorgehen birgt die Gefahr in sich, daß mit einer Vorstrukturierung Annahmen gemacht werden, die sich im späteren Lernprozeß als nicht geeignet herausstellen, und daß sich anfänglich korrekt erscheinende Arbeitshypothesen bei einer näheren Untersuchung nur eingeschränkt mit dem vorliegenden Datenmaterial vereinbaren lassen. So muß Wissensrevision ein grundlegender Bestandteil jeder Modellbildung in komplexen Bereichen sein, unabhängig davon, ob die wesentlichen Informationen, die zur Bildung eines Modells notwendig sind, inkrementell zur Verfügung gestellt werden oder dem lernenden System von Beginn der Modellbildung an (potentiell) verfügbar sind.[18]

Zur Illustration kann hier auf den Wissenserwerb in den Naturwissenschaften verwiesen werden. Alle bedeutenden Theoriebildungen in diesen Wissenschaften, sei es die Entwicklung des Atommodells in der Physik oder die Entdeckung der DNS-Struktur in der Bio-Chemie, sind langwierige Prozesse, in denen die Theorien wiederholt verfeinert oder durch neue Theorien ersetzt wurden. Bei diesem Beispiel läßt sich sicherlich die Notwendigkeit zu Wissensrevisionen nicht nur auf die Komplexität der Gegenstandsbereiche reduzieren, vielmehr spielt in den Wissenschaften auch immer die Verfügbarkeit neuer Daten eine Rolle, die zu Wissensrevisionen zwingen. Eben diese Daten treten aber häufig erst auf der Basis eines Modells „in Erscheinung", wenn z.B. Vorhersagen über nicht frei beobachtbare Phänomene zur Entwicklung neuer Instrumente zwingen.

Im Maschinellen Lernen sind bisher vornehmlich solche Revisionsprozesse untersucht worden, die notwendig werden, weil neue Daten Widersprüche im Wissen des lernenden Systems verursachen (s. z.B. (Reinke, Michalski 1985; Bentrup et al. 1987). Die vorliegende

---

[18]Dieser Tatsache wird zwar bei Arbeiten zur Wissensakquisition Rechnung getragen (s. (Hayes-Roth et al. 1983, S. 23ff), hat aber im Maschinellen Lernen überraschenderweise bisher so gut wie keine Berücksichtigung gefunden.

Arbeit ist hauptsächlich auf die Problematik der Wissensrevision bei Modellbildungsprozessen in „komplexen Sachbereichen" ausgerichtet, die einen mehrstufigen Lernprozeß erfordern.

1.4 Das Lernszenario

Folgendes Lernszenario soll den Betrachtungsrahmen für diese Arbeit darstellen (s. Abbildung 1.1): Ein lernendes System wird mit einem kontinuierlichen Strom von Daten, die mit einer Wissensrepräsentationssprache formuliert sind[19], über Beobachtungen in einem Weltauschnitt versorgt und hat die Aufgabe ein Modell[20] dieses Weltausschnittes auf der Grundlage der eingehenden Daten induktiv zu konstruieren.

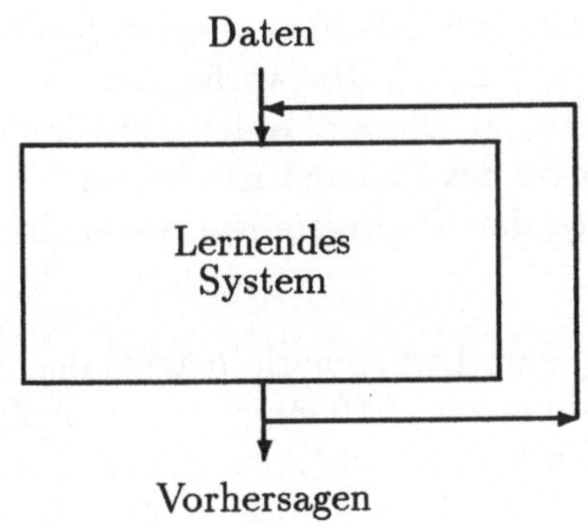

Abbildung 1.1. Das Lernszenario

Das Modell soll die Möglichkeit bieten, während des Lernprozesses Vorhersagen über weitere mögliche Beobachtungen zu machen. Sollten sich durch neue Daten Unzulänglichkeiten des Modells (z.B. hinsichtlich seiner Kohärenz oder Konsistenz in Relation zu den vorliegenden Daten) ergeben, gehört es zur Aufgabe des Systems, diese Unzulänglichkeiten zu beseitigen, d.h. eine Revision des Modells vorzunehmen. Zusätzlich soll die Annahme gelten, daß die Ressourcen des Systems (Speicherplatz, Zeit) beschränkt sind. Hinsichtlich der Qualität der Daten soll angenommen werden, daß einzelne Daten, die dem System geliefert werden, falsch sein können. Ferner soll angenommen werden, daß die Komplexität des Weltausschnittes bei den zur Verfügung stehenden Ressourcen einen mehrstufigen Modellbildungsprozeß erfordert.

Diese Beschreibung des Lernszenarios macht einige Bemerkungen notwendig. Die erste betrifft die Beziehung des hier aufgezeichneten Lernszenarios zu Lernsituationen in der realen Welt, insbesondere zur Theoriebildung in den Naturwissenschaften. Zweifellos

---

[19]Im Gegensatz dazu sind Sinnesdaten bzw. Daten zu sehen, die von Sensoren geliefert werden und noch einer formal-sprachlichen Beschreibung bedürfen.

[20]Als Modelle werden hier an bestimmten Zielen ausgerichtete (formalisierte) Darstellungen von Weltausschnitten betrachtet (s. Abschnitt 3.3.3).

zeigen sich gewisse Ähnlichkeiten, z.B. hinsichtlich der Aufgabe einer Modellbildung, der Verfügbarkeit und Qualität der Daten, der Beschränktheit von Ressourcen. Diese Ähnlichkeiten sind auch nicht rein zufälliger Natur, da in dieser Arbeit bestimmte Aspekte der Wissensrevision untersucht werden sollen, die sowohl im menschlichen Wissenserwerb eine Rolle spielen, als auch im wissenschaftlichen Wissenserwerb von Bedeutung sind (s. Abschnitt 1.5). Durch die stark eingeschränkten Interaktionsmöglichkeiten des lernenden Systems mit seiner Umwelt ergeben sich aber auch Unterschiede zu den meisten realen Lernsituationen, die stärkere Möglichkeiten der Interaktion bieten bzw. erfordern. Einem/r Wissenschaftler/in ist es beispielsweise möglich, bei der Durchführung von Experimenten mit der Versuchsanordnung zu „spielen" oder Fehler zu machen. Durch solche Variationen können sich völlig neue, überraschende Beobachtungen ergeben und eine Theorierevision auslösen, obwohl sie mit der eigentlichen Fragestellung, die durch das Experiment geklärt werden sollte, nichts zu tun haben. Ferner beinhaltet das Lernszenario nicht die Überführung von Sinnes- bzw. Sensordaten in Ausdrücke einer Sprache und erlaubt damit nur eine grob vereinfachte Behandlung der Problematik „theorie-beladenener" Wahrnehmungen (s. Abschnitt 2.2.1). Die vorliegende Arbeit knüpft daher (nicht nur durch diese Einschränkungen) an die am Anfang erwähnte Tradition im Maschinellen Lernen an, bestimmte Aspekte des Phänomens „Lernen" isoliert zu untersuchen und zu modellieren, in der Hoffnung, daß die Ergebnisse später, in einem größeren Rahmen ihre Gültigkeit behalten.

Eine andere Bemerkung zum Lernszenario betrifft den Status der Daten, die in dem Lernszenario zur Modellbildung zur Verfügung stehen. Aufgrund der Annahme, daß ein Teil der Daten fehlerhaft sein können (in Entsprechung zum menschlichen oder wissenschaftlichen Wissenserwerb durch Kommunikationsfehler, Meßfehler etc.), gehört es zur Aufgabe des Systems, diese fehlerhaften Daten zu identifizieren. Daher wird unterschieden zwischen den „Roh-Daten", die von der Umgebung des Systems geliefert werden, und den Daten, die vom System auf der Basis eines Modells als „korrekt" (potentiell fehlerfrei) klassifiziert werden (s. Abschnitt 5.3.1).

Die Klassifikation von Daten und die Produktion von Vorhersagen im Lernszenario entspricht dem Trend im Maschinellen Lernen, mit einer Performanzaufgabe gekoppelte Lernprozesse zu untersuchen (s. (Langley 1987)). Die dem System zur Verfügung gestellten Daten dienen gleichzeitig der Modellbildung und der Produktion von Vorhersagen. Damit unterbleibt eine in frühen Arbeiten auf dem Gebiet des Maschinellen Lernens häufig idealisierend verwendete Trennung von Lern- und Anwendungsphasen (s. Abschnitt 2.1.2). Die Entwicklung inkrementeller Lernverfahren beschränkte sich bisher weitgehend auf die Frage, wie Hypothesen, die in vorangegangen Lernschritten gebildet wurden, an neues Datenmaterial angepaßt werden können. Ausgeklammert wurde die Problematik der Anwendung von Hypothesen auf das Faktenwissen zur Unterstützung folgender Induktionsprozesse durch weitere Informationen. Das in Lernprozesse eingeflossene Hintergrundwissen wurde als sicher und nicht als anzweifelbares Ergebnis induktiver Prozesse angenommen, so daß es selber nie Gegenstand von Revisionsprozessen sein konnte. Im Gegensatz dazu wird mit dem oben beschriebenen Lernszenario, der Bewertung von Eingabedaten und der Generierung von Vorhersagen (auch zur Unterstützung weiterer Lernprozesse), die strikte Trennung zwischen (unrevidierbarem) Hintergrundwissen und (revidierbaren) Lernresultaten aufgehoben.

1.5 Strategien zur Hypothesenüberprüfung und Wissensrevision

Das oben aufgezeichnete Szenario muß jedes lernende System unabhängig von dem in ihm zum Tragen kommenden Generalisierungs- und Revisionsverfahren, in eine schwierige Position versetzen. Es soll auf der Basis eines kontinuierlichen Stroms von Daten inkrementell ein Modell eines Weltausschnitts konstruieren und Vorhersagen über weitere Eingaben machen und kann sich dabei weder auf die Richtigkeit der zur Verfügung stehenden Daten verlassen, noch auf ausreichende Ressourcen vertrauen, die zur Korrektur von Fehlentscheidungen im Modellierungsprozeß notwendig sein können.

1.5.1 Kumulatives Lernen

Das System muß auf der Basis des von ihm konstruierten Modells Entscheidungen treffen, ob es Daten als korrekt akzeptiert, oder ob es sie als inkorrekt verwirft. Damit besteht die Gefahr, daß durch ein (teilweise) falsches Modell des Weltausschnittes richtige Daten verworfen und falsche Daten akzeptiert werden, was zur „Verunreinigung" der Wissensbasis führen kann.

Diese Gefahr wird verstärkt, wenn das lernende System eine Strategie zur Überprüfung von Hypothesen verwendet, die verschiedenen psychologischen und wissenschaftstheoretischen Untersuchungen zufolge unter bestimmten Umständen Vorteile mit sich bringt: die Ausrichtung auf die Berücksichtigung und Suche konfirmativer Evidenz bei der Hypothesenüberprüfung, im folgenden kurz „konfirmative Überprüfungsstrategie" genannt. Lernen mit einer *konfirmativen Überprüfungsstrategie* bedeutet, den Wahrheitsgehalt von Hypothesen in erster Linie auf der Grundlage des Ergebnisses der Suche nach bestätigender Evidenz zu beurteilen, nach negativer Evidenz nicht zu suchen, das Vorliegen von Gegenbeispielen nicht unbedingt zu beachten und mögliche Alternativen nicht ernsthaft zu erwägen.[21]

Die Überprüfung von Hypothesen mit einer solchen Strategie hat den Vorteil, daß einzelne fehlerhafte Daten und Sonderfälle, die fast jeder Gegenstandsbereich aufweist, nicht zur Verwerfung korrekter Hypothesen führen. Ferner erhalten „im Prinzip richtige" Hypothesen eine Chance, sich zu bewähren und zu verbessern.

Die Verwendung einer konfirmativen Überprüfungsstrategie steht im Gegensatz zum Gebrauch einer (vom logischen Standpunkt aus betrachtet) „korrekten" Falsifikationsstrategie. Aus einer Menge von positiven Belegen läßt sich logisch nicht die Richtigkeit einer vorliegenden Hypothese ableiten, wohl aber reicht das Vorliegen eines einzigen negativen Beispiels, um die Falschheit einer Hypothese zu beweisen.

Konfirmative Überprüfungsstrategie werden im menschlichen Wissenserwerb häufig verwendet. Darauf deuten eine Reihe verschiedener psychologischer Untersuchungen hin (s. (Tweney et al. 1981, S. 115ff)). Neben dem allgemeinen Ergebnis, daß Menschen dazu tendieren, konfirmative Strategien zu verwenden, haben diese Untersuchungen darüber hinaus gezeigt, daß bei geringer Qualität der Daten und Hypothesen Versuchspersonen

---

[21]Eine Zusammenstellung psychologischer Untersuchungen zur konservativen Hypothesenüberprüfung findet sich in (Tweney et al. 1981, S. 115ff). In Kapitel 5 wird näher auf konfirmative Strategien zur Überprüfung (und Bildung) von Hypothesen beim maschinellen Lernen eingegangen.

mit einer konfirmativen Ausrichtung im Endeffekt bessere Lernergebnisse erzielen. Daraus läßt sich die Annahme herleiten, daß auch ein maschinell lernendes System unter gewissen Umständen (etwa im Rahmen des oben aufgezeigten Lernszenarios) vorteilhafter eine konfirmative Bestätigungstrategie verwendet. Ein perfektionistisches Vorgehen kann dagegen jeden kleinen Fortschritt hemmen und zu Schwierigkeiten führen, überhaupt nur ein erstes Modell zu bilden, das später erweitert, verfeinert und korrigiert werden kann.

Die gleiche Gefahr besteht im Rahmen von Wissensrevisionsprozessen zur Beseitigung von Inkonsistenzen, wenn Widersprüchen zuviel Beachtung geschenkt wird und bei den kleinsten Schwierigkeiten alle Hypothesen ungeachtet ihrer Stellung im Modell für Modifikationen frei gegeben werden. Dieses Problem ist wohl bekannt und verschiedene Autoren haben im Maschinellen Lernen zu dessen Bewältigung ein konservatives Lernverhalten in solchen Situationen empfohlen und teilweise auch in ihren Programmen verwendet.[22]

Konservatismus beinhaltet eine kritische Behandlung von Daten, die Gegenbeispiele für die Hypothesen des Systems bilden, und eine Bevorzugung „minimaler Änderungen", wenn sich eine Modifikation des induzierten Wissens nicht vermeiden läßt. Mit einem konservativen Verhalten kann beim Auftreten von Schwierigkeiten ein vorschnelles Aufgeben von Wissen verhindert werden. Realisieren läßt sich ein konservatives Verhalten z.B. durch den Einsatz eines „hill-climbing" Verfahrens, wie es z.B. in Samuels CHECKERS PLAYER (Samuel 1959) verwendet wurde (s.a. (Langley et al. 1987a)).

Konservatismus bei Wissensrevisionen ergänzt die Verwendung konfirmativer Überprüfungsstrategien. Richtige Hypothesen, die einer auf bestätigende Evidenz ausgerichteten Überprüfung standgehalten haben, werden durch eine konservative Wissensrevision[23] geschützt, wenn Ungereimtheiten offensichtlich werden. Allerdings werden auch die negativen Folgen konfirmativer Hypothesentests bewahrt. Fälschlicherweise bestätigte Hypothesen, die eine zentrale Stellung im Modell des Systems einnehmen, werden vor Veränderungen geschützt, d.h. eine Umkehr oder Richtungsänderung bei einer Modellierung wird durch eine konservative Wissensrevision verhindert oder erschwert. Als Folge davon ergibt sich ein Lernverhalten, das vergleichbar ist mit den Konsequenzen des Einsatzes eines *hill-climbing* Suchverfahrens (als einem der Standard-Suchverfahren in der KI (s. (Rich 1983, S. 55ff))). Die Bevorzugung minimaler Änderungen führt dazu, daß das Modell des Systems unter Beibehaltung zentraler Hypothesen optimiert wird, deren Änderung auch großen Einfluß auf das übrige Wissen hätte. Graduelle Verbesserungen werden durch die Modifikation peripherer Hypothesen erreicht.

Abbildung 1.2 zeigt ein einfaches Beispiel für eine konservative Wissensrevision, die sich beim Lernen im (in der KI sehr beliebten) Bereich der Vogellehre ergeben könnte. Das Modell M_1 schreibt verschiedenen Tiergruppen die Eigenschaft zu, Vogeltiere zu sein und Vogeltieren wird die Eigenschaft der Flugfähigkeit zugeordnet. Problematisch in diesem Modell ist die Behandlung flugunfähiger Vögel. Eine Revision dieses Modells könnte daher die Beseitigung der Ableitbarkeit des Widerspruchs hinsichtlich der Flugfähigkeit von Pinguinen zur Aufgabe haben. Das Ergebnis einer konservativen Revision rev_k stellt das Modell M_2 dar. Im Unterschied zum vorangegangenen Modell wird Schwimmvögeln

---

[22]s. (Salzberg 1985; Emde, Habel, Rollinger 1983; Rose, Langley 1986; Wrobel 1988)

[23]Die Begriffe „konservative" und „nicht-konvervative" Wissensrevision werden ausführlich im 3. Kapitel untersucht. Bis dahin sollte zum Verständis die intuitive Vorstellung ausreichen, daß konservative Revisionen zu „minimalen Veränderungen" einer Wissensbasis führen.

$M_1 = \langle$ { singvogel(rotkehlchen), singvogel(amsel), greifvogel(adler),

greifvogel(geier), schwimmvogel(möve), schwimmvogel(pinguin),

¬flugfähig(pinguin) },

{ $\forall$ x (singvogel(x) $\rightarrow$ vogeltier(x)),

$\forall$ x (greifvogel(x) $\rightarrow$ vogeltier(x)),

$\forall$ x (schwimmvogel(x) $\rightarrow$ vogeltier(x)),

$\forall$ x (vogeltier(x) $\rightarrow$ flugfähig(x) } $\rangle$

$$M_2 = M_1 - \langle\{\}, \{\forall x \ (\text{schwimmvogel}(x) \rightarrow \text{vogeltier}(x)) \} \rangle$$

rev_k

M_1

rev_{n-k}

$$M_3 = M_1 - \langle\{\}, \{\forall x \ (\text{vogeltier}(x) \rightarrow \text{flugfähig}(x)) \} \rangle$$

Abbildung 1.2. Beispiel einer Wissensrevisionsalternative

nicht mehr die Eigenschaft zugesprochen, Vogeltiere zu sein.[24] Die Änderung des Modells beschränkt sich somit auf die Verhinderung der Ableitung von Aussagen über Möven und Pinguine. Das Modell M_3 hingegen könnte das Ergebnis einer nicht-konservativen Wissensrevision rev_{n-k} sein, bei dem allen Vogeltieren die allgemeine Flugfähigkeit aberkannt wird und somit im Vergleich zu M_2 eine größere Änderung hinsichtlich der aus dem Modell ableitbaren Menge von Aussagen vorgenommen wurde.

Für die kumulative Form des Lernens, die auf Ergänzung und Verfeinerung ausgerichtet ist, aber revolutionäre Änderungen des Wissens z.B. durch einen Wechsel der Sichtweise auf den zu systematisierenden Weltausschnitt ausschließt, wird im folgenden der Begriff *„kumulatives Lernen"* verwendet. Er entspricht in seiner Bedeutung dem Begriff „kumulative Wissensvermehrung", der von W. Stegmüller benutzt wurde (Stegmüller 1979, S. 729ff), um die Sichtweise von Wissenschaftstheoretikern und -historikern auf den Wissenserwerb in den Naturwissenschaften zu charakterisieren, die von der (verdeckten) Grundannahme ausgehen, daß Wissenschaft ein (mehr oder weniger) stetiger Prozeß ist, der zu einer kumulativen Anhäufung von Wissen führt. Die Bezeichnung „kumulatives Lernen" zielt nicht auf ein bestimmtes Lern- oder Revisionsverfahren wie etwa „learning-by-progressive-refinement" (van de Velde 1988), sondern beschreibt einen Lernmodus, der sich durch den Einsatz konfirmativer Strategien bei der Bildung von Modellen und konservativer Strategien bei der Revision von Modellen ergibt.

---

[24]Dieses Beispiel soll verdeutlichen, was Konservatismus bei der Revision von Lernresultaten bedeutet. Von daher wird hier darauf verzichtet, die Frage zu diskutieren, ob es konservativer wäre, die (strikte) Regel in eine Defaultregel umzuwandeln.

Kumulatives Lernen ist vergleichbar mit dem, was der Wissenschaftshistoriker Thomas Kuhn mit dem Begriff „normalwissenschaftliche Forschung" beschreibt (s. Abschnitt 2.2.1). Kuhn, der zwischen Phasen „normaler" und „außerordentlicher" Wissenschaft unterscheidet, charakterisiert normale Wissenschaft als eine Forschung, die sich auf der Grundlage von wissenschaftlichen Leistungen der Vergangenheit vollzieht. Normale Wissenschaft ist mit einer eingeschränkten Sichtweise (einem *Paradigma*) verbunden und beinhaltet eine Bewertung, welche Phänomene relevant und zu erklären sind, und welche Experimente einer Durchführung wert sind. Hat sich eine bestimmte Sichtweise auf einen zu systematisierenden Weltausschnitt herausgebildet, dann dient die normale Wissenschaft der weiteren Artikulation der Theorie, der Bestimmung bedeutsamer Tatsachen und der gegenseitigen Anpassung von Fakten und Theorie (Kuhn 1962, S. 47).

Wenn sich die Widersprüche zwischen den unter einem Paradigma entwickelten Theorien und den Ergebnissen experimenteller Untersuchungen mehren, kommt es nach Kuhn zu einer *Krise* in der Wissenschaft. Aus Ungereimtheiten, die längere Zeit hingenommen wurden, werden plötzlich *Anomalien* und es kommt zu einer *wissenschaftlichen Revolution* (einem *Paradigmenwechsel*). Als Beispiel für einen Paradigmenwechsel nennt Kuhn (neben vielen anderen) den Wechsel von der Newtonschen Mechanik zur Einsteinschen Relativitätstheorie.

Die vorliegende Arbeit basiert auf der Annahme, daß ein kumulativer Lernmodus notwendig ist, um Lernaufgaben in komplexen Gegenstandsbereichen mit beschränkten Ressourcen und unzuverlässigen Daten zu bewältigen. Dieser Lernmodus muß allerdings durch einen zweiten, nicht-kumulativen Lernmodus ergänzt werden, um die Nachteile auszugleichen, die mit dem kumulativen Lernen verbunden sind (s. nächster Abschnitt). Analog zum Vergleich von kumulativen Lernen (in einem maschinell lernenden System) zur normalen Wissenschaft, kann das nicht-kumulative Lernen als Entsprechung zur außerordentlichen Wissenschaft aufgefaßt werden.[25]

1.5.2 Nicht-kumulatives Lernen

Bekanntermaßen läuft ein auf „hill-climbing" basierendes *Suchverfahren* Gefahr, lokale Maxima im Suchraum zu erreichen, von denen aus jede weitere Verbesserung der zu optimierenden Wissenseinheit (z.B. ein Bewertungspolynom) zum Scheitern verurteilt ist, weil jede kleine Änderung zu einer Verschlechterung führen muß.

Ein auf Konservatismus beruhendes *Lernen* kann bei falschen zentralen Hypothesen[26] ein mit Sonderregelungen und Ausnahmen überhäuftes Modell zur Folge haben, das zwar möglicherweise in bestimmten Bereichen korrekte Vorhersagen zuläßt, aber gemessen an Kriterien wie Einfachheit, Eleganz, Allgemeinheit und Erweiterbarkeit zu wünschen übrig läßt. Zudem kann, wie oben schon angesprochen, ein konservatives Lernverhalten die „Verunreinigung" der Wissensbasis mit falschen Fakten nachsichziehen, wenn falsche Daten aufgrund eines falschen Modells inkorrekterweise akzeptiert werden. Diese Art falscher Fakten bestärken ein lernendes System im Glauben an die Richtigkeit seines Modells und

---

[25]Eine etwas ausführlichere Betrachtung der Kuhnschen Theorie findet sich in Abschnitt 2.2.1 (s.a. 2.2.2).

[26]Mit dem Begriff „zentrale Hypothesen" sind hier (und im folgenden) solche Hypothesen gemeint, deren Löschung oder Modifikation eine „größere" Veränderungen der Menge der mit dem Modell ableitbaren Aussagen bedeuten würde.

verursachen auf diese Weise ein zusätzliches Hindernis auf dem Weg zu einer Verbesserung des Modells, vergleichbar mit dem Einfluß „theorie-getränkter" Wahrnehmung und Anpassung von Daten an eine Theorie in der Wissenschaft, wie sie von Kuhn und Feyerabend beschrieben worden sind (Kuhn 1962; Feyerabend 1976). Was sind die Auswege aus diesen Schwierigkeiten?

Eine Möglichkeit, ein lokales Maximum beim „hill-climbing" zu verlassen, besteht darin, zu einem früheren Entscheidungspunkt im Suchraum zurückzukehren und einen alternativen Lösungspfad zu probieren („backtracking").[27] Eine andere Möglichkeit ist, durch einen größeren Sprung die Suche in einen anderen Bereich des Suchraums fortzusetzen.[28]

Diese Lösungsmöglichkeiten bieten sich theoretisch auch an, wenn ein lernendes System mit seinen falschen zentralen Hypothesen durch eine konservative Wissensrevisionsstrategie in eine Sackgasse gerät. Die falschen zentralen Hypothesen können z.B. mit „backtracking" durch solche Hypothesen ersetzt werden, die im früheren Lernprozess als Alternativen erkannt wurden, dann aber, weil sie weniger erfolgversprechend schienen, nicht weiter verfolgt wurden, oder das lernende System kann einen Sprung im Suchraum der möglichen Modelle eines Gegenstandsbereichs machen.

Die Anwendung eines „backtracking" Verfahrens setzt jedoch voraus, daß über sämtliche Entscheidungspunkte im Lernprozeß Buch geführt wird. Dabei ist zu beachten, daß hierbei nicht nur Entscheidungen für oder gegen bestimmte Hypothesen mit einzubeziehen sind, sondern daß auch alle Entscheidungen, welche Daten zu einem bestimmten Zeitpunkt akzeptiert oder verworfen wurden, abgespeichert werden müssen, um eine Re-Klassifizierung der Daten und damit eine Bereinigung der Wissensbasis zu ermöglichen. Gelangt das System an einen Punkt, an dem eine frühe Hypothese revidiert werden soll, dann müssen zuvor alle späteren Konsequenzen der Verwendung dieser Hypothese in Induktions-, Deduktions- und Datenklassifikationsprozeßen zurückgenommen werden, d.h neben den Modellierungsentscheidungen muß auch über die Konsequenzen der Entscheidungen Buch geführt werden. Damit ist die Verwendung eines „backtracking" Verfahrens bei komplexen Lernaufgaben unter begrenzten Ressourcen nicht angebracht.

Als Alternative zur Speicherung sämtlicher Entscheidungspunkte und ihrer Konsequenzen kann erwogen werden, bei „relevant-erscheinenden" Entscheidungen „Momentaufnahmen" der gesamten Wissensbasis zu sichern und mit Hilfe solcher Sicherungskopien zu einem früheren Modell zurückzukehren, wenn sich später eine Modellierungsentscheidung als ungünstig herausstellt. Auch diese Möglichkeit ist nicht praktikabel, wenn die Lösung einer Lernaufgabe einen längeren Zeitraum in Anspruch nimmt, sich z.B. über die gesamte Einsatzdauer eines Systems, das das Modell verwendet, erstrecken soll.

Neben dem Aufwand, den ein „backtracking" verursacht, ist ein weiterer Nachteil der Rückkehr zu früheren Entscheidungspunkten in Lernprozessen darin zu sehen, daß nur in begrenztem Maße das Wissen aus vorangegangenen Lernschritten ausgenutzt wird. Das gesamte Wissen, das nach der Einführung einer falschen Hypothese erworben wurde, fällt dem „backtracking" zum Opfer, und zwar auch dann, wenn einzelne Teile kompatibel zu dem neuen Modell des Gegenstandsbereiches sind. Als ein weiteres Argument gegen „backtracking" in einem maschinell lernenden System können die Ergebnisse psychologi-

---

[27]Damit wäre das Suchverfahren natürlich kein reines hill-climbing Verfahren mehr.

[28]Siehe (Rich 1983, S. 55ff) und Abschnitt 2.1.4, in dem die letztere Möglichkeit am Beispiel von Samuels CHECKERS PLAYER illustriert wird.

scher Experimente angesehen werden, nach denen auch im menschlichen Wissenserwerb das „backtracking" - zumindest bei bestimmten Lernaufgaben - keine Rolle zu spielen scheint.[29]

Als Alternative zum „backtracking" bietet sich an, das gesamte Modell des Systems oder zusammengehörige Teile des Modells zu löschen, um anschließend ein anderes Modell von Grund auf neu zu entwickeln. Eine Wissensrevision durch das (teilweise) Löschen eines Modells stellt die einfachste Form nicht-konservativer Änderungen dar und ist gleichzeitig das einfachste Beispiel für die Ausführung eines „Sprunges" im Suchraum möglicher Modelle. Diese Revisionsmöglichkeit wurde von R. Michalski als der „revolutionäre Ansatz zur Wissensrevision" ((Michalski 1985), s. Abschnitt 2.1.4) beschrieben.[30]

P. Brebners „paradigmen-gesteuertes" Lernprogramm GALATEA ist ein Beispiel für ein lernendes System, das diese Art nicht-konservativer Wissensrevisionen verwendet ((Brebner 1985), s. Abschnitt 2.1.4). In GALATEA werden nicht-konservative Wissensänderungen notwendig, wenn die vom System gewählte Repräsentationssprache (von Brebner als „Paradigma" bezeichnet) sich als nicht ausreichend erweist, um eine vollständige und konsistente „Theorie" zu bilden. Dann werden die Daten und Regeln, die unter der eingeschränkten Repräsentationssprache in Experimenten bzw. durch ein induktives Verfahren gewonnen wurden, gelöscht und das Programm versucht ein anderes „Paradigma", d.h. eine andere Repräsentationssprache.

Die Nachteile nicht-konservativer Änderungen durch ein einfaches Löschen liegen auf der Hand: Neben den falschen Hypothesen des Systems werden möglicherweise auch korrekte Bestandteile des Wissens des Systems gelöscht und müssen im folgenden Lernprozeß neu entwickelt werden. Wichtiger noch, bei diesem Ansatz wird das alte Wissen nicht dazu ausgenutzt, um erfolgversprechende Alternativen zu generieren, die in den folgenden Lernprozessen verfolgt werden können. Es erscheint wenig plausibel, daß komplexe Lernaufgaben mit *destruktiven* Wissensrevisionen zu lösen sind, die beim Erreichen einer Sackgasse den Lernprozeß beim Stande Null von vorn beginnen lassen.

1.6 Zielsetzung dieser Arbeit

Das Ziel dieser Arbeit besteht darin, einen Ansatz zur *konstruktiven nicht-konservativen Wissensrevision* zu entwickeln, der radikale Fehlentwicklungen korrigiert, indem er fehlerhafte Bestandteile des Wissens durch eine Alternative ersetzt (statt sie einfach nur zu löschen) und korrekte Bestandteile des Wissens bewahrt, und auf diese Weise sprunghafte („revolutionäre") Fortentwicklungen des Wissens in maschinell lernenden Systemen ermöglicht. Damit soll ein Beitrag zur Entwicklung maschinell lernender Systeme geliefert werden, die zur Modellbildung auch in komplexen Weltausschnitten unter begrenzten Ressourcen in der Lage sind.

---

[29]In (Shrager 1987) wird von psychologischen Experimenten berichtet, in denen die Testpersonen eindeutig nicht durch das Zurückkehren zu früheren Entscheidungspunkten eine Korrektur von Lernergebnissen vornahmen, sondern statt dessen versuchten, Informationen über die Anwendung inkorrekter Lernergebnisse zu Wissensrevisionen zu nutzen.

[30]Michalski setzt den „revolutionären Ansatz zur Wissensrevision" in Gegensatz zu dem von ihm propagierten „evolutionären Ansatz". Dieser zielt auf eine kontinuierliche Fortentwicklung von Wissen, ohne daß in dem Ansatz die möglichen negativen Konsequenzen des kumulativen Lernens behandelt werden.

Die grundlegende Hypothese, die mit dieser Arbeit verfolgt wird, besteht in der sowohl aus wissenschaftstheoretischen Arbeiten als auch aus Erfahrungen mit maschinell lernenden Systemen abgeleiteten Annahme, daß automatische Modellbildung in komplexen Weltausschnitten nur durch mehrstufige Prozesse realisiert werden kann, die durch ein Zusammenspiel kumulativer und nicht-kumulativer Lernverfahren entstehen. Übertragen auf bekannte Beispiele wissenschaftlicher Forschung bedeutet die Annahme nichts anderes, als daß die Einstein'sche Relativitätstheorie nur durch die revolutionäre Fortentwicklung einer wissenschaftlichen Theorie (wie z.B. Newtons Dynamik) entstehen konnte (und nicht durch einen einzigen, allein auf kumulative Wissensvermehrung ausgerichteten Theoriebildungsprozeß möglich war) und Kopernikus mit seinen Arbeiten zur helio-zentrischen Beschreibung der Bewegung der Himmelskörper auf die Erkenntnisse, Erfahrungen und Daten angewiesen war, die vor ihm unter einem geo-zentrischen Weltbild gesammelt wurden.

Beim gegenwärtigen Stand der Forschung auf dem Gebiet des Maschinellen Lernens geht die Entwicklung eines kumulativ/nicht-kumulativ lernenden Systems, das es erlaubt, die oben gemachte Annahme einer experimentellen Prüfung zu unterziehen, über den Rahmen dessen hinaus, was in einer einzelnen Arbeit möglich ist. Daher wird sich die Arbeit darauf beschränken, eine erste Basis zur Entwicklung eines solchen Systems zu schaffen, indem u.a. näher untersucht wird,

- warum maschinell lernende Systeme die Fähigkeit besitzen sollten, konstruktive nicht-konservative Revisionen durchzuführen,

- wodurch sich Situationen auszeichnen, in denen es zweckmäßig ist, konstruktive nicht-konservative Wissensrevision zu versuchen,

- wie die Struktur nicht-konservativer Revisionen aussehen könnte,

- welche Einzelprobleme zur Realisierung eines allgemeinen Revisionsverfahrens gelöst werden müssen und

- ob diese Einzelprobleme auf eine Weise lösbar sind, so daß die Gesamtlösung praktikabel ist.

Es sollte betont werden, daß es trotz gelegentlichen Verweisens auf Phänomene des wissenschaftlichen Wissenserwerbs nicht das Ziel dieser Arbeit ist, ein Entdeckungssystem (*discovery system*) zu entwickeln[31], das wissenschaftliche Forschung modelliert oder simuliert. Zum einen liegt der Fokus dieser Arbeit ausschließlich bei der Untersuchung von Problemen, die in Zusammenhang mit der Wissensrevision in maschinell lernenden Systemen stehen. So behandelt die vorliegende Arbeit z.B. nur bestimmte Aspekte der Generierung von Hypothesen, versucht aber nicht das allgemeine Problem „Woher kommen Hypothesen?" zu beantworten. Zum anderen wird die Wissensrevisionsproblematik des induktiven maschinellen Lernens allgemein untersucht, ohne auf eine bestimmte Anwendung (wie z.B. Wissensrevision in einem Entdeckungssystem) eingeschränkt zu sein.

---

[31]Verschiedene Arbeiten mit diesem Ziel sind in (Langley et al. 1987) beschrieben.

1.7 Aufbau dieser Arbeit

Nach dieser Einleitung werden im 2. Kapitel verschiedene Untersuchungen, die sich mit dem Thema Wissensrevision beschäftigen, dargestellt. Der Schwerpunkt gilt den bisherigen Ansätzen zur Wissensrevision im Maschinellen Lernen. Zuerst wird auf den Begriff „inkrementelles Lernen" eingangen und erläutert, welche Revisionsfähigkeiten ein lernendes System besitzen muß, wenn es als „inkrementell lernendes System" beschrieben wird. Mit der Untersuchung von Systemen, die „im geschlossenen Kreislauf" lernen, wird anschließend gezeigt, daß induktives Lernen auch dann zu radikalen Fehlentwicklungen führen kann, wenn keine ausgeprägte Ausrichtung auf kumulativen Wissensfortschritt vorliegt. Anschließend werden die bisherigen Untersuchungen zur nicht-konservativen Wissensrevision im Maschinellen Lernen dargestellt. Dieses Kapitel abschließend wird ein rudimentärer Überblick über die Wissenschaftstheorien von T. Kuhn und P. Feyerabend gegeben, auf die in dieser Arbeit häufiger Bezug genommen wird.

Im 3. Kapitel werden die Annahmen expliziert, die den folgenden Kapiteln zum kumulativen und nicht-kumulativen Lernen zugrundeliegen und es wird der Betrachtungsrahmen für die folgenden Kapitel abgesteckt. In diesem Zusammenhang wird auch der Versuch unternommen, die Bedeutung der Begriffe „konservative Wissensrevision" und „nicht-konservative Wissensrevision" in Kontext induktiv lernender Systeme zu klären.

Das 4. Kapitel befaßt sich mit einem Stiefkind des Maschinellen Lernens: der Wissensrepräsentation in maschinell lernenden Systemen. Am Beispiel eines im Rahmen dieser Arbeit entwickelten Wissensrepräsentationssystems werden grundlegende Anforderungen erläutert, die an ein System zu stellen sind, das induktive Lern- und Revisionsprozesse unterstützen soll, insbesondere dann, wenn es in einem kumulativ/nicht-kumulativ lernenden System eingesetzt wird.

Das 5. Kapitel ist dem kumulativen Lernen gewidmet. Es werden Heuristiken zum kumulativen Lernen dargestellt und motiviert, die es lernenden Systemen ermöglichen sollen, durch die Entwicklung eingeschränkter Sichtweisen auch bei schwierigen Lernaufgaben zumindest Einzelaspekte eines Weltausschnittes zu modellieren. Auf allgemeiner Ebene werden Betrachtungen zur Behandlung verrauschter Daten, zur Datenauswahl, der konfirmativen Hypothesengenerierung und konfirmativen Hypothesenüberprüfung angestellt. Schließlich wird die Realisierung des kumulativen Lernens im System METAXA.3 beschrieben.

In 6. Kapitel wird untersucht, wie fehlerhafte Ergebnisse des kumulativen Lernens durch ein nicht-kumulatives Lernen korrigiert werden können. Dabei wird insbesondere auf Möglichkeiten zur Realisierung eines konstruktiven Revisionsverfahrens eingegangen, bei dem im Gegensatz zu einem destruktiven Revisionsverfahren fehlerhafte Bestandteile von Lernergebnissen durch die Ausnutzung im kumulativen Lernmodus gewonnener Informationen ersetzt werden. Abschließend wird die Realisierung konstruktiver nicht-konservativer Revisionen im System METAXA.3 beschrieben.

1.8 Zur Geschichte dieser Arbeit

Diese Arbeit stellt das Ergebnis einer 1983 begonnenen Forschungsarbeit zum Thema nicht-kumulatives Lernen dar. Ihren Ursprung hat diese Arbeit in der Entwicklung eines modell-gestützten Ansatzes zum Maschinellen Lernen (Emde, Habel, Rollinger 1983) und den Erfahrungen, die mit der Implementierung diese Ansatzes in dem Lernprogramm METAXA.2 gewonnen wurden (Emde 1984). Dieses Lernprogramm war mit seinen konservativen Wissensrevisionsstrategien stark von der Eingabereihenfolge der Daten abhängig. Eine ungünstige Datenreihenfolge und fehlerhafte Daten führten zu Fehlentwicklungen, die von METAXA.2 nur durch manuelle Hilfestellung korrigiert werden konnten, ein Problem, das jedem bekannt sein dürfte, der zur Demonstration der Fähigkeiten seines Programmes Beispielläufe *konstruiert*.

Angeregt durch die Arbeiten aus der Wissenschaftstheorie von Feyerabend und Kuhn begann daraufhin die Arbeit am Thema dieser Arbeit (Emde 1983). Sie führte zur Entwicklung des kumulativ und nicht-kumulativ lernenden Systems METAXA.3 (Emde 1986; Emde 1987). Eine wichtige Erkenntnis, die mit der Implementierung dieses Systems gewonnen wurde, bestand in der Feststellung, daß induktives Lernen besondere Anforderungen an die Wissensrepräsentationskomponente des lernenden Systems stellt. Die damit zu behandelnden Probleme wurden bis dahin im Maschinellen Lernen weitgehend ignoriert. Um eine Grundlage für die Realisierung eines kumulativ/nicht-kumulativ lernenden Systems zu schaffen, das weniger ad-hoc Lösungen als METAXA.3 beinhaltet und damit aussagekräftigere Experimente ermöglicht, wurde ein Repräsentationsformalismus entwickelt und darauf aufbauend die Inferenzmaschine IM-2 implementiert (Emde 1988). Diese (zuletzt genannten) Arbeiten geschahen teilweise im Rahmen eines Teilprojektes des BMFT-Verbundprojektes LERNER an der TU-Berlin (s. (Emde et al. 1989)). In diesem Projekt, das (u.a.) der Erforschung von Aspekten der Integration von Ansätzen des maschinellen Lernens und Ansätzen zur Wissensakquisition galt, stellte sich heraus, daß sich auch in einem Wissensakquisitionssystem spezielle Anforderungen an die Wissensrepräsentationkomponente ergeben können. Diese Anforderungen stimmten zu einem großen Teil (wenn auch aus anderen Gründen) mit denen überein, die in Hinblick auf autonom kumulativ/nicht-kumulativ lernende Systeme identifiziert wurden (s. (Emde et al. 1989, S. 84-125)).

Aber nicht nur das 4. Kapitel zur Wissensrepräsention in maschinell lernenden Systemen ist aufgrund der mit METAXA.3 gesammelten Erfahrungen entstanden, vielmehr sind auch die Aus-führungen in den sich anschließenden Kapiteln zum kumulativen und nicht-kumulativen Lernen durch die Erfahrungen mit der experimentellen Implementierung beeinflußt.

2. Ansätze zur induktiven Wissensrevision

Im ersten Kapitel ist auf allgemeiner Ebene die Notwendigkeit von Wissensrevisionsprozessen beim Lernen behandelt worden und es sind grundsätzliche Möglichkeiten skizziert worden, bestehendes Wissen neuen Gegebenheiten anzupassen. In diesem Kapitel sollen verschiedene Untersuchungen, die sich mit dem Thema Wissensrevision beschäftigen, dargestellt werden. Der Schwerpunkt gilt den bisherigen Ansätzen zur Wissensrevision im Maschinellen Lernen. Zuerst wird auf den Begriff „inkrementelles Lernen" eingangen und erläutert, welche Revisionsfähigkeiten ein lernendes System besitzen muß, wenn es als „inkrementell lernendes System" beschrieben wird. Mit der Untersuchung von Systemen, die „im geschlossenen Kreislauf" lernen, wird anschließend gezeigt, daß induktives Lernen auch dann zu radikalen Fehlentwicklungen führen kann, wenn keine ausgeprägte Ausrichtung auf kumulativen Wissensfortschritt vorliegt. Anschließend werden die bisherigen Untersuchungen zur nicht-konservativen Wissensrevision im Maschinellen Lernen dargestellt. Dieses Kapitel abschließend, wird ein rudimentärer Überblick über die Wissenschaftstheorien von T. Kuhn und P. Feyerabend gegeben, auf die in dieser Arbeit häufiger Bezug genommen wird.

2.1 Wissensrevision im Maschinellen Lernen

Im Maschinellen Lernen stand die Problematik der Wissensrevision lange Zeit im Hintergrund des Interesses. Der Hauptschwerpunkt lag bei der Entwicklung von Generalisierungsverfahren (s. (Dietterich et al. 1982)). Dieses Bild hat sich mit dem steigenden Interesse am Maschinellen Lernen stark gewandelt, so daß die heute existierenden Lernprogramme in zwei Klassen eingeteilt werden können:

- die einen sind auf eine einmalige Anwendung ausgerichtet und besitzen daher keine Möglichkeit, ein Lernergebnis mit neuen Daten inkrementell zu verbessern und

- die anderen sind in der Lage, frühere Lernergebnisse an neue Gegebenheiten anzupassen.

Zur Klasse der nicht-inkrementell lernenden Systeme gehören z.B. Generalisierungsprogramme, wie INDUCE 1.2 (Dietterich, Michalski 1983), Systeme, wie CLUSTER/2 (Michalski, Stepp 1983), die Taxonomien konstruieren, und Programme zur Induktion von Entscheidungsbäumen, wie Quinlans ID3 (Quinlan 1983). Ergeben sich nach Anwendung dieser Programme Veränderungen in den Daten, dann wird eine erneute Anwendung dieser Programme auf die gesamte Datenmenge erforderlich.

Nachdem im ersten Kapitel die Notwendigkeit von Wissensrevisionsprozessen beim Lernen begründet wurde, soll hier nachgetragen werden, daß bei einer Anwendung von Lernprogrammen zum Aufbau von Wissensbasen nicht immer die Fähigkeit zur Wissensrevision erforderlich ist. Ein solcher Fall liegt z.B. vor, wenn das Gelernte für den einmaligen Gebrauch bestimmt ist und/oder neue Informationen die Situation derart verändern, daß es effizienter und effektiver wird, den Lernprozeß von vorn zu starten.

Als Beispiel kann die Lernaufgabe des SPARC/E-Programms (Dietterich, Michalski 1985) dienen, das eine Vorhersageregel aus einer Sequenz von Objektbeschreibungen generiert. Die Regel wird zur Bildung einer einzigen Vorhersage verwendet und anschließend durch eine neue Eingabe entweder bestätigt oder widerlegt. Der erneute Versuch der Induktion der richtigen Vorhersageregel, wenn die Vorhersage falsch war, erfolgt nur auf der Basis der gesamten Eingabesequenz ohne Betrachtung des vorhergehenden Induktionsergebnisses. Eine Revision der inkorrekten Vorhersageregel ist in diesem Fall im allgemeinen nicht sinnvoll, da neue Informationen den Suchraum im Induktionsprozeß wesentlich verändern und zur Konstruktion einer Vorhersageregel führen, die sich von der vorangegangenen Regel radikal unterscheidet.

2.1.1 Inkrementelles Lernen

Während zum Aufbau einer Wissensbasis mit Techniken des Maschinellen Lernens nicht-inkrementelle Verfahren ausreichen können, bedingt eine Modellierung menschlichen Lernverhaltens die Einbeziehung inkrementeller Verfahren (s. (Langley et al. 1987a), Abschnitt 2.1.3). Inkrementelle Verfahren haben außerdem den Vorzug, daß sie die Effizienz des Lernens steigern können. In einer experimentellen Studie wurde von Reinke und Michalski mit einer inkrementellen und einer nicht-inkrementellen Version des AQ-Lernverfahrens (Reinke, Michalski 1985) die naheliegende Vermutung bestätigt, daß eine Anpassung von Lernergebnissen an neue Daten effizienter sein kann als ein Neubeginn des Lernprozesses ausschließlich auf der Grundlage der alten und neuen Daten ohne Berücksichtigung vorangegangener Lernergebnisse.

In (Michalski et al. 1983, S. 553) wird folgende Erklärung für den Begriff *inkrementelles Lernen* gegeben:

Incremental Learning: Multistage learning, in which information learned at one stage is modified to accommodate new facts provided in subsequent stages.

Diese Begriffserklärung reicht im Rahmen einer Behandlung von *Lernen-aus-Beispielen*-Ansätzen aus. Beim Einbeziehen von Ansätzen aus dem Bereich *Lernen-aus-Beobachtung* bzw. *Lernen-aus-Entdeckungen* hat sie den Nachteil, solche Lernprozesse vom „inkrementellen Lernen" auszuschließen, die von Anbeginn an unter vollständiger Information über die dem Lernprozeß zugrunde liegenden Daten ablaufen. Man stelle sich eine Situation vor, in der das lernende Systeme mit einer Vielzahl verschiedener Informationen über einen Weltausschnitt versorgt wird. Eine mögliche Lernstrategie, an eine solche Situation heranzugehen, besteht darin, Teile der zur Verfügung stehenden Informationen außer acht zu lassen, insbesondere solche, die sich schlecht in ein erstes Modell von dem Weltausschnitt einfügen lassen, und dieses erste Modell „inkrementell" über mehrere Stufen zu verfeinern, bis das Lernziel erreicht ist (s. Abschnitt 5.3.2). Da auch solche

Lernprozesse intuitiv dem inkrementellen Lernen zuzuordnen sind, wandeln wir die obige
Erklärung ein wenig ab:

Inkrementelles Lernen: Mehrstufiges Lernen, bei dem auf einer Stufe gelerntes Wissen
auf folgenden Stufen modifiziert wird, um es neuen oder noch nicht betrachteten
Daten anzupassen.

Diese Erklärung unterscheidet sich auch von der ersten durch die Verwendung des
Begriff „Daten" statt „Fakten". Bei der Anwendung von Lernverfahren in realistischen
Sachbereichen kann meist nicht von der Annahme ausgegangen werden, daß alle Daten,
die dem Lernprogramm zur Verfügung gestellt werden, korrekt sind. Vielmehr muß damit
gerechnet werden, daß Beschreibungen von Objekten eines Weltausschnittes z.B. falsche
Meßdaten oder falsche subjektive Beurteilungen enthalten (Quinlan 1986). Aus diesem
Grund wurden verschiedene Ansätze zum Lernen aus fehlerbehafteten Daten, die im Maschinellen Lernen als *verrauschte Daten* (*noisy data*) bezeichnet werden, entwickelt.[1] Mit
der aufgeführten Begriffserklärung soll dem Umstand Rechnung getragen werden, daß inkrementelles Lernen, die Probleme des Lernens aus verrauschten Daten nicht beseitigt.
Auch beim inkrementellen Lernen muß zwischen den *Roh-Daten*, die einem lernenden
System geliefert werden, und den Daten, die das System als korrekt akzeptiert („Assertionen"), unterschieden werden.

Beispiele für inkrementell lernende Systeme sind CHECKERS PLAYER (Samuel
1963), COBWEB (Fisher 1987), GALATEA (Brebner 1985, METAXA.2 (Emde, Habel,
Rollinger 1983), INCREMENTAL-AQ (Reinke, Michalski 1985), INDUCE-4 (Bentrup et
al. 1987), MODELER (Wrobel 1988), STAHLp (Rose 1988) und UNIMEM (Lebowitz
1987).[2]

2.1.2 Lernen im geschlossenen Kreislauf

Die Verwendung des Begriff „inkrementell" zur Beschreibung lernender Systeme sagt
nicht sehr viel über die Revisionsfähigkeiten der Systeme aus. In den meisten Fällen,
in denen ein Lernverfahren als inkrementelles Verfahren beschrieben wird, bedeutet dies
nur, daß einzelne Generalisierungen, denen durch neue Daten widersprochen wird, durch
das Verfahren modifiziert werden. Dabei ist es nicht zwingend, daß mit dem Verfahren
eine Identifikation fehlerhafter Wissenselemente vorgenommen werden kann. Vielmehr ist
in den meisten Fällen die fehlerhafte Generalisierung schon allein deshalb eindeutig bestimmt, weil bei jeder Anwendung des Lernverfahrens nur eine einzelne Generalisierung
konstruiert und die Korrektheit aller Daten angenommen wird.

---

[1]Verschiedene Ansätze, mit verrauschten Daten beim Lernen umzugehen, sind in (Brazdil, Clark 1988)
vergleichend dargestellt worden (s.a. Abschnitt 5.3.1, (Clark, Niblett 1987; Manago, Kodratoff 1987)).

[2]Genau genommen müßten alle Generalisierungsprogramme, die nach einer daten-gesteuerten Such-
strategie einzelne Konzeptbeschreibungen bilden, wie z.B. Hayes-Roth SPROUTER (Dietterich, Michalski
1983), bei der oben genannten Fassung des Begriffs, den inkrementellen Lernprogrammen zugeordnet werden, denn sie verändern aufgrund einer sequentiellen Abarbeitung der Trainingssequenz aus Beispielen
(und Gegenbeispielen) die induzierten Beschreibungen.

In diesem Abschnitt[3] soll das serielle Kopplungsmodell, das den meisten empirischen Lernverfahren[4] zugrunde liegt, unter dem Aspekt untersucht werden, welche Konsequenzen dieses Modell auf die Lern- und Revisionsfähigkeit der Lernkomponente hat. Anschließend werden die Vorteile und Probleme erörtert, die die Kopplung einer induktiven Lernkomponente mit einer deduktiven Komponente für das Lernen mit sich bringen kann, wenn der Lernkomponente die Resultate eines Lernschrittes in späteren Lernschritten als eine Art zusätzliches Hintergrundwissen zur Verfügung stehen. Es wird sich zeigen, daß diese Form des Lernens, die wir als „Lernen im geschlossenen Kreislauf" bezeichnen wollen, neben den Vorteilen, die sie mit sich bringt, erhöhte Anforderungen an eine Wissensrevisionskomponente nach sich zieht. Insbesondere entsteht beim „Lernen im geschlossenen Kreislauf" das Problem der Identifikation fehlerhafter Lernresultate.

Die serielle Kopplung Anhand von Abbildung 2.1 soll das Kopplungsmodell untersucht werden, das gegenwärtig vielen[5] empirischen Ansätzen im Maschinellen Lernen zugrunde liegt bzw. zum Aufbau von Wissensbasen verwendet wird.

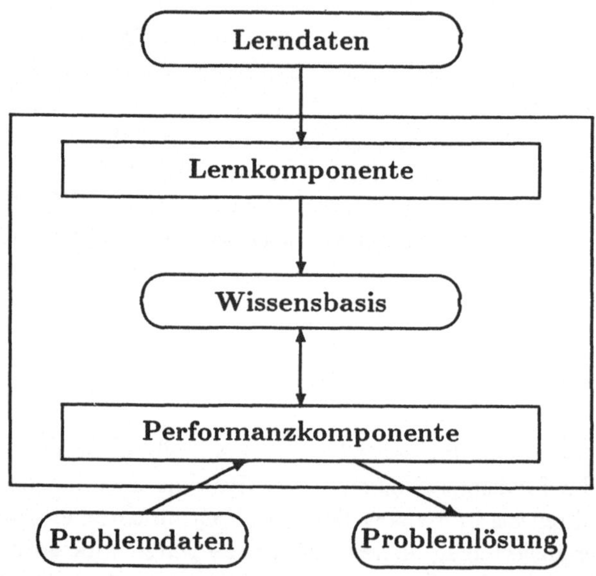

Abbildung 2.1. Serielle Kopplung von Lern- und Performanzkomponente

---

[3]Dieser Abschnitt ist eine überarbeitete Fassung von (Emde 1989).

[4]Mit dem Begriff empirisch lernende Systeme sind im folgenden Systeme gemeint, die Regularitäten in einer Menge von Beschreibungen aufdecken und entsprechende Regeln, Konzeptbeschreibungen, Entscheidungsbäume etc. konstruieren, die zur Deduktion neuer Beschreibungen verwendet werden können.

[5]Das Kopplungsmodell empirisch lernender Systeme, die Problemlösestrategien aus den Protokollen gelungener und fehlgeschlagener Problemlösungsversuche der Performanzkomponente lernen (s. z.B. (Mitchell et al. 1983)), können wir hier außer acht lassen, da uns die (direkte) Nutzung von Lernresultaten in Inferenzprozessen zur Unterstützung weiterer Lernresultate interessiert.

Das Gesamtsystem hat insgesamt die Aufgabe, Probleme eines bestimmten Sachbereichs und einer bestimmten Problemklasse zu lösen. Die zu lösenden Probleme sind durch eine Menge von Daten beschrieben. Zur Problemlösung verwendet die Performanzkomponente eine Wissensbasis, in der möglicherweise unterschiedliche für eine Problemlösung notwendige Wissensarten (z.B. ein Modell des betreffenden Sachbereichs, Problemlöseheuristiken oder Informationen über vorangegangene Aufgaben und Lösungen) gespeichert sind. Die Wissensbasis enthält nach einer Problemlösung die eventuell zur Berechnung notwendigen Zwischenergebnisse und das Endergebnis, das an den Benutzer des Systems ausgegeben wird.

Innerhalb des Gesamtsystems hat die Lernkomponente die Aufgabe, einen Teil des zur (effizienten) Lösung notwendigen Wissens in der Wissensbasis zur Verfügung zu stellen. Dazu wird die Lernkomponente mit einer Menge von Daten versorgt, die möglicherweise als Trainingsdatensatz speziell für diese Aufgabe zusammengestellt werden muß. Die Induktion von Sachbereichsmodellen (oder Teilen hiervon) kann beispielsweise auf der Basis ausgewählter historischer Falldaten oder elementarer Aussagen über einzelne Objekte des Weltausschnittes (z.B. einer manuellen Klassifikation) erfolgen. Neben diesen Daten kann die lernende Komponente über zusätzliches Hintergrundwissen verfügen (z.B. in Form von Regeln oder Sortentaxonomien, die die Semantik einiger Konstrukte der verwendeten Repräsentationssprache bestimmen).[6]

Als Beispiel für ein Gesamtsystem ist ein Beratungssystem denkbar, das medizinisches Fachpersonal bei der Verordnung von Medikamenten behilflich ist, indem es vor möglichen Nebenwirkungen von Medikamenten warnt, die häufig übersehen werden. Die Lernkomponente könnte in einem solchen Szenario die Aufgabe haben, Regeln zur Bestimmung möglicher Nebenwirkungen neuer Medikamente zu induzieren. Auf Tafel 2.1 sind zur Illustration einige Beschreibungen von Medikamenten aufgeführt: Aussagen über ihre Bestandteile (mit Mengenangabe) und Aussagen über mögliche Nebenwirkungen und Umstände, in denen die Medikamente nicht verordnet werden sollten (Kontraindikation). Beispielsweise bedeutet das erste Datum, daß das Medikament Aspirin 500mg der Substanz Acetylsalicylsäure (ass) enthält.[7] Diese Beschreibungen könnten eine Lernkomponente dazu veranlaßt haben, mit Hilfe des angegebenen Hintergrundwissens Regeln zu induzieren, die die Nebenwirkung und Kontraindikation von Medikamenten auf die Wirkung und Kontraindikation in ihnen enthaltener Substanzen zurückführen. In der Wissensbasis der Performanzkomponente können diese Regeln genutzt werden, um Nebenwirkungen von Medikamenten abzuleiten, über die nur bekannt ist, welche Substanzen sie enthalten.

Die eigentliche Kopplung der induktiven Komponente mit der Performanzkomponente besteht typischerweise darin, daß das Resultat induktiver Prozesse in die Wissensbasis der Performanzkomponente eingetragen wird (Morik 1988). Die Lernkomponente hat weder Zugriff auf die Ergebnisse der Anwendung ihrer Lernresultate in der Wissensbasis der Performanzkomponente, noch wendet sie ihre Lernresultate selbst auf die Lerndaten an.

Die Anwendung lernender Systeme auf Datenmengen realer Weltausschnitte erfordert nicht nur eine adäquate Behandlung verrauschter Daten, vielmehr muß auch den Schwierigkeiten entgegen getreten werden, die sich durch eine mögliche Unvollständigkeit

---

[6]s. z.B. (Stepp, Michalski 1986; Kodratoff et al. 1985))

[7]An dieser Stelle sollte es ausreichen, wenn die Bedeutung der Daten intuitiv klar ist; auf den verwendeten Repräsentationsformalismus wird ausführlich in Abschnitt 4.3 eingegangen.

Tafel 2.1. Beispiel für die Ein- und Ausgabe einer Lernkomponente

```
Lerndaten:
bestandteil(aspirin,ass,500)
nebenwirkung(aspirin,magenschmerzen)
kontraindikation(aspirin,asthmaanfaelligkeit)
indikation(aspirin,kopfschmerzen)
zweckmaessig(aspirin)
bestandteil(ceobin_plus,ass,500)
                  :

Hintergrundwissen:
substanz_nebenwirkung(ass,magenschmerzen)
substanz_kontraindikation(ass,astmaanfaelligkeit)
                  :
x,y,z :: bestandteil(x,y,z) --> teil_von(y,x)

Lernresultat:
x,y,z :: teil_von(y,x) & substanz_nebenwirkung(y,z) -->
                      nebenwirkung(x,z)
x,y,z :: teil_von(y,x) & substanz_kontraindikation(y,z) -->
                      kontraindikation(x,z)
```

der Daten ergibt. Wie soll eine Lernkomponente etwas lernen, wenn die ihr zur Verfügung gestellten Daten unvollständig sind, also z.B. eine Klassifikation der Objekte des Weltausschnittes angegeben ist, nicht aber eine vollständige Beschreibung der klassifizierten Objekte? Die gängigen Lösungen dieses Problems (s. (Gams, Lavrac 1987)), die auch in verschiedenen Systemen implementiert wurden, beruhen darauf, entweder

- für einen nicht bekannten Attributwert einer Objektbeschreibung, denjenigen anzunehmen, der angesichts anderer Objektbeschreibungen am wahrscheinlichsten ist,

- eine Menge von Attributwerten zu verwenden, denen eine bedingte Wahrscheinlichkeit zugeordnet wird, oder

- einen speziellen Attributwert „unbekannt" zuzulassen.

In der Performanzkomponente können die damit erzielten Lernresultate problemlos (eine gewisse Fehlertoleranz vorausgesetzt) auf vollständig beschriebene Objekte angewendet werden, eine besondere Anwendung der Lernresultate ist nur dann erforderlich, wenn auch die Objektbeschreibungen im Problemlösungsprozeß unvollständig sind (s. (Quinlan 1986)), wenn also beispielsweise unvollständig beschriebene Objekte mit einer induzierten Regel klassifiziert werden sollen, die auf unbekannte Attribute der Objekte Bezug nehmen.

Konsequenzen der seriellen Kopplung Die serielle Kopplung von Lern- und Performanzkomponente in einem Gesamtsystem hat zur Konsequenz, daß der Lernkomponente Ergebnisse der Anwendung seiner Lernresultate vorenthalten werden. Die Lernresultate werden weder als neues Hintergrundwissen in anderen Lernprozessen zur Verfügung gestellt, noch stehen sie zur Verfügung, um frühere Lernresultate zu verbessern. In dem Medikamentenbeispiel nützt es der Lernkomponente beispielsweise selber nichts, wenn es ihr gelingt, eine Regel zu induzieren, mit der sich die Nebenwirkungen von Medikamenten ableiten lassen, sie kann die Ergebnisse der Anwendung dieser Regel nicht dazu verwenden, eine Regel zu induzieren, die es erlaubt, aus den Nebenwirkungen eines Medikamentes eine Beurteilung seiner Zweckmäßigkeit abzuleiten. Auch unvollständige Daten können bei der seriellen Kopplung nicht vervollständigt werden, selbst dann nicht, wenn die Lernkomponente eine entsprechende Regel induziert hat. Umgekehrt stehen ihr diese Ergebnisse auch nicht zur Verfügung, um Übergeneralisierungen zu erkennen: Die Anwendung eines Lernresultats in einem deduktiven Prozeß kann ja auch zu Beschreibungen führen, die ein „negatives Beispiel" für eine Generalisierung bilden. Diese negativen Beispiele sind einer „inkrementellen" Lernkomponente auch nicht zur Verfeinerung vorangegangener Lernergebnisse verfügbar. Selbst dann, wenn der Lernkomponente alle Eingaben für die Performanzkomponente zugänglich gemacht werden, nützt dies der Lernkomponente wenig, weil die Performanzkomponente zusätzliche Ableitungsergebnisse (durch die Anwendung induzierter Regeln) besitzt. Zudem kann in der Performanzkomponente eine Klassifikation der Eingabedaten vorgenommen worden sein. Damit ist es der Lernkomponente unter Umständen auch nicht möglich, Widersprüche, die bei der Lösung der Performanzaufgabe aufgetreten sind, zu analysieren und Hinweise auf unzureichende Lernresultate zu gewinnen.

Rückkopplung von Ergebnissen an die Lernkomponente Was liegt also näher, als der Lernkomponente ihre eigenen Lernergebnisse als zusätzliches Hintergrundwissen zur Verfügung zu stellen bzw. ihr Zugriff auf die Ergebnisse der Anwendung der Lernresultate in der Performanzkomponente zu gewähren? Diese Frage stellt sich insbesondere deshalb, weil argumentiert werden kann, daß es inkonsequent ist, Lernresultate als hinreichend sicher zur Lösung einer Performanzaufgabe zu zulassen, ihre Verwendung im weiteren Lernprozeß aber abzulehnen. Wir wollen ein solches Lernen im folgenden als „Lernen im geschlossenen Kreislauf" (closed-loop learning[8]) bezeichnen:

Lernen im geschlossenen Kreislauf: mehrstufiges Lernen, bei der Lernresultate einer Stufe in folgenden Lernstufen als eine Art zusätzliches Hintergrundwissen genutzt werden.[9]

Die Nutzung von Lernresultaten durch die Lernkomponente entspricht der Bereitstellung weiterer Lerndaten, die mit der bis dahin erfolgten Modellierung des Weltausschnittes im Einklang stehen. Sie ermöglichen der Lernkomponente ein Weiterlernen unter

---

[8]Dieser Begriff stammt von Ken Haase (nach persönlicher Mitteilung von W. van de Velde) und wurde inzwischen von anderen übernommen (s. (Morik 1988; Wrobel 1988; Emde 1988)), ohne daß bisher näher untersucht wurde, welche Konsequenzen ein Lernen im geschlossenen Kreislauf hat. „Geschlossen" ist hier nicht im Sinne von „abgeschlossen" (gegenüber neuen Daten) zu verstehen, sondern im Sinne von „Rückkopplung" (von Ergebnissen als neue zusätzliche Eingabe).

[9]In einer anderen (nicht ganz klaren) Bedeutung wird der Begriff in (Carbonell 1989) verwendet.

Umständen auch dann, wenn auf der Basis der von außen vorgegebenen Lerndaten keine weiteren Generalisierungsprozesse möglich sind.

In unserer Medikamentenwelt wurde von der Lernkomponente eine Regel induziert, die die Ableitung von Nebenwirkungen von Medikamenten aus Angaben über ihre Bestandteile erlaubt. Angenommen, der Lernkomponente stehen nun Daten zur Verfügung, die die Zweckmäßigkeit von Medikamenten beurteilen, zu denen ansonsten aber nur Aussagen über ihre Bestandteile bereitstehen. Ohne die Nutzung des vorangegangenen Lernresultates wäre ein Weiterlernen nicht möglich. Hingegen erlaubt die Ableitung von Nebenwirkungen zu den unvollständig beschriebenen Medikamenten, das Inbeziehungsetzen der Beurteilung der Zweckmäßigkeit von Medikamenten mit den Nebenwirkungen, die durch sie verursacht werden (z.B. „Nur Medikamente, die keine oder leichte Nebenwirkungen verursachen, sind zweckmäßig").

In einem experimentellen Vergleich verschiedener Ansätze zur Behandlung unvollständiger Daten bei der Induktion von Entscheidungsbäumen wurde von Quinlan (Quinlan 1986) gezeigt, daß mit der Verwendung induzierter Entscheidungsbäume zur Ermittlung fehlender Attributwerte, bessere Ergebnisse erzielt werden können als mit den oben angesprochenen wahrscheinlichkeits-basierten Ansätzen.

Weit wichtiger ist die Anwendbarkeit der Lernresultate noch, wenn die vorgegebene Repräsentationssprache unzureichend für die Modellierung eines Weltausschnittes ist und die Lernkomponente die vorgegebene Repräsentationsprache erweitern muß.[10] In unserer Medikamentenwelt könnte es z.B. erforderlich sein, daß die Lernkomponente ein Konzept „irreparable Nebenwirkung" einführt, wenn es eine Konzeptbeschreibung für zweckmäßige Medikamente konstruieren will, weil die vorgegebene Repräsentationsprache keine Möglichkeiten bietet, eine Beschreibung aufzustellen, die die positiven Beispiele für zweckmäßige Medikamente von den negativen Beispielen trennt. Die Verwendung eines solchen Konzeptes zur Definition anderer Konzepte im weiteren Lernprozeß ist nur dann möglich, wenn die Lernkomponente die Konzeptdefinition zur Generierung von Beispielinstanzen „irreparabler Nebenwirkungen" nutzen kann, weil solche Beispiele nicht als Lerndaten von außen geliefert werden (s. (Sammut 1988)).

Zusammenfassend betrachtet, kann also die Nutzung von Lernresultaten im weiteren Lernprozeß zur Steigerung der Effektivität und Effizienz führen. Ferner können die Lernergebnisse genutzt werden, um fehlerhafte Daten zu identifizieren, indem durch Anwendung der Lernresultate die Konsistenz zwischen neuen Daten und dem schon vorhandenen Wissen geprüft wird. Wenn die Lernkomponente dann auch noch zusätzlich Zugriff auf die Ergebnisse der Anwendung der Lernresultate auf aktuelle Problemdaten der Performanzkomponente hat, ist es ihr möglich, eventuell auftretende Schwierigkeiten (z.B. die Ableitung von Widersprüchen) zu analysieren, nach dem Fehler (einem falschen Lernresultat und einem verrauschten Problemdatum) zu suchen und gegebenenfalls eine Verbesserung der Lernresultate zu versuchen. Dies ist die eine (positive) Seite der Medaille.

Auf der anderen Seite können Lernresultate, die vollkommen falsch sind oder nur eingeschränkt richtig sind, zur Ableitung falscher Aussagen über einen Weltausschnitt führen und damit die Induktion weiterer fehlerhafter Lernresultate fördern. Ferner werden Wissensrevisionen durch die größere Anzahl möglicher Fehlerursachen schwieriger. Im Gegensatz zu dem Hintergrundwissen, das einem System vorgegeben wird und von daher

---

[10]zum *Termneubildungsproblem* s. z.B. (Schlimmer 1987; Wrobel 1988

unter Umständen als „sicher" betrachtet werden kann, sind die Lernresultate, die beim Weiterlernen genutzt werden, immer anzweifelbar. Daneben muß in Betracht gezogen werden, daß falsche Lernergebnisse fehlerhafte Beurteilungen verrauschter Daten nach sich ziehen können: Richtige Daten können als „fehlerhaft", falsche Daten als „korrekt" klassifiziert werden. Ein neu auftretender Widerspruch im Wissen der Lernkomponente bzw. ein neues Datum, das ein „negatives Beispiel" für ein vorher induziertes Lernergebnis bildet,

- kann seine Ursache in der Fehlerhaftigkeit eines neuen Datums haben,

- kann auf eine falsche Klassifikation (fehlerhaft vs. korrekt) früherer Daten mit falschen Lernergebnissen zurückzuführen sein,

- kann durch die Anwendung einer fehlerhaften Regel auf richtige Daten entstanden sein oder

- auch aus der Anwendung einer richtigen Regel auf Aussagen resultieren, die mit einer fehlerhaften Regel abgeleitet wurden.

Zudem ergibt sich ein weiteres Problem: Wurde ein Fehler in einem frühen Induktionsprozeß entdeckt, muß die Frage gestellt werden, ob die späteren Lernergebnisse korrekt sind und ob die Daten korrekt klassifiziert wurden (s. Abschnitt 6.2.4). Muß die Lernkomponente über die Entwicklungsgeschichte seines Modells buchführen und die jeweils später erfolgten Lernresultate überprüfen? Eine vollständige Datenabhängigkeitsverwaltung scheint nicht angebracht zu sein, bei der zu allen induktiven Schlüssen gespeichert wird, auf welchen Ausgangsdaten und bereinigten Daten sie vorgenommen wurden, und bei der automatisch induktive Schlüsse zurückgenommen werden, wenn einzelne elementare Aussagen ungültig werden. Die Lernkomponente kann nach dem Induktionsschritt neue Lerndaten erhalten haben, die die Induktion nachträglich untermauern, ohne daß danach gesucht wurde. In einem solchen Fall würde eine automatische Datenabhängigkeitsverwaltung bewährtes Wissen löschen.[11]

Nicht-Inkrementelles Lernen im geschlossenen Kreislauf Lernen im geschlossenen Kreislauf ist in einigen wenigen Systemen (unterschiedlich weit) realisiert worden. Eines der ersten Systeme, das Lernresultate in späteren Lernprozessen nutzte, ist CONFUCIUS von Cohen (s. (Sammut 1988)). In diesem System konnten die in einem Lernschritt erworbenen Konzepte zur Bildung von anderen Konzeptbeschreibungen in folgenden Lernschritten verwendet werden. Unklar ist jedoch inwieweit dieses System in der Lage war, die beschriebenen Schwierigkeiten des Lernens im geschlossenen Kreislauf zu behandeln.[12] Die Beschreibung des Systems MARVIN (Sammut 1979; Sammut, Banerji 1986), einem Nachfolgesystem von CONFUCIUS, legt die Vermutung nahe, daß CONFUCIUS wie MARVIN für ein nicht-inkrementelles „Lernen aus Beispielen"-Szenario gedacht waren und Wissensrevisionsprobleme nicht behandelt wurden. Auch von AM (Lenat 1982) wurden Konzeptdefinitionen in späteren Lernprozessen genutzt, allerdings nimmt dieses

---

[11]Hier sollte betont werden, daß diese Probleme, die sich beim Lernen im geschlossenen Kreislauf einstellen, nicht auf ein mangelhaftes Verfahren zurückzuführen und daher zu vermeiden sind, vielmehr handelt es sich um prinzipielle Probleme, die das induktive Lernen charakterisieren.

[12]Die Originalarbeit von Cohen war dem Autor bisher nicht zugänglich.

System eine Sonderstellung ein, weil es ausschließlich auf der Grundlage selbst generierter Lerndaten neue Konzepte definiert und daher die oben beschriebenen Schwierigkeiten mit dem Lernen im geschlossenen Kreislauf nicht auftreten.

Inkrementelles Lernen im geschlossenen Kreislauf Statt die Aufzählung solcher Systemen fortzusetzen, die nicht-inkrementell im geschlossenen Kreislauf lernen, wollen wir uns nun einigen (in bestimmter Hinsicht) weitergehenden Ansätzen widmen.

UNIMEM Ein solcher Ansatz wurde von Lebowitz mit seinem System UNIMEM entwickelt (Lebowitz 1986). UNIMEM kann als ein integriertes System betrachtet werden, das die Performanzaufgabe erfüllt, Objekte zu klassifizieren und gleichzeitig mit neuen Objektbeschreibungen die für die Klassifikationsaufgabe notwendige Klassifikationshierarchie weiterentwickelt. Als Eingabe erhält UNIMEM eine Sequenz von Objektbeschreibungen. Jede neue Objektbeschreibung wird in die bis dahin konstruierte Klassifikationshierarchie eingeordnet. Anschließend unternimmt UNIMEM den Versuch, die Klassifikationshierarchie mit der neuen Beschreibung zu verbessern, indem z.B. ein neues Konzept generalisiert wird, um gleichartige Objekte zusammenzufassen, eine Konzeptbeschreibung verändert wird, um deren Aussagekraft zu verbessern oder ein Konzept gelöscht wird, weil die Generalisierung angesichts des neuen Datums nicht mehr nützlich scheint. Im Gegensatz zu den im letzten Abschnitt beschriebenen Systemen lernt UNIMEM also inkrementell.

Ferner ist UNIMEM auch in der Lage, in begrenztem Umfang verrauschte Daten zu verarbeiten. Widerspricht ein Attributwert einer neuen Beispielinstanz einer Konzeptbeschreibung, wird nicht sofort das Konzept verworfen, sondern nur die numerische Bewertung der Aussagekraft des Attributwertes für die Konzeptbeschreibung erniedrigt. Erst wenn die numerische Bewertung einen Schwellwert unterschreitet, wird das Attribut als irrelevant bewertet und aus der Konzeptbeschreibung entfernt. Dadurch kann ein Objekt als Instanz eines Konzeptes klassifiziert werden, obwohl es nicht exakt der Konzeptbeschreibung entspricht. Allerdings nimmt UNIMEM keine Korrektur an den möglicherweise verrauschten Eingabe-Beschreibungen der Objekte vor. Die Objektbeschreibungen werden durch eine Klassifikation auch nicht ergänzt, z.B. um Attributwerte, die in der Ausgangsbeschreibung fehlen, aber aus der Konzeptbeschreibung deduziert werden könnten.

Das Risiko, das UNIMEM mit der Einführung eines neuen Konzeptes eingeht, ist dadurch gering, weil Konzepte, die sich später als wenig aussagekräftig bzw. zu speziell herausstellen, gelöscht oder modifiziert werden können, ohne daß eine erweiterte oder veränderte Objektbeschreibung zu Schwierigkeiten führt. Die geringe Risikobereitschaft hat aber ihren Preis. Da die Objektbeschreibungen nicht ergänzt oder modifiziert werden, ist der Informationsgewinn durch die Einordung eines Objektes in die Klassifikationshierarchie den folgenden Generalisierungsprozessen nur zur Bildung von Sub-Konzepten verfügbar. Zur Bildung anderer Konzepte in der Klassifikationshierarchie kann die Information, daß ein Objekt auch schon als Instanz eines anderen Konzeptes identifiziert wurde, nicht genutzt werden.

Zur Illustration der Ausführungen zu UNIMEM soll das Lernverhalten dieses Systems an einem konkreten Beispiel nachvollzogen werden. Im einem Programmlauf hat UNIMEM eine Klassifikationshierarchie amerikanischer Universitäten generalisiert. Dabei wurden verschiedene Konzepte gebildet, z.B. das Konzept GND2, das von Lebowitz

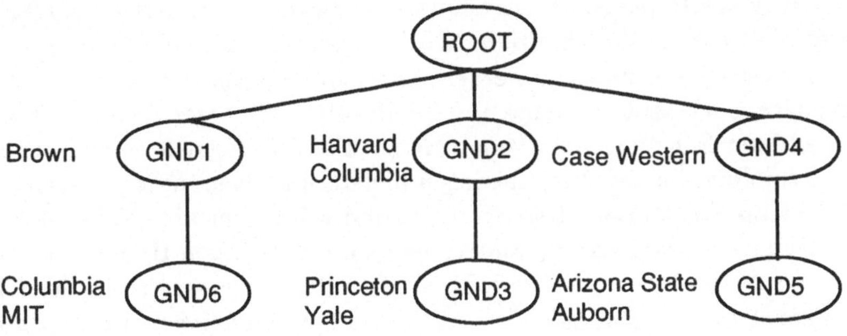

Abbildung 2.2. Klassifikationshierarchie in UNIMEM

als „Geisteswissenschaftliche Hochschulen mit hoher Lebensqualität" beschrieben wird
(Lebowitz 1987). Später hat das Programm eine Beschreibung der Columbia Universität
verarbeitet und sowohl als Instanz des Konzeptes GND2 als auch GND6 klassifiziert. In
Abbildung 2.2 ist ein Teil der Klassifikationshierarchie nach dieser Klassifikation dargestellt. Daraus ist ersichtlich, daß auch Harvard direkt dem Konzept GND2 zugeordnet
wurde, während die Princeton Universität auch die Bedingungen erfüllte, um als Instanz
von GND3 (als einem Unterkonzept von GND2) klassifiziert zu werden.

Die Zuordnung von Columbia zu GND2 kann im weiteren Lernprozeß ausgenutzt
werden, ein neues Unterkonzept von GND2 zu generalisieren, wenn andere direkt unter
GND2 angeordnete Universitäten, Gemeinsamkeiten mit Columbia aufweisen. Auf diese
Weise wird induziertes Wissen im weiteren Lernprozeß benutzt. Die Beschreibung von
klassifizierten Instanzen in UNIMEM wird nicht erweitert, z.B. wird die Beschreibung
der Columbia Universität nicht durch ein weiteres Attribut „GND2-heit" mit dem Wert
„ja" ergänzt. Dadurch ist dieses Merkmal nicht verfügbar, um Unterkonzepte anderer
Konzepte zu bilden, denen Columbia zugeordnet ist, z.B. dem Konzept GND6. Ferner
wird die Information nicht ausgenutzt, um fehlende Attributwerte von Konzeptinstanzen
zu bestimmen, wie etwa ein fehlender Wert zu einem Attribut der Columbia Universität
aus den Werten anderer „GND2-Universitäten".

STAHLp Ein inkrementelles System, das seine Eingabedaten beim Lernen modifiziert und
die Modifikationen auch in weiteren Lernprozessen beibehält ist das STAHLp System von
Rose und Langley (Rose, Langley 1986). Es wurde entwickelt, um die historische Entwicklung chemischer Modelle über die Bestandteile von Substanzen aus beobachtbaren che-
mischen Reaktionen zu untersuchen. Als Eingabe erhält das System Beschreibungen von
Reaktionen (Ein/Ausgabe-Paare) sowie bekannte Modelle über die Bestandteile von Substanzen, um neue Modelle zu konstruieren. Die eigentlichen induktiven Schritte vollzieht
dieses System, wenn neue Beschreibungen von Reaktionen den bekannten Modellen widersprechen. In diesem Fall werden von STAHLp die eingegebenen Reaktionsbeschreibungen
modifiziert, indem entweder zusätzliche Substanzen als Beteiligte an den Reaktionen ange-

nommen werden (was z.B. plausibel ist, wenn es sich bei der Substanz um ein farbloses Gas handelt), oder die Reaktionsbeschreibung wird geändert, indem einzelne Substanzen aus der Reaktionsbeschreibung gelöscht werden. Die modifizierten Reaktionsbeschreibungen dienen dann später auch als Grundlage, um die Resultate weiterer Reaktionen zu erklären und Modelle anderer Substanzen zu konstruieren. Da sich normalerweise immer mehrere Möglichkeiten zur Revision der Eingabedaten bieten, um einen Widerspruch aufzulösen, verwendet STAHLp eine konservative Strategie und wählt diejenige Revisionsmöglichkeit aus, die die geringste Anzahl von Veränderungen an bestehenden Hypothesen verursacht.

STAHLp wurde entwickelt, um induktive Modellbildungprozesse in der Chemie des 18. Jhr. zu rekonstruieren. Von daher reicht der im System verwendete Repräsentationsformalismus nur zur Beschreibung einfacher chemischer Reaktionen und zur Beschreibung der Bestandteile chemischer Substanzen aus. Auch durch das relativ schnelle Modifizieren von Eingabedaten, um Inkonsistenzen zu beseitigen, ist STAHLp sehr stark sachbereichsabhängig, weil in anderen Bereichen Daten mehr Glaubwürdigkeit entgegen gebracht werden kann. Der induktive Ansatz zur Wissensrevision beschränkt sich auf die Modifikation von Eingabedaten. In einem System, das Generalisierungen vornimmt und diese im weiteren Lernprozeß anwendet, ergeben sich zusätzlich andere Revisionsmöglichkeiten (z.B. die Einschränkung von Generalisierungen). Ferner müssen möglicherweise die Abhängigkeiten zwischen verschiedenen Generalisierungen verwaltet werden.[13]

BLIP Ein Ansatz zum inkrementellen Lernen im geschlossenen Kreislauf, in dem sowohl eine Anpassung und Vervollständigung von Lerndaten mit Hilfe von Lernresultaten vorgenommen wird, als auch die modifizierten Lerndaten und Ergebnisse von Generalisierungsprozessen zu weiteren Generalisierungen genutzt werden, ist im Wissensakquisitionssystem BLIP realisiert worden (Emde et al. 1989). Die Performanzaufgabe dieses Systems besteht darin, einem Benutzer bei der Modellierung von Sachbereichen zu unterstützen (s. (Morik 1988)). Integrierter Bestandteil dieses Systems ist eine inkrementelle Lernkomponente, MODELER (Wrobel 1988) genannt, die die manuellen Modellierungsbemühungen durch die Induktion von Regeln und die Bildung von Konzepten aus eingegebenen Fakten über Objekte des Sachbereiches unterstützt. Im folgenden wollen wir uns darauf beschränken, die Realisierung des Lernens im geschlossenen Kreislauf im BLIP System zu betrachten. Die Ausführungen sind dabei zum größten Teil auch auf das lernende System METAXA.2 (Emde 1984; Emde, Habel, Rollinger 1983) übertragbar, das als Vorgänger des MODELERs betrachtet werden kann.[14]

Die Abbildung 2.3 zeigt die grobe Systemarchitektur von BLIP. Die Koordinierung der verschiedenen Wissensquellen und der im System anfallenden Teilaufgaben wird vom COORDINATOR geleistet. Eine zentrale Stellung nimmt auch die Inferenzmaschine IM-2 als Wissensrepräsentationskomponente (s. (Emde et al. 1989, S. 84-125)) ein. Sie übernimmt die Verwaltung des assertionellen und inferentiellen Wissens des Sachbereichmo-

---

[13]Diese Aussagen treffen auch auf REVOLVER (Rose 1988), einen Nachfolger von STAHLp, zu.

[14]Die Weiterentwicklung des MODELERs besteht unter dem Aspekt des Lernens im geschlossenen Kreislauf darin, daß der MODELER neu gebildete Konzepte in die Repräsentationssprache einführt und in späteren Generalisierungsprozessen wie die vorgegebenen Sprachkonstrukte nutzt. Auf eine ausführliche Darstellung des im MODELER implementierten Lernverfahrens wird in diesem Abschnitt verzichtet, weil im 5. Kapitels das Generalisierungsverfahren und das Revisionsverfahren von METAXA.2 (METAXA.3) beschrieben werden, die hinsichtlich des Aspektes „Lernen im geschlossenen Kreislauf" weitgehend den im MODELER implementierten Verfahren gleichgesetzt werden können.

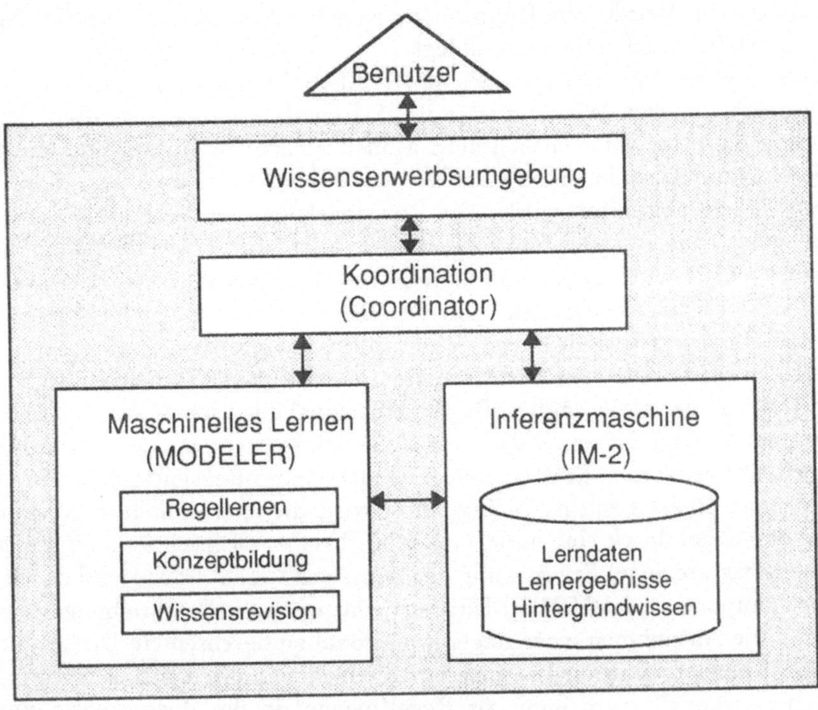

Abbildung 2.3. Systemarchitektur von BLIP

dells und wendet das inferentielle Wissen sowohl im Rahmen der manuellen Modellierung (z.B. zur Beantwortung von Anfragen durch den Benutzer und zur Überprüfung der Konsistenz neuer Eingaben zum bis dahin konstruierten Modell) als auch im Rahmen induktiver Prozesse durch den MODELER an. Jede Eingabe des Benutzers wird vor der Abspeicherung auf seine Konsistenz zum bis dahin konstruierten Modell untersucht. Wenn die Negation der Eingabe mit einer induzierten oder eingegebenen Regel inferiert werden kann, wird die Eingabe zurückgewiesen.

Die Einträge auf Tafel 2.1 bilden Beispiele für Assertionen und Inferenzregeln, die in der Inferenzmaschine gespeichert sein könnten. In BLIP wird keine Unterscheidung zwischen Lerndaten und „sicherem" Hintergrundwissen gemacht. Alle Eingaben des Benutzers (Aussagen über Objekte des Sachbereichs und Inferenzregeln) und die Ergebnisse deduktiver und induktiver Prozesse werden zusammen in der Wissensbasis der Inferenzmaschine gespeichert.

Die Regelbildungskomponente des MODELERs bildet mit einem modellgesteuerten Lernverfahren Hypothesen über „interessante" Regeln, die die semantischen Beziehungen zwischen Assertionen über Objekte des Sachbereichs ausdrücken, und sucht dann mit Anfragen an die Inferenzmaschine nach positiven und negativen Belegen für die Gültigkeit der Hypothesen. Wurde eine Hypothese ausreichend bestätigt, wird die Regel in die Wissensbasis der Inferenzkomponente ablegt.

Die Wissensrevisionskomponente des MODELERs ist für die Beseitigung von Widersprüchen im assertionellen Wissen zuständig. Sie entstehen, wenn der Benutzer auf die Abspeicherung einer im Widerspruch zum Modell stehenden Aussage besteht oder mit einer neuen Eingabe Assertionen inferiert werden, deren Negation vorher eingegeben oder mit anderen Regeln abgeleitet wurde. Die Revisionskomponente beseitigt solche Widersprüche mit einer konservativen Strategie, die wie folgt skizziert werden kann[15]:

Im ersten Schritt wird die zu verändernde Regel ausgewählt. Dabei wird nach einer konservativen Strategie vorgegangen. Von den Regeln, die an der Ableitung des Widerspruchs beteiligt waren, wird diejenige ausgewählt, mit der die geringste Anzahl von Fakten abgeleitet wurden. Dann versucht die Revisionskomponente den Gültigkeitsbereich (s. Abschnitt 4.3.2) der ausgewählten Regel extensional einzuschränken. Wenn die Menge der Ausnahmen der Regel zu groß ist, wird eine weitere extensionale Einschränkung (als „nicht plausibel") verworfen. Stattdessen wird nach einer intensionalen Beschreibung der Ausnahmen einer Regel gesucht. Gelingt dies, wird die extensionale beschriebene Einschränkung der Regel durch eine intensionale beschriebene Einschränkung ersetzt.

Eine (bedarfsgesteuerte) Erweiterung der Repräsentationssprache wird durch die Konzeptbildungskomponente des MODELERs versucht, wenn die Beschreibungssprache nicht ausreicht, um die Ausnahmen einer Regel intensional zu beschreiben. Die möglicherweise resultierende Konzeptdefinition (in unserem Medikamentenwelt z.B das Konzept „irreparable Nebenwirkung") wird dann als Regel(menge) in die Wissensbasis eingetragen. Anschließend werden in einer Säuberungsphase redundante Regeln aus der Wissensbasis entfernt.

Wie ist das Lernen im geschlossenen Kreislauf in BLIP realisiert? Zur Überprüfung von Regeln bei der Regelbildung werden in der Inferenzmaschine (tiefenbeschränkt) sowohl die vom Benutzer eingegebenen als auch die durch den MODELER in vorangegangenen Lernschritten induzierten Regeln angewendet, d.h. es wird eine automatische Vervollständigung der Daten vorgenommen. Die durch die Konzeptbildungskomponente des MODELERs gebildeten Konzepte können sowohl zur Konstruktion neuer Konzepte als auch zur Bildung und Revision neuer Regeln herangezogen werden. Damit werden die Lernbarkeitsgrenzen verschoben, die durch das im MODELER verwendete modellgesteuerte Lernverfahren definiert sind, d.h. mit der Einführung eines neuen Konzeptes wird die Menge der Regularitäten, die der MODELER aufdecken kann, erweitert.[16] Ähnlich wie in STAHLp werden die Eingabedaten manipuliert. Daten, die bei der Eingabe als „inkorrekt" klassifiziert wurden, stehen keinem Lernprozeß zur Verfügung, stattdessen wird die mit dem induzierten Sachbereichsmodell abgeleitete Negation der Eingabe verwendet.

Wie wird im MODELER den Gefahren des Lernens im geschlossenen Kreislauf begegnet? Wenn durch die Wissensrevisionskomponente aufgrund aufgetretener Widersprüche eine Regel revidiert wird, übernimmt die Datenabhängigkeitsverwaltung der Inferenzmaschine die Rücknahme der Assertionen, die mit der Regel inferiert wurden, sofern für sie keine anderen Evidenzquellen vorliegen. Auf diese Weise werden die deduzierten Kon-

---

[15]Ausführlichere Beschreibungen finden sich in (Wrobel 1988) und (Emde et al. 1989, S. 190ff)

[16]Durch das Konzeptbildungsverfahren und die Einführung neuer Konzepte in die Repräsentationssprache unterscheidet sich der MODELER wesentlich von METAXA.2 (und damit auch von METAXA.3).

sequenzen der fehlerhaften Regel eliminiert. Da die Datenabhängigkeitsverwaltung nicht darüber Buch führt, welche Assertionen zu welcher Regelbildung herangezogen wurden, bleiben induzierte Regeln, die bei einer erneuten Hypothesenüberprüfung aufgrund der gelöschten Assertionen nicht mehr bestätigt würden, von der Datenabhängigkeitsverwaltung unberührt in der Wissensbasis gespeichert.[17]

Im BLIP System wird von der Annahme ausgegangen, daß sich die möglichen Fehler in diesen Regeln im weiteren Lernprozeß durch entstehende Widersprüche im assertionellen (und inferentiellen) Wissen bemerkbar machen. Solche Widersprüche können sich entweder mit weiteren Eingaben durch den Benutzer ergeben, durch Inferenzen mit der revidierten Regel, durch Inferenzen mit anderen Regeln, die im weiteren Lernprozeß induziert werden, oder durch die Konsistenzüberprüfung zwischen Regeln, die von der Inferenzmaschine mittels sogenannter *Metaregeln* (s. Abschnitt 4.3.3) durchgeführt wird. Im Modellierungsszenario des BLIP Systems ist diese Annahme gerechtfertigt, zumal für den Benutzer des Systems exemplarische Inferenzen mit neu induzierten Regeln ausgeführt werden und deren Ergebnisse durch die Benutzerschnittstelle angezeigt werden. Radikale Fehlentwicklungen sind dadurch nicht zu befürchten.

Neben der Gefahr, daß nicht-korrekte Lernergebnisse die Induktion weiterer inkorrekter Regeln begünstigen können, besteht in BLIP ferner das Risiko, daß aufgrund eines falschen Modells des Sachbereichs richtige Daten als „inkorrekt" und falsche Daten als „korrekt" klassifiziert werden. Die in BLIP verfolgte Lösung dieses Problems beruht auf der gleichen Annahme, die auch der Behandlung von Abhängigkeiten zwischen verschiedenen Lernresultaten zugrunde liegt. Es wird angenommen, daß sich eine fehlerhafte Klassifikation beim Weiterlernen im geschlossenen Kreislauf durch das Auftreten von Widersprüchen im Wissen des Systems bemerkbar macht. Um eine falsche Klassifikation „korrekter" Daten als „inkorrekt" erkennen zu können, werden diese Daten in der Wissensbasis als „fehlerhafte Daten" gespeichert. Bei erneuter Eingabe eines als „inkorrekt" klassifizierten Datums wird die Klassifikation revidiert und die betreffende widersprüchliche Assertion in der Wissensbasis abgelegt. Damit bekommt die Wissensrevisionskomponente des MODELERs die Aufgabe, eine geeignete Anpassung des Modells (z.B. durch die extensionale Einschränkung des Gültigkeitsbereiches einer Regel) vorzunehmen. Eine automatische Re-Klassifikation von Eingabedaten in Folge von Wissensrevisionsprozessen wird in BLIP nicht vorgenommen.

Zusammenfassend kann gesagt werden, daß in einigen wenigen Systemen der erfolgreiche Versuch gemacht wurde, den Effizienz- und Effektivitätsgewinn des Lernens im geschlossenen Kreislauf zu nutzen. Erste Ansätze zur Bewältigung der Schwierigkeiten, die sich beim Lernen im geschlossenen Kreislauf einstellen können, sind mit den Systemen UNIMEM, STAHLp, METAXA.2 und MODELER gemacht worden. Insbesondere sind mit den drei zuletzt genannnten Systemen Ansätze zur Wissensrevision entwickelt worden, die auch die Identifikation fehlerhafter Wissenselemente einbeziehen. Lernen im geschlossenen Kreislauf ist aber auch mit der Gefahr radikaler Fehlentwicklungen verbunden, weil einzelne inkorrekte Lernergebnisse andere inkorrekte Lernergebnisse nachsichziehen und zur Verunreinigung des assertionellen Wissens führen können. Das bedeutet, radikale Fehlentwicklungen können auch dann auftreten, wenn keine besondere Ausrichtung auf

---

[17]Verschiedene Möglichkeiten zur Behandlung von Abhängigkeitsbeziehungen zwischen induzierten Regeln werden in Abschnitt 6.2.4 diskutiert.

kumulativen Wissensfortschritt gegeben ist, die bei komplexen Lernaufgaben notwendig
ist (s. Kapitel 5).

2.1.3 „Hill-climbing Theorien des Lernens"

In einer Studie zu Aspekten der Modellierung menschlichen Lernverhaltens wurden von
Langley, Gennari und Iba *hill-climbing Theorien des Lernens* propagiert (Langley et al.
1987). Ausgangspunkt für diese Studie ist die Sichtweise, Lernen als eine Suche im Raum
möglicher Theorien bzw. Hypothesen zu begreifen (Mitchell 1982), die mit der Abbildung
von Lernverfahren auf Standardsuchverfahren der KI verbunden ist (*depth-first search,
breath-first search* und *beam search* etc.). In ihrem Aufsatz behaupten Langley et al.,
daß nur *hill-climbing* Suchverfahren grundlegende psychologische Bedingungen an ein
Modell vom menschlichen Lernen erfüllen:

- Lernen muß inkrementell ohne extensive Verarbeitung von Daten erfolgen, die schon
  in vorangegangenen Lernschritten verwendet wurden.

- Das lernende System sollte nur jeweils eine einzige Hypothese verfolgen und keine
  konkurrierende Hypothesen für einen späteren Zugriff aufbewahren.

- Ferner sollte im Lernprozeß auch kein Zugriff auf Hypothesen erfolgen, die in vorangegangenen Lernschritten verfolgt wurden.

Lernen durch *hill-climbing* beginnt mit einer Ausgangsstruktur im Speicher des lernenden Systems, z.B. einem leeren Entscheidungsbaum. Ein neues Datum kann zur Veränderung der gerade aktuellen Struktur in unterschiedlicher Weise führen. Jede mögliche
Veränderung entspricht einem Schritt im Raum möglicher Strukturen. Um den besten
Schritt zu wählen, wird eine Bewertungsfunktion angewendet, und die Veränderung mit
der besten Bewertung durchgeführt.[18] Nach der Auswahl wird die vorangegangene Struktur zusammen mit allen nicht ausgewählten Veränderungsmöglichkeiten vergessen.

Als Beispiele für Systeme, die nach der oben beschriebenen hill-climbing Methode arbeiten, werden in dem Aufsatz von Langley et al. der CHECKERS PLAYER von Samuels (s. Abschnitt 2.1.4), Winstons ARCH (Winston 1975), das SNRP System von Wolff,
EPAM von Feigenbaum, Lebowitz' UNIMEM (s. Abschnitt 2.1.2), COBWEB (Fisher
1987) und STAHLp (s. Abschnitt 2.1.2) erwähnt. Ausführlicher werden die „hill-climbing"
Systeme CLASSIT und MAGGIE beschrieben.

Langley, Gennari und Iba betonen, daß mit ihrer Beschreibung von „hill-climbing"
Verfahren der Komplexität der Datenstrukturen, der Leistungsfähigkeit der Evaluierungs-
funktion und des Zustandgenerators für neue Strukturen keine Restriktionen auferlegt sind
und auch hinsichtlich der Speicherung von Daten keine Einschränkungen gemacht werden.
Die einzigen Beschränkungen betreffen die Speicherung von alternativen Hypothesen und
die Verwendung abgespeicherter Daten. Damit werden einerseits eine Reihe ressourcen-
intensiver Verfahren (wie z.B. depth-first backtracking Verfahren) ausgeschlossen, ander-
seits bleibt die Einsatzmöglichkeit weniger aufwendiger Verfahren bestehen, die zu einem

---

[18]Als gleichwertig wird die Verwendung eines (*test-incorporation*) Generierungsverfahrens (s. (Dietterich, Bennett 1986)) für die jeweils nächste Struktur bezeichnet, das die Bewertungsfunktion implizit
enthält.

backtracking ähnlichen Verhalten führen. Ein solches Lernverhalten wurde beispielsweise in ARCH durch die Anwendung von Spezialisierungs- und Generalisierungsoperationen zur Veränderung von Konzeptbeschreibungen ermöglicht, die sich in ihrer Wirkung gegenseitig aufheben. Das Klassifikationshierarchien konstruierende CLASSIT System verfügt über Operatoren zur Vereinigung oder Teilung von Klassen, um Hierarchien korrigieren zu können, die durch nicht-repräsentative Instanzen von Konzepten zustande gekommen sind. Auch diese Operatoren können zu einem *backtracking* ähnlichen Verhalten führen.

In welcher Beziehung stehen *hill-climbing Theorien des Lernens* zur konservativen Wissensrevision? Zuerst besteht einmal kein unmittelbarer Zusammenhang, weil die Generierungsfunktion für neue Strukturen keiner Beschränkung unterworfen ist. Sie könnte aus einer gegebenen Struktur und einem neuen Datum eine Struktur erzeugen, die sich radikal von der vorhergehenden unterscheidet. Dabei ist aber zu beachten, daß ein hill-climbing Verfahren an einzelnen neuen Daten zur schrittweisen Verbesserung des bisherigen Lernergebnisses orientiert ist und die Auswahl einer Verbesserungsmöglichkeit an der Frage entschieden wird, welche Modifikation direkt zur größten Verbesserung gemessen an der Bewertungsfunktion führt.[19] Von daher ist ein hill-climbing Lernverfahren nicht in der Lage, die Beurteilung einer einzelnen Veränderung auch davon abhängig zu machen, wozu sie zusammen mit weiteren Veränderungen führen kann. Damit führt ein hill-climbing zu einem konservativen Lernverhalten, das am Erhalt des Bestehenden orientiert ist.

Der Nachteil von hill-climbing Verfahren, insbesondere die Gefahr, auf einem lokalen Maximum stehen zu bleiben, wird von Langley et al. als Vorteil gewertet. Mit einem Modell vom menschlichen Lernen sollen nicht die optimalen Lernergebnisse erzielbar sein, vielmehr soll es das menschliche Verhalten widerspiegeln, und das zeigt die Tendenz, daß einmal erzielten Lernresultaten Zufriedenheit entgegen gebracht wird. Auf die zweifellos vorhandene Fähigkeit des Menschen, radikale Fehlentwicklungen korrigieren zu können, gehen Langley, Gennari und Iba in ihrer Untersuchung nicht ein.

In welchem Verhältnis stehen die Aussagen über *hill-climbing Theorien des Lernens* zum kumulativen Lernen, das mit dieser Arbeit propagiert wird? Die oben vorgestellte Studie betrifft die Modellierung bestimmter Aspekte des menschlichen Lernverhaltens, während die vorliegende Arbeit keinen Anspruch auf kognitive Adäquatheit stellt.[20] Von daher sind die Ressourcenbeschränkungen des kumulativen und nicht-kumulativen Lernmodus auch nicht genau spezifiziert, insbesondere auch nicht quantifiziert mit Angaben über die Anzahl alternativer Hypothesen und bereits untersuchter Hypothesen, die beim Lernen abgespeichert werden können. In dem Lernmodell, das in dieser Arbeit vorgestellt wird, wird der kumulative Lernmodus durch einen nicht-kumulativen Lernmodus ergänzt, der radikale Änderungen ermöglicht, ohne dabei solche ressourcen-intensiven Voraussetzungen zu machen, wie sie z.B. mit der Wahl eines *backtracking* Verfahren verbunden sind. Desweiteren soll die Speicherung ausgewählter Hypothesen gestattet sein, die als Alternativen im Lernprozeß erkannt (aber nicht weiter verfolgt wurden). Ebenfalls soll in

---

[19]Hill-climbing mit einer solchen Auswahlfunktion wird als „steepest-ascent hill-climbing" bezeichnet (s. z.B. (Rich 1983)).

[20]Es sollte betont werden, daß damit keine Aussage über die kognitive Inadäquatheit des Lernmodells dieser Arbeit verbunden ist. Jede Aussage zur kognitiven Adäquatheit eines Ansatzes erfordert aber Belege durch psychologische Untersuchungen. Sie liegen zum Thema dieser Arbeit nicht vor und konnten auch nicht in ihrem Rahmen angestellt werden.

begrenztem Maße, die gleichzeitige Entwickung und Betrachtung alternativer Modelle für einen Sachbereich möglich sein (s. Abschnitt 6.2.6).

2.1.4 Ansätze zur nicht-konservativen Wissensrevision

Im Maschinellen Lernen ist die Idee der nicht-konservativen Wissensrevision nicht neu. Im folgenden werden die wenigen Arbeiten dargestellt, die sich mit Aspekten nicht-konservativer Revisionen befassen. Ziel ist es, die Notwendigkeit nicht-konservativer Wissensrevisionsstrategien an konkreten Beispielen zu zeigen, die verwendeten Ansätze zu beschreiben und deren Auswirkungen, Allgemeinheit und Grenzen zu diskutieren. Gegenstand der Untersuchung sind Samuels CHECKERS PLAYER, Michalski's Unterscheidung revolutionärer und evolutionärer Ansätze, und Brebners paradigmen-gesteuertes Lernprogramm GALATEA.

Samuels CHECKERS PLAYER Schon von einem der ersten Lernprogramme, Arthur Samuels CHECKERS PLAYER (Samuel 1959), wurden nicht-konservative Wissensrevisionen durchgeführt. Samuels entwickelte ein Programm, das in der Lage war, das Brettspiel „Dame" zu spielen und auf verschiedene Weise aus Erfahrung zu lernen. Hierzu untersuchte Samuel verschiedene Lerntechniken und verschiedene Repräsentationen, wie z.B. das einfache Merken (*rote learning*) der Bewertungen von Brettpositionen oder das Induzieren von polynomischen Funktionen zur Bewertung von Fortsetzungszügen. Wir beschränken uns hier auf die Betrachtung des Lernens von Bewertungsfunktionen, weil sie die nicht-konservativen Wissensrevisionen erforderlich machten. Eine weitergehende Darstellung von Samuels Arbeiten findet sich in Dietterich et al. 1981.

Samuels Dame-Spielprogramm arbeitet nach dem Prinzip der vorausschauenden Suche in einem Spielbaum, um die nächsten Spielzüge auszuwählen. Dabei wird eine polynomische Bewertungsfunktion eingesetzt, um mögliche Fortsetzungen zu bewerten und mit einer Alpha-beta Minimaxstrategie den besten Zug auszuwählen. Folgende Bewertungsfunktion wurde von Samuel untersucht:

$$\text{Bewertung} = \Sigma w_i * f_i$$

wobei f_i Bewertungen einzelner Eigenschaften der Brettstellung, wie z.B. die Mobilität eines Spielers, repräsentieren und w_i die Gewichtungen, die diesen Eigenschaften zugeordnet sind. Die Gewichtungen markieren die Relevanz der bewerteten Bretteigenschaften in Bezug auf das Ziel, beim Spiel zu gewinnen.

Lernen eines Bewertungspolynoms Eine Aufgabe der Lernkomponente von CHECKERS PLAYER ist es, die optimalen Gewichtungen dieser Bewertungsfunktion beim Spielen des Programms (bezeichnet als Alpha) gegen eine Kopie von sich selbst (Beta) zu lernen. Während in der Kopie des Spielprogramms Beta die Bewertungsfunktion nicht verändert wird, versucht das lernende Programm nach jedem Zug seine Bewertungsfunktion zu verbessern. Dazu wird die von Alpha berechneten Bewertungen der Brettpositionen mit Bewertungen verglichen, die sich bei einer tieferen Suche im Spielbaum ergeben. Ziel des Lernprogramms ist es, eine Bewertungsfunktion zu finden, die bei einer flachen Suche im Spielbaum, ähnlich gute Ergebnisse liefert wie eine Tiefensuche.

Um dieses Ziel zu erreichen, sucht das Lernprogramm bei jedem Zug nach besseren Gewichtungen für sein Bewertungspolynom. Für jede Gewichtung w_i wird ein Korrelationskoeffizient berechnet, der beschreibt, wie sich aus der Gewichtung der Unterschied in der Bewertung der Brettposition bei den unterschiedlichen Suchtiefen vorhersagen läßt. Anschließend werden aus diesen Koeffizienten graduelle Veränderungen der Gewichtungen des Bewertungspolynoms berechnet, um den Unterschied in der Bewertung der Brettpositionen nach der tiefen und flachen Suche im Spielbaum zu minimieren. Gleichzeitig wird graduell die Menge der Eigenschaften verändert, die bei der Bewertung der Spielstellungen berücksichtigt werden.[21] Von dieser Veränderung des Polynoms wollen wir im folgenden abstrahieren, weil sie für nicht-konservative Wissensrevisionen von geringer Bedeutung ist.

Mit fortschreitender Spieldauer und Anzahl der gespielten Partien gelingt es durch die Veränderung der Bewertungsfunktion die Spielqualität von Alpha zu verbessern. Ebenfalls verbessert sich das Spiel von Beta, da immer dann, wenn Alpha eine Mehrzahl von Spielen gegen Beta gewonnen hat, Alphas Bewertungspolynom an Beta übergeben wird.

„Hill-Climbing" Die Relevanz dieser Arbeit von Samuel in Hinblick auf nicht-konservativ revidierende Systeme ergibt sich dadurch, daß bei dem von Samuel gewählten Lernverfahren eine *hill-climbing* Strategie verfolgt wird. Deren Nachteil ist wohl bekannt: Sie bringt die Gefahr des Stehenbleibens auf lokalen Maxima mit sich. Dies war Samuel bewußt und er entwickelte für CHECKERS PLAYER eine Lösung, die im folgenden beschrieben wird.

Samuels Hypothese über das hill-climbing von CHECKERS PLAYER sah folgendermaßen aus: Mit dem Fortschreiten des Lernprozesses wird es immer schwieriger für Alpha gegen Beta zu gewinnen, da Beta vorteilhafte Bewertungsfunktionen von Alpha übernimmt. Handelt es sich bei der übernommenen Funktion um ein lokales Maximum, kann es sogar dazu kommen, daß sich die Spielstärke von Alpha verschlechtert, da Alpha noch den Versuch der Verbesserung dieser Funktion mit graduellen Veränderungen des Bewertungsfunktionen unternimmt. Eine Korrektur der damit eintretenden Verschlechterungen erfordert anschließend mehrere Lernschritte (durch ein Oszillieren um das lokale Maximum).

Diese Betrachtung Samuels führt direkt zur Lösung, die von ihm zur automatischen Erkennung lokaler Maxima in CHECKERS PLAYER implementiert wurde. Wenn Alpha eine bestimmte Anzahl (meist drei) Partien gegen Beta verloren hat, wurde eine willkürliche und drastische Veränderung der Bewertungsfunktion vorgenommen: Der Koeffizient des Terms mit der höchsten Gewichtung im Bewertungspolynom wurde auf Null gesetzt. Diese Regelung wird im folgenden „drei-Spiele-verloren"-Regel genannt. Dadurch war Alpha gezwungen, seine Suche an einem anderen Punkt im Regelraum fortzusetzen. Eine solche Veränderung ist drastisch, weil die Bretteigenschaften, die in der Bewertungsfunktion niedrige Gewichtungen besitzen als Unterziele von Eigenschaften betrachtet werden können, die eine höhere Gewichtung besitzen. Die Bretteigenschaft mit der höchsten Gewichtung im Bewertungspolynom repräsentiert in dem Spielprogramm somit das höchste Ziel (außer denen, die im Programm fest implementiert sind).

---

[21]Von 38 (vorgegebenen) Eigenschaften zur Bewertung von Brettstellungen wird nur eine Teilmenge von (meistens) 16 Eigenschaften als „relevant" berücksichtigt, wobei sich die Einteilung ändern kann.

Leider hat Samuel seine Lösung des „hill-climbing" Problems für CHECKERS PLAYER nur recht grob beschrieben. Insbesondere wird in seinen wenigen Veröffentlichungen zu CHECKERS PLAYER nicht deutlich, wie sich das Erreichen eines lokalen Maximums im Detail darstellte, wie oft dies geschah und unter welchen Umständen er welchen Erfolg mit seiner Lösung erzielte. Samuel schreibt, daß sich seine Hypothese über die Auswirkungen des Erreichens eines lokalen Maximums beim Lernen seines Programms zwar bestätigt habe, daß aber noch viele Experimente mit dem Lernverfahren notwendig seien, bevor seine Untersuchungsergebnisse als gesichert betrachtet werden können (Samuel 1959, S. 91).

Über den Erfolg des Ansatzes schreibt Samuel sehr vage, daß sich sein Programm „im allgemeinen" alleine versuchte, aus Sackgassen zu befreien und sich dadurch „mehr oder minder" kontinuierlich verbessern konnte. Zugleich wies er aber auch darauf hin, daß durch manuelle Eingriffe vorhergehende Zustände wiederhergestellt werden konnten, wenn das Lernen offensichtlich nicht korrekt verlief. Er machte aber keine Angaben darüber, ob und unter welchen Umständen manuelle Eingriffe notwendig waren.

Diskussion In CHECKERS PLAYER ergab sich die Notwendigkeit nicht-konservativer Wissensrevisionen durch den Einsatz eines „hill-climbing" Verfahrens beim Optimieren eines Bewertungspolynoms. Als Indiz für das Erreichen eines lokalen Maximums wurde das wiederholte schlechte Abschneiden eines veränderten Polynoms gegenüber einer unveränderten Version aus dem vorhergehenden Lernschritt verwendet. Das Bewertungskriterium war dabei die Effektivität des Lernergebnisses bei seiner Verwendung im Performanzelement des Systems.

Als Reaktion auf ein lokales Maximum wurde eine willkürliche Veränderung des Bewertungspolynoms vorgenommen: Die Gewichtung der bis dahin am höchsten bewerteten Bretteigenschaft wurde auf Null gesetzt. Die Lernkomponente setzt dadurch ihre Suche in einem anderen Teil des Raums möglicher Bewertungspolynome fort. Diese Veränderung ist rein willkürlich, da keine zusätzlichen Informationen über „interessante" Stellen in diesem Regelraum vorhanden sind und ausgenutzt werden können. Ebensowenig konnten potentiell vorhandene Informationen über „uninteressante" Teile des Regelraums, die CHECKERS PLAYER schon vorher einmal erfolglos durchsucht hat, ausgenutzt werden. Durch ein solches Vorgehen dürfte die Wahrscheinlichkeit, daß durch die drastische Veränderung des Polynoms eine Verschlechterung herbeigeführt wird, eher groß gewesen sein.

Samuel gibt keinen Hinweis darauf, in welcher Weise die Optimierung des Bewertungspolynoms nach dem Nullsetzen einer Gewichtung fortgesetzt wurde. Daraus läßt sich schließen, daß keine Sonderregeln für diesen Fall notwendig waren. Alphas Bewertungsfunktion muß sich innerhalb der nächsten drei Spiele derart verbessert haben, daß durch die „drei-Spiele-verloren"-Regelung eine Entscheidung möglich war, ob die Suche in dem aktuellen Teil des Regelraumes fortgesetzt werden sollte, oder ob durch ein weiteres Nullsetzen, der höchsten Gewichtung in einem anderen Teil des Regelraumes weitergesucht werden sollte. Vorstellbar wäre es sonst auch, daß nach einer radikalen Änderung des Polynoms weit mehr Spiele notwendig sind, bevor Alpha wieder in einen Wettbewerb mit Beta eintreten kann. Die Folge der „drei-Spiele-verloren"-Regel wäre dann gewesen, daß nach einer gewissen Zeit die Gewichtungen des Polynoms nacheinander den Wert Null angenommen hätten, ohne eine Möglichkeit für Alpha jemals wieder seine alte oder eine bessere Spielstärke erreichen zu können.

Da Samuel keine entgegengesetzten Äußerungen machte, muß angenommen werden, daß nicht nur die „drei-Spiele-verloren"-Regel ihren Zweck erfüllte, sondern daß auch das Nullsetzen einer Gewichtung als einzig mögliche Aktion beim Erreichen eines lokalen Maximums ausreichte, um Alpha irgendwann wieder auf die Siegerstraße zu bringen.

Interessant ist die Doppelfunktion von Beta. Zum einen fungiert dieses Programm als Spielpartner von Alpha, um Effektivität des Bewertungspolynoms von Alpha bei der Performanzaufgabe im Wettstreit (s. Abschnitt 6.2.6) zu testen, zum anderen übernimmt Beta die Speicherfunktion für das bis dahin entdeckte Maximum im Regelraum. Nach der Beschreibung von CHECKERS PLAYER wurde diese Speicherfunktion nicht ausgenutzt, um zu einem früheren Lernergebnis zurückzukehren, weil sich ein Versuch der Fortentwicklung des Bewertungspolynoms als Fehlentwicklung herausstellte, d.h. CHECKERS PLAYER verwendet vorangegangene Lernergebnisse nicht zum „backtracking". Somit wird in diesem Programm effektiv eine „hill-climbing" Methode im Sinne von Langley, Iba und Gennari (s. 2.1.3) angewendet, obwohl entgegen ihrer Beschreibung von „hill-climbing" Methoden des Lernens die Hypothese eines vorangegangenen Lernschrittes gespeichert ist.

Michalski's Mechanismen zur Wissensrevision In einem 1985 erschienenen Aufsatz unterscheidet Ryszard Michalski zwei konträre Möglichkeiten der Wissensrevision, die er den „revolutionären" und den „evolutionären" Ansatz zur Wissensrevision nennt (Michalski 1985). Danach werden beim „evolutionären" Ansatz inkrementelle Änderungen an angemessenen Teilen des Wissens vorgenommen, während beim „revolutionären" Vorgehen altes Wissen durch von Grund auf neu zu entwickelndes Wissen ersetzt wird.

Michalski skizziert allgemein die Eigenschaften und Unterschiede beider Ansätze, vertritt für das maschinelle Lernen (im Gegensatz zum menschlichen Lernen) einen evolutionären Ansatz und diskutiert für eine spezielle evolutionäre Methode die Verwendung eines besonderen Regelformalismus (*censored production rules*), der die Spezifizierung von Ausnahmebedingungen erlaubt (Michalski, Winston 1986).

„Revolution" vs. „Evolution" Genauere Angaben über seine Vorstellungen, über den konkreten Ablauf einer „revolutionären" Wissensrevision werden von Michalski nicht gemacht. Er beschränkt sich darauf die Eigenschaften beider Ansätze wie folgt zu beschreiben. Der „revolutionäre" Ansatz ermöglicht die Entwicklung von neuem und signifikant besserem Wissen. Wobei das neue Wissen sowohl vollkommen verschieden als auch in enger Beziehung zum alten Wissen stehen kann. Als Vorteil des „revolutionären" Ansatzes gibt Michalski an, daß er einfach auf einem Rechner zu implementieren sei, da er weder das gründliche Verständnis des gerade aktuellen Wissens voraussetzt, noch fortgeschrittener „Wissensreparatur-Mechanismen" bedarf.

Auf der anderen Seite erfordert dieser Ansatz einen Neubeginn ausgehend von „first-principles" und der Verwendung der ursprünglichen Fakten und Beobachtungen. Dabei können neue Sichtweisen, die Entdeckung unerwarteter Beziehungen und die Formulierung neuer Ideen einbezogen werden. Daher, so schreibt Michalski, sei dieser Ansatz schwierig[22], sehr oft ineffizient und zeitraubend. Der „revolutionäre" Ansatz zur Wissensrevision nutzt nicht die korrekten alten Wissensstrukturen aus und ist am vorteilhaftesten für kleine Wissenseinheiten, da die Schwierigkeit dieser Art von Wissensrevision mit dem Umfang des neu zu entwickelnden Wissens steigt.

Da die ersten maschinellen Lernprogramme darauf ausgerichtet waren, kleine Mengen von Wissen mit relativ einfachen Verfahren aufzudecken, ordnet Michalski die meisten dieser Lernprogramme dem nicht-inkrementellen „revolutionären" Ansatz zu, wobei er jedoch kein Lernprogramm beim Namen nennt.

Während Michalskis Ausführungen zum „revolutionären" Ansatz der Wissensrevision allgemein gehalten sind, geht er ausführlicher auf seine Vorstellung vom „evolutionären" Ansatz ein. Er nennt als die beiden grundlegenden Möglichkeiten dieser Art von Wissensrevision, die inkrementelle Verfeinerung des Wissens (prämissen-basierte Methode genannt) und die Sammlung von Ausnahmen mit der Aufstellung von Vorbedingungen für die Anwendung von Wissen (die ausnahmen-basierte Methode). Ein Beispiel für die Anwendbarkeit der ausnahme-basierten Methode ist Newtons zweiter Satz der Dynamik, der auf einen bestimmten Gültigkeitsbereich eingeschränkt werden kann und dort korrekte Ergebnisse liefert, statt ihn durch Einsteins genauere, aber auch kompliziertere Gleichung zu ersetzen.

Auf allgemeiner Ebene wird auch die Frage nach einem Entscheidungskriterium behandelt, wann nach dem „revolutionären" und wann nach „evolutionären" Ansatz vorgegangen werden sollte. Generell gilt das Kriterium, daß eine Entscheidung zwischen beiden Möglichkeiten auf der Basis einer Abschätzung des möglichen Nutzens und der entstehenden Kosten erfolgen sollte. Beim „revolutionären" Ansatz entstehen die Kosten für die Neuentwicklung des Wissens. Der potentielle Vorteil dieses Ansatzes besteht darin, daß das neue Wissen einfacher und/oder besser ist. Dabei ist zu bemerken, daß diesbezüglich keine Grenzen des evolutionären Ansatzes beschrieben werden. Die Kosten beim „evolutionären" Ansatz entstehen dadurch, daß schon existentes Wissen modifiziert werden muß. Die Höhe dieser Kosten hängen von verschiedenen Faktoren ab, wie etwa die Komplexität der zu modifizierenden Wissenseinheit, und die Fähigkeiten oder Hilfsmittel, die dafür zur Verfügung stehen. Laut Michalski besteht der Vorteil dieses Ansatzes darin, daß er in bestimmten Situationen einfacher und schneller zu bewerkstelligen ist.

Diskussion Die ausführliche Beschäftigung mit nahezu allen Äußerungen Michalski's zum „revolutionären" Ansatz der Wissensrevision in diesem kurzen Aufsatz hat zwei Gründe. Zum einen sind seine Ausführungen sehr vage und lassen durch die Verwendung allgemeiner Begriffe viele (und zum Teil widersprüchliche) Interpretationen zu, so daß eine zusammenfassende Darstellung nicht ohne weiteres möglich ist. Zum anderen enthält dieser Aufsatz eine Fülle von Ideen, die über die üblichen Betrachtungen zur Wissensrevison im Maschinellen Lernen hinausgehen.

Die Unklarheit diese Aufsatzes beginnt beim Begriff des „revolutionären Ansatzes zur Wissensrevision". Eine „Revolution" ist für Michalski allein dadurch charakterisiert,

---

[22]In dem Aufsatz ist nicht ganz klar, worauf sich „schwierig" bezieht. Zu vermuten ist, daß Michalski den Neubeginn als schwierig einstuft, während das „Revisionsverfahren" selbst einfach zu implementieren ist (s.o.).

daß altes Wissen durch von Grund auf neu generiertes Wissen ersetzt wird.[23] Auf Möglichkeiten zur Neuentwicklung von Wissen geht Michalski nicht ein. Insofern entspricht es eher der Tatsache zu sagen, daß er die Vor- und Nachteile der Anwendung einer „Zuerst-einmal-alles-löschen"-Prozedur diskutiert, als daß er die revolutionären Entwicklungen von Wissensbeständen im Vergleich zu evolutionären Entwicklungen untersucht.

Diese Deutung des „revolutionären Ansatzes" würde erklären, warum Michalski diesen Ansatz als „einfach zu implementieren" beschreibt und ihn als Bestandteil der meisten existierenden (älteren) Lernprogramme ansieht - wenngleich solche „Zuerst-einmal-alles-löschen"-Prozeduren bei den bekannteren Programmen nie automatisch, z.B. beim Erfülltsein bestimmter Kriterien, aufgerufen werden. Die einfache Implementierbarkeit ergibt sich insbesondere auch dann, wenn altes Wissen wahllos, ohne den Versuch der Identifizierung korrekter Bestandteile, gelöscht wird.

Unklar ist ferner, welche Rolle „neue Sichtweisen", „unerwartete Beziehungen" und die „Formulierung neuer Ideen" spielen. Sie sollen bei der Neuentwicklung von Wissen mit einbezogen werden können. Allerdings scheint Michalski das Erkennen alternativer Sichtweisen bzw. Aufdecken unerwarteter Beziehungen nicht als Bestandteil einer revolutionären Entwicklung in dem Sinne zu verstehen, daß neue Entdeckungen oder neue Ideen, eine „Revolution" auslösen. Dies würde auch erklären, warum der „revolutionäre Ansatz" zu einem Wissen führen kann, das in „enger Beziehung" zum alten Wissen stehen kann. Wenn die Neuentwicklung von Wissen nicht unbedingt von „revolutionären" Ideen ausgelöst wird, kann es natürlich sehr wohl dazu kommen, daß nach einem Löschen das gleiche Wissen (oder davon unwesentlich verschiedenes) nochmals entwickelt wird.

Diese Tatsache alleine läßt es sehr fraglich erscheinen, ob eine Kosten-Nutzen Abwägung beim „revolutionären Ansatz" zur Wissensrevision überhaupt möglich ist, wie sie von Michalski zu Entscheidungen zwischen den beiden Formen der Wissenrevision angesprochen wird.

Zusammenfassend: Bei dem in Michalskis Aufsatz beschriebenen revolutionären Ansatz zur Wissensrevision handelt es sich um die einfachste Form der nicht-konservativen Wissensrevision, die ausgehend vom Löschen von Wissen eine Entwicklung von neuem Wissen ermöglicht. Wichtigster Nachteil dieses Ansatzes ist, daß bei dieser Form der Wissensrevison evtl. vorhandene richtige Teile des alten Wissens nicht ausgenutzt werden. Weder wird der Versuch unternommen, die korrekten Bestandteile des vorhandenen Wissens zu identifizieren, noch fließt das vorhandene Wissen über einen Weltausschnitt (oder Informationen über die Entwicklungsgeschichte dieses Wissens) in irgendeiner Form in die Neuentwicklung mit ein. Dadurch ist diese Form der Wissensrevision sehr aufwendig und hinsichtlich seiner Erfolgsaussichten sehr zweifelhaft zu beurteilen.

Brebners's GALATEA Ein weiterer Ansatz, der sich mit nicht-konservativen Wissensveränderungen beschäftigt, wurde von Paul Brebner im Rahmen seiner Master-Thesis (Brebner 1985) zum „paradigmen-gesteuerten maschinellen Lernen" entwickelt. Brebner behandelt in seiner Arbeit Aspekte der Bildung, der experimentellen Überprüfung und der Revision „naiver wissenschaftlicher" Theorien durch autonom lernende Systeme. Dabei legt er seiner Untersuchung in Anlehnung an die Wissenschaftstheorie von T. Kuhn (s. Abschnitt 2.2.1) folgendes Postulat zugrunde:

---

[23]Nach Rollinger (persönliche Mitteilung) spiegelt sich in dieser Auffassung die amerikanische Semantik des Begriffs „Revolution" wieder.

„Paradigm-Directed Learning and *Paradigm Shift* are useful mechanisms for guiding the formation of *naive scientific theories.*" (Brebner 1985, S. 4).

Darauf aufbauend beschreibt Brebner ein Lernmodell, das auf einer Trennung „vorwissenschaftlicher", „normal-wissenschaftlicher" und „revolutionärer" Entwicklungsphasen beruht (s. Abschnitt 2.2.1). Dieses Lernmodell wurde von Brebner im System GALATEA implementiert. Die folgenden Ausführungen beschränken sich auf die Darstellung des Paradigmenbegriffs, der Brebners Arbeit zugrunde liegt.

Die Lernaufgabe von GALATEA besteht darin, Vorbedingungen für die Anwendung von Produktionsregeln zu induzieren, die Zustandsveränderungen in einer Blockswelt beschreiben. Die dazu notwendigen Daten gewinnt GALATEA durch (simulierte) Experimente zur Bestätigung und Widerlegung seiner „Theorien". Eine „Theorie" wird durch die Menge der Vorbedingungen zusammen mit dem Aktions- und dem Konsequenzenteil einer Produktionsregel gebildet. Ein Beispiel für eine Theorie in GALATEA ist:

colour(A,red) : stack(A,B) -> on(A,B).[24]

Diese „Theorie" besagt, daß sich ein Objekt A auf einem Objekt B befindet, wenn A rot ist und durch Ausführung einer „stack"-Operation auf B gesetzt wurde (d.h. ein rotes Objekt A auf einem beliebigen Objekt B ist ein stabiles Gebilde).

Ein „Paradigma" hat in GALATEA die Funktion, den Suchraum bei Theorierevisionen[25] einzuschränken. Gleichzeitig bestimmt ein „Paradigma", welche Daten als relevant für eine Theoriebildung betrachtet werden. Dargestellt wird ein „Paradigma" als eine Menge von Prädikaten. Beispiele für „Paradigmen" in GALATEA sind:

[colour],
[colour, shape, on] und
[size,shape,in].

„Paradigmen-gesteuertes Lernen" bedeutet in GALATEA,

- daß zur Revision einer Theorie nur solche Prädikate verwendet werden dürfen, die zum aktuellen „Paradigma" gehören, und

- daß mit der Ausführung von Experimenten unter einem „Paradigma" nur Daten gewonnen werden können, die mit Hilfe der zum „Paradigma" gehörenden Prädikate gebildet sind[26],

d.h. ein „Paradima" beschränkt die Repräsentationssprache für die Daten als auch für das Lernresulat.

GALATEA bildet ein „Paradigma", nachdem in der „vor-wissenschaftlichen" Theoriebildungsphase eine erste Ausgangstheorie (eine Produktionsregel mit leerem Vorbedingungs-Teil) generiert wurde. Dazu wird ein Operationssymbol (wie z.B. „stack") aus der Menge der dem System bekannten Operationssymbole ausgewählt und mit einem

---

[24]„A" und „B" sind Variablen, „red" ist eine Konstante und das Symbol ':' trennt den Vorbedingungsteil der Regel von den Prämissen.

[25]Jede Veränderung des Vorbedingungs-Teils von Produktionsregeln wird in GALATEA durch eine Theorierevision realisiert.

[26]Auf diese Weise „modelliert" Brebner paradigmenbeinflußte Wahrnehmung (s. Abschnitt 2.2.1).

Experiment die Ausgangs-„Theorie" über die Konsequenzen der Ausführung der Operation aufgestellt. Dann geht GALATEA zur „normal-wissenschaftlichen" Lernphase über, d.h. es unternimmt Versuche die „Theorie" durch Experimente zu falsifizieren und (wenn dies gelingt) zu korrigieren. Dabei bestimmt das „Paradigma" die Menge möglicher Modifikationen zur Korrektur der Theorie, d.h. nur solche Prädikate, die zum „Paradigma" gehören, dürfen zur Bildung der Vorbedingungen für die Produktionsregel verwendet werden.

Ein „Paradigmenwechsel" wird vorgenommen, wenn keine der unter einem „Paradigma" konstruierbaren „Theorien" konsistent zu den durch Experimente gewonnenen Daten ist („revolutionäre" Lernphase). Dann wählt GALATEA ein anderes „Paradigma" aus, löscht alle Daten, die durch Experimente unter dem alten „Paradigma" gewonnen wurden und versucht, die Ausgangstheorie unter dem neuen „Paradigma" auszuarbeiten. Eine „Theorie" ist in GALATEA bestätigt, wenn eine bestimmte Anzahl von Experimenten (z.B. 20) ausgeführt wurden und die damit gewonnenen Daten konsistent zur „Theorie" sind.

Diskussion Brebners Arbeit stellt einen Versuch dar, einzelne Aspekte der Wissenschaftstheorie von Kuhn in das Maschinelle Lernen zu übertragen, ohne genauer darzustellen, warum „paradigmen-gesteuertes Lernen" und „Paradigmenwechsel" in einem maschinell lernenden System *nützlich* sind. Auf die fehlende Untersuchung dieser Frage ist es möglicherweise zurückzuführen, daß „Paradigmenwechsel" im Lernmodell Brebners *destruktive* nicht-konservative Revisionen sind, bei denen das gesamte Wissen, das in der vorangegangenen „normal-wissenschaftliche" Lernphase gewonnen wurde, gelöscht wird. Damit haben Brebners „Paradigmenwechsel" keine relevante Gemeinsamkeiten mit den Paradigmenwechseln, die Kuhn in seiner Arbeit untersucht, noch simuliert (erklärt) sein Lernmodell die Fähigkeit von Menschen, Lernergebnisse, die sich als (teilweise) inkorrekt herausstellen, zur Bildung von Alternativen zu verwenden (s. (Shrager 1987)).

2.2 Philosophische Untersuchungen zur Entwicklung wissenschaftlicher Theorien

Wie schon in der Einleitung angedeutet wurde, haben die philosophischen Untersuchungen von Paul K. Feyerabend und Thomas Kuhn zur Entwicklung wissenschaftlicher Theorien einen wesentlichen Einfluß darauf gehabt, daß sich die vorliegende Arbeit mit nicht-konservativen Wissensrevisionen beschäftigt.

Die folgenden Abschnitte geben einen rudimentären Überblick über die Wissenschaftstheorien von Kuhn und Feyerabend. Die Darstellung ist als Verständnishilfe für die Anmerkungen gedacht, die in den folgenden Kapiteln Bezüge zwischen den Problemen des Maschinellen Lernens und der Entwicklung wissenschaftlicher Theorien aufzeigen. Von daher bleiben viele Aspekte, die in den Arbeiten behandelt werden, ungenannt.

Mit dem Aufzeigen von Bezügen wird verdeutlicht, daß sich die Aufgabe der Entwicklung wissenschaftlichen Wissens nicht grundlegend von der Aufgabe der induktiven Modellbildung durch maschinell lernende Systeme unterscheidet und damit die Wissenserwerbsmechanismen zur Lösung der Aufgaben (zumindest teilweise) auf den gleichen Prinzipien beruhen müssen.

Parallelen zwischen bestimmten Phänomenen wissenschaftlicher Theoriebildungsprozesse und maschineller Lernprozesse, auf die im Kapitel 5 und 6 näher eingegangen wird, legen die Vermutung nahe, daß die Struktur maschineller Lernprozesse unter gewissen Umständen[27] nicht anders sein kann als die Struktur wissenschaftlicher Theorie-Entwicklungen.[28]

Damit kann das Maschinelle Lernen von den Erkenntnissen der Wissenschaftstheorie profitieren. Die vorliegende Arbeit stellt einen Beitrag zu ersten bescheidenen Schritten dar, wissenschaftstheoretische Erkenntnisse im Maschinellen Lernen zu berücksichtigen. Leider war es im Rahmen dieser Arbeit nicht möglich, alle (potentiell) relevanten Arbeiten aus der Wissenschaftstheorie in die Untersuchung einzubeziehen (s. z.B. (Lakatos, Musgrave 1970)).[29]

2.2.1 Die Wissenschaftstheorie von T.S. Kuhn

Kuhn wendete sich in seiner viel diskutierten[30] Arbeit über „die Struktur wissenschaftlicher Revolutionen" (Kuhn 1962)[31] gegen die unter Naturforschern und Philosophen weit verbreitete Vorstellung, daß sich die empirischen Wissenschaften durch eine kumulative Wissensvermehrung weiterentwickeln. Mit einer historischen Analyse wissenschaftlicher Entdeckung legt Kuhn dar, daß dieses Bild von einer kumulativen Wissensvermehrung grundlegend falsch ist. Kuhn behauptet, daß sich Fortschritte in den empirischen Wissenschaften insbesondere durch revolutionäre Prozesse ergeben, bei denen eine bis dahin geltende Theorie durch eine andere ersetzt wird. Solche revolutionären Prozesse bezeichnet Kuhn mit seinem berühmt gewordenen Begriff „Paradigmenwechsel".

Kuhn schrieb seine Arbeit als Wissenschaftshistoriker, d.h. ihn beschäftigt unter anderem auch die Beziehungen von Wissenschaftlern, die neue Theorien hervorgebracht haben, zu ihrer Umgebung (ihren Lehrern, Zeitgenossen und unmittelbaren Nachfolgern in der Wissenschaft). Seine Arbeit ist deskriptiv, d.h. er gibt keine Normen vor, wie Wissenschaftler vorgehen müssen bzw. sollten, sondern beschränkt sich auf die Darstellung historischer Entwicklungen einschließlich ihrer manchmal irrational erscheinenden Schritte. Demgegenüber wurden von anderen Philosophen (wie z.B. von Popper) Normen

---

[27]Diese Einschränkung muß gemacht werden, weil die Lösung „einfacher" Lernaufgaben durch maschinell lernende Systeme, bei denen z.B. Ressourcengrenzen keine Rolle spielen oder Hilfestellung durch einen „Lehrer" erfolgt, mit Verfahren möglich sind, die zu einem Lernprozeß führen, der sich grundlegend von dem Entwicklungsprozeß einer wissenschaftlichen Theorie unterscheidet. Als Beispiel hierfür kann die „Wiederentdeckung" des Ohm'schen Gesetzes durch das System BACON genannt werden (s. (Langley et al. 1987b, S. 84–85), die sehr relevante Unterschiede zur Entdeckung des Ohm'schen Gesetzes (s. (Heidelberger 1983)) aufweist.

[28]In einem ähnlichen Verhältnis steht die Entwicklung wissenschaftlicher Theorien zum Erwerb kognitiver Fähigkeiten bei Kindern und auch anderen menschlichen Wissenserwerbsprozessen (s. (Tweney et al. 1981, S. 11–14)). Die Beziehung zwischen der Künstlichen Intelligenz und der Kognitionswissenschaft ist in (Habel 1986, S. 2ff) untersucht worden.

[29]Insbesondere konnte nicht das Werk von J.D. Sneed über „die logischen Grundlagen mathematischer Physik" einbezogen werden, mit dem es nach Stegmüller möglich ist, die logische Rekonstruktion wesentlicher Aspekte von Kuhns Intuitionen weiterzuführen (Stegmüller 1979, S. 478-494, S. 725–776, s. a. (Rott 1988)).

[30]s. (Lakatos, Musgrave 1970)

[31]Bloße Seitenangaben beziehen sich im folgenden auf die im Literaturverzeichnis angegebene Auflage der deutschen Übersetzung.

zur redlichen bzw. erfolgreichen wissenschaftlichen Arbeit entwickelt (was natürlich nur möglich ist, wenn die irrational (scheinenden) Vorkommnisse erfolgreicher wissenschaftlicher Tätigkeit geleugnet bzw. rational erklärt werden).

Kuhn unterscheidet drei Phasen in der Entwicklung wissenschaftlicher Theorien:

- *vor-paradigmatische* Forschung,

- *normal-wissenschaftliche* Forschung und

- *außerordentliche* Forschung.

Vor-paradigmatische Forschung Eine Wissenschaft befindet sich nach Kuhn in der *vor-paradigmatischen* Phase, wenn unter den Wissenschaftlern noch keine grundlegende Einigung darüber erzielt ist, welche Phänomene als relevant zu erklären, wie sie zu beschreiben und zu interpretieren sind. Weil Gründe fehlen, nach möglicherweise „versteckten" Informationen zu suchen, begnügt sich die Forschung in dieser Phase gewöhnlich damit, leicht zugängliche Daten zusammenzustellen. Obwohl das Zusammenstellen solcher Daten wichtig für die Entstehung vieler Wissenschaften war, machen viele Aufzeichungen aus den frühen Stadien der Entwicklung wissenschaftlicher Theorien einen chaotischen und unwissenschaftlichen Eindruck (S. 30). Beschreibungen von Beobachtungen, die sich später als aufschlußreich erwiesen haben, stehen gleichberechtigt neben Informationen, die heute abstrus wirken oder als fehlerhaft angesehen werden. Gleichzeitig kommen verschiedene Wissenschaftler (z.B. durch ihre unterschiedlichen persönlichen Hintergrund) zu unterschiedlichen Beschreibungen und Interpretationen der gleichen Phänomene.

Normal-wissenschaftliche Forschung Wenn sich eine Schule der vor-paradigmatischen Phase durchsetzt und die „wissenschaftliche Gemeinschaft" eine oder mehrere wissenschaftliche Leistungen der Vergangenheit als Grundlage ihrer Forschung akzeptiert, geht die Wissenschaft in die *normal-wissenschaftliche* Phase über (S. 32). Die den Wissenschaftlern gemeinsame Basis für weitere Forschung nennt Kuhn *Paradigma*. Statt hier die schwierige Aufgabe anzugehen[32], den Begriffs „Paradigma" zu erläutern, soll es reichen, eine intuitive Vorstellung der Bedeutung dieses Begriffs durch Beispiele zu vermitteln. Als Beispiele für Paradigmen nennt Kuhn (neben vielen anderen) die „Ptolemäische Astronomie", die „Kopernikanische Astronomie", die „Newtonsche Dynamik" und die „Einsteinsche Relativitätstheorie". Um als „Paradigma" die weitere Forschung eines Gebietes bestimmen zu können, muß eine bestimmte wissenschaftliche Ausrichtung keineswegs alle Tatsachen, mit der sie konfrontiert wird, erklären können, sie braucht es auch nicht - und tut es tatsächlich niemals (S. 32).

Das Paradigma bestimmt, welche Phänomene relevant sind, d.h. die Wissenschaftler werden befreit von der Sorge, *alle* in der vor-paradigmatischen Phase beschriebenen Phänomene erklären zu müssen, stattdessen können sie ausgesuchte Phänomenen in weit mehr Einzelheiten verfolgen, entsprechende Spezialgeräte entwickeln und sie ausdauernder und systematischer anwenden als zuvor. „Durch Konzentration der Aufmerksamkeit

---

[32]Es sollte darauf hingewiesen werden, daß „Paradigma" in Kuhns *The Structure of Scientific Revolutions* aus dem Jahr 1962 in mindestens 21 verschiedenen (zum Teil metaphysischen) Bedeutungen verwendet wird (Masterman 1970)!

auf einen kleinen Bereich relativ esoterischer Probleme zwingt das Paradigma die Wissenschaftler, ein Teilgebiet der Natur mit einer Genauigkeit und bis zu einer Tiefe zu untersuchen, die sonst unvorstellbar wäre." (S. 38)

Kuhn beschreibt die Tätigkeiten der Wissenschaftler in der paradigmen-basierten Forschung als „Aufräumtätigkeiten" und „Rätsellösen". Die Wissenschaftler versuchen „die Natur in die vorgeformte und relativ starre Schublade, welche das „Paradigma" darstellt, hineinzuzwängen" (S. 38). Im Hinblick auf empirische Arbeiten nennt er drei Schwerpunkte normal-wissenschaftlicher Forschung (S. 39-41):

- Steigerung der Genauigkeit und Ausmaß der Kenntnis von Fakten,

- Verbesserung der Übereinstimmung von Theorie und Tatsachen durch das Auffinden neuer Gebiete, auf denen eine Übereinstimmung demonstriert werden kann (insbesondere durch die Entwicklung von Experimenten, mit denen die Vorhersagen einer Theorie getestet werden können), und

- Beseitigung von Unklarheiten und Lösung offener Probleme (z.B. die Bestimmung allgemeiner Konstanten und quantitativer Gesetze).

Eine ähnliche Aufteilung nimmt Kuhn hinsichtlich der theoretischen Tätigkeiten vor (S. 43-48):

- Darlegung neuer Anwendungen einer Theorie und Steigerung der Exaktheit von Anwendungen (z.B. durch Beseitigung (erwarteter) Abweichungen zwischen Vorhersagen und Beobachtungen, die aufgrund fehlender mathematischer Grundlagen zur genauen Berechnung der Vorhersagen zu erwarten waren),

- Reformulierung der Theorie unter Beibehaltung ihres Gehaltes (z.B. um sie verständlicher oder eindeutiger zu machen) und

- Verfeinerung der Theorie mit experimentell gewonnenen Daten.

Normal-wissenschaftliche Forschung unter einem Paradigma zeichnet sich außer durch die oben beschriebenen Konsequenzen auf die Forschungstätigkeiten noch durch andere Konsequenzen aus: Paradigmen können die Verwendungsweisen experimenteller Apparaturen (S. 72ff) und die Wahrnehmung beeinflussen (S. 75, S. 125ff). Kuhn gibt eine Reihe von Beispielen an, in denen sich Wissenschaftler durch apparative und theoretische Erwartungen auf bestimmte Verwendungsweisen neuer Instrumente beschränkten. So wurden viele experimentelle (revolutionäre) Entdeckungen, insbesondere auch deshalb erst lange Zeit nach der Entwicklung neuer Spezialgeräte gemacht, weil sie aufgrund der etablierten Theorie ausgeschlossen waren.

Trotzdem kommt es auch in normal-wissenschaftlichen Phasen zu Entdeckungen, die Paradigmen*veränderungen* bewirken können. Eine *Entdeckung* beginnt (infolge eines Widerspruch zwischen der Theorie und einer neuen Beobachtung) mit dem Heranreifen der Erkenntnis „daß die Natur in irgendeiner Weise, die vom Paradigma erzeugten, die normale Wissenschaft beherrschenden Erwartungen nicht erfüllt hat" (S. 66), was Kuhn auch „Bewußtwerden einer Anomalie" nennt. Sie geht weiter mit angestrengten Versuchen, die Theorie zu berichtigen. Wenn dies gelungen ist, d.h. die Theorie durch eine kumulative Veränderung an die neuen Beoachtungen angepaßt wurde, bekommt die neue Tatsache den Status einer „Entdeckung". Als Beispiel wird die Entdeckung der Röntgenstrahlen genannt, die begann, als der Physiker Röntgen während eines Experimentes das Aufleuchten eines Barium-Platin-Zyanür-Schirmes bemerkte, der nach der zu diesem Zeipunkt gültigen Theorie eigentlich nicht hätte leuchten dürfen. Nach sieben Wochen intensiver Untersuchungen verkündete Röntgen, die irgendwann in diesem Zeitraum gemachte „Entdeckung" der nach ihm benannten Strahlung (S. 70).

Als abschließende Bemerkung zum Versuch, die Ausführungen Kuhns zur normalen Wissenschaft zu skizzieren, soll eine Aussage zitiert werden, die besonders relevant für die vorliegende Arbeit ist. Über die Ergebnisse normal-wissenschaftlicher Tätigkeit schreibt Kuhn:

> „... Und zumindest ein Teil der Leistung erweist sich immer als dauerhaft" (S. 39)

Außerordentliche Forschung Einzelne Entdeckungen, wie sie im letzten Abschnitt beschrieben wurden, können zwar eine Verschiebung eines Paradigmas bewirken, zur Entwicklung einer grundlegend neuen Theorie, einem Paradigmenwechsel, kommt es in der Wissenschaft erst aufgrund einer *Krise* (S. 79ff). Als krisenhaft bezeichnet Kuhn Phasen normal-wissenschaftlicher Forschung, wenn

- sich Anomalien über längere Zeit allen Erklärungsversuchen im Rahmen normal-wissenschaftlicher Problemlösungstätigkeit widersetzen,

- wenn die Kompliziertheit der wissenschaftlichen Theorien schneller wächst als ihre Exaktheit und/oder

- wenn viele verschiedene Versionen einer Theorie (durch *ad hoc* Anpassungen) auftauchen.

Charakteristisches Merkmal einer Krise ist nach Kuhn eine wachsende fachwissenschaftliche Unsicherheit aufgrund enttäuschter Erwartungen, daß Probleme der Wissenschaft gelöst werden können.

In manchen Fällen kann eine Krise innerhalb normaler Wissenschaft überwunden werden und manchmal werden die Probleme, die die normale Wissenschaft nicht zu lösen vermochte, künftigen Generationen überantwortet. Kuhn widmet sich in seiner Arbeit der dritten Möglichkeit: der Überwindung der Krise durch einen Wechsel der Wissenschaft zu einem neuen Paradigma.

Der Übergang zur *außerordentlichen* Wissenschaft, die ein neues Paradigma hervorbringt, beginnt mit der Aufweichung der Regeln der normalen Wissenschaft. „Obwohl es immer noch ein Paradigma gibt, zeigen doch nur wenige Fachleute völlige Übereinstimmung darüber, worin es besteht. Sogar Standardlösungen bereits geklärter Probleme werden in Frage gestellt" (S. 96). Dadurch kommt es zu einer eher zufälligen Art der Forschung, die vergleichbar mit der Forschung in der „vor-paradigmatischen" Entwicklungsphase einer Wissenschaft ist. Sie liefert die Daten, die für einen Paradigmenwechsel notwendig sein können. In manchen Fällen liefern auch die Anomalien Informationen über die Form des neuen Paradigmas: „Einstein schrieb, daß er, bevor er irgendeinen Ersatz für die klassische Mechanik hatte, die Beziehungen zwischen den bekannten Anomalien der Schwarzkörperstrahlung, des photoelektrischen Effektes und der spezifischen Wärme sehen konnte" (S. 102). Eine wichtige Rolle können auch Gedankenexperimente spielen (S. 101).

Ein neues Paradigma oder ein ausreichender Hinweis auf eine spätere Artikulation taucht plötzlich auf, „...manchmal mitten in der Nacht, im Geist eines tief in der Krise verstrickten Wissenschaftlers" (S. 102). Oft reicht ein geringfügiges Versagen eines Paradigmas zusammen mit der Aufweichung der Regeln für die normale Wissenschaft, um jemanden zu einer neuen Betrachtungsweise anzuregen. In anderen Fällen vergeht beträchtliche Zeit zwischen dem Ausbruch einer Krise und dem Auftauchen eines neuen Paradigmas (S. 99).

Kuhn sah sich in seiner Arbeit nicht imstande, eine Antwort auf die Frage zu geben, wie das Endstadium aussieht, in der ein einzelner Mensch ein neues Paradigma entwickelt (s. (Langley et al. 1987b, S. 47-54). Er räumt die Möglichkeit ein, daß dies vielleicht für immer unerforscht bleiben wird (S. 102-103). Er stellt aber fest, daß es fast immer junge oder auf dem Gebiet neue Wissenschaftler waren, denen die fundamentale Erfindung eines neuen Paradigmas gelang.

Ausführlich geht Kuhn auf die Notwendigkeit wissenschaftlicher Revolutionen ein (S. 104-122). Der wesentliche Grund, warum normal-wissenschaftliche Forschung nicht in der Lage ist, das Ergebnis außerordentlicher Forschung zu erbringen, liegt darin, daß die Begriffe eines neuen Paradigmas nicht mit den Begriffen des alten Paradigmas gleichen Namens identisch sind. Beispielsweise unterscheidet sich die Bedeutung des Begriffs Masse in der Newtonschen Dynamik von der Bedeutung des Begriffs Masse in der relativistischen Dynamik (S. 114). Dadurch ergibt sich nach Aussagen von Kuhn eine logische Unvereinbarkeit zwischen aufeinanderfolgenden Paradigmen (S. 111ff). Mit der Bedeutungsveränderung von Begriffen geht eine Verschiebung der Wahrnehmung einher, d.h. mit einer wissenschaftlichen Revolution ändert sich das Weltbild (S. 123-146). So behauptet er bespielsweise, daß die Anhänger des Aristoteles beim Anblick eines an einer Kette schwingenden Körpers einen mit Behinderungen fallenden Körper sahen, der sich nach dem Überschreiten des niedrigsten Punktes nur mühsam wieder nach oben bewegen konnte. Demgegenüber nahm Galilei in einer solchen Situation ein Pendel war, dem es fast gelang, die gleiche Bewegung ad infinitum auszuführen (S. 130-131). Ein Paradigmenwechsel kann aufgrund der *Inkommensurabilität* (Unvergleichbarkeit) der Paradigmen „...nicht Schritt um Schritt vor sich gehen, von Logik und Erfahrung eindeutig erwirkt. Er muß, wie der Gestaltwandel, auf einmal ...geschehen oder überhaupt nicht" (S. 161).

Nach einer Phase außerordentliche Forschung geht die Wissenschaft mit dem neuen Paradigma zur normal-wissenschaftlichen Forschung über. Wie sieht der Übergang aus? Kuhn schreibt, daß eine Entscheidung für das alte oder neue Paradigma nicht auf der Grundlage von Beweisen möglich ist (S. 159). Er begründet dies ebenfalls mit der Inkommensurabilität der Paradigmen. Zum Übergang von einem Paradigma zu einem anderen kommt es dadurch, daß Wissenschaftler, die dem alten Paradigma nicht oder wenig verbunden sind, zu Befürwortern des neuen Paradigmas werden und die unbedingten Anhänger des alten Paradigmas aussterben (S.163). Die Gründe, ein neues Paradigma anzuerkennen, können vielschichtig sein. So kann die Fähigkeit des neuen Paradigmas, bestimmte Probleme zu lösen, relevant sein. Manchmal können auch „ästhetische Erwägungen" eine entscheidende Rolle spielen, insbesondere in Fällen, wo ein neue Theorie in ihrer ersten Fassung noch keine besseren (oder sogar weniger exakte) Vorhersagen erlaubt als ihre Vorgänger (S. 166).

Abschließende Bemerkung Aus der Sicht der Kuhnschen Theorie beschränken sich die gegenwärtigen Ansätze zur Entwicklung maschineller Entdeckungssysteme (wie z.B. BACON und STAHLp) auf die Modellierung einzelner Aspekte „normal-wissenschaftlicher" Tätigkeit (auch wenn durch Beispiele ihrer Leistungen manchmal ein anderer Eindruck suggeriert wird). Die Auswahl und Repräsentation relevanter Daten, die die Grundlage ihrer Lernprozesse bilden, wird von den bekannten „Entdeckungssystemen" nicht geleistet. Nach Kuhn bedingt die Auswahl und Beschreibung relevanter Fakten, die die Entdeckung möglich machen, ein Paradigma. Diese werden den bekannten Entdeckungssystemen zur Zeit (teilweise) implizit mit *ausgewählten* in einer *Repräsentationssprache dargestellten* Daten vorgegeben.[33]

2.2.2 Die Wissenschaftstheorie von P.K. Feyerabend

Die Wissenschaftstheorie von P.K. Feyerabend (Feyerabend 1976; Feyerabend 1978) geht in eine ähnliche Richtung wie die Arbeit von Kuhn, beide beleuchten (scheinbar) irrationale Aspekte wissenschaftlicher Forschung. Teilweise gelangten Kuhn und Feyerabend sogar zu den gleichen Resultaten, wenn auch aus anderen Voraussetzungen. Insgesamt geht aber Feyerabend mit seinen Thesen viel weiter als Kuhn. Während Kuhn sich darauf beschränkt, wissenschaftlichen Fortschritt als Wissenschaftshistoriker zu betrachten, ohne (eindeutig)[34] Stellung zu beziehen, nach welchen Regeln einzelne Wissenschaftler vorgehen müssen, um erfolgreiche Wissenschaft zu betreiben, nimmt Feyerabend aufgrund seiner Untersuchungsergebnisse eine in der Wissenschaftstheorie außergewöhnliche Position ein: Er verwirft die Idee einer Methodologie, die feste, unveränderliche und verbindliche Grundsätze für das Betreiben von Wissenschaft beinhaltet, der einzige allgemeine Grundsatz, der den Fortschritt nicht behindert, lautet nach seiner Analyse: „Anything goes" (S. 32).[35]

Ein zentraler Begriff in Feyerabends Wissenschaftstheorie, der in einer direkten Beziehung zu Kuhns „außerordentlicher Forschung" steht, ist der Begriff vom *kontrainduktiven Vorgehen*. Ein kontrainduktives Vorgehen besteht darin, Hypothesen zu entwickeln, die anerkannten und bestens bestätigten *Theorien* und wohlbestätigten *Tatsachen* widersprechen (S. 33). An mehreren Beispielen erfolgreicher Wissenschaft stellt Feyerabend dar, daß kontrainduktive Vorgehensweisen in vielen Fällen verantwortlich für wissenschaftlichen Fortschritt waren, und, abgesehen von dieser Tatsache, kontrainduktives Vorgehen *notwendig* für Erkenntnisfortschritt ist.

Feyerabends ausführliche Untersuchung kontrainduktiver Vorgehensweisen bildet den Hauptbestandteil von (Feyerabend 1976). Am Beispiel der *Anti-Regel*: „Gehe kontrain-

---

[33]Einige Systeme wie z.B. BACON.3 (Langley et al. 1987b) sind eingeschränkt fähig, die Irrelevanz eines Teils der Daten zu erkennen. Die Fähigkeit beschränkt sich jedoch darauf, bestimmte Attribute (z.B. Gewicht, Farbe, etc.) von Objektbeschreibungen nicht zur Zusammenfassung der Daten in Gesetzen zu verwenden. Es wird aber keine Auswahl von Phänomenen vorgenommen, die „erklärt" werden sollen, d.h. die Menge der Daten darf u.a. nur relevante Objekte beschreiben.

[34]Nach Ansicht von Feyerabend geht aus Kuhns Schriften nicht eindeutig hervor, ob sie methodologische Vorschriften geben (Feyerabend 1978, S. 155f)

[35]Alle bloßen Seitenangaben in diesem Abschnitt beziehen sich auf (Feyerabend 1976), einer revidierten, mehrmals ergänzten, teilweise gekürzten und übersetzten Fassung eines 1975 unter dem Titel „Against Method - Outline of an Anarchistic Theory of Knowledge" erschienen Textes.

duktiv vor", verdeutlicht er anhand historischer Betrachtungen und theoretischer Überlegungen, daß alle Methodologien, auch die einleuchtendsten, ihre Grenzen haben.

Ein Grund, weshalb es notwendig ist, Hypothesen zu entwickeln, die anerkannten Theorien widersprechen, ist der, daß Daten, die die Theorie widerlegen könnten, oft nur mit Hilfe einer dieser Theorie widersprechenden Alternative gefunden werden können (S. 39-54). Eine Konsistenzbedingung hingegen, nach der neue Hypothesen mit anerkannten Theorien übereinstimmen müssen, ist unvernünftig, weil sie ältere und nicht bessere Theorien am Leben erhält.[36] *„Mithin bildet die Erfindung von Alternativen zu der im Zentrum der Diskussion stehenden Auffassung einen wesentlichen Bestandteil der empirischen Methode.* Und die Tatsache, daß die Konsistenzbedingung Alternativen ausschaltet, zeigt jetzt umgekehrt, daß diese Bedingung nicht nur der wissenschaftlichen Praxis, sondern auch dem Empirismus widerspricht" (S. 47). Feyerabend weist besonders darauf hin, daß damit auch alte Ideen längst verworfener Theorien unter neuen Umständen die Forschung vorantreiben können (S. 55-70).

Die Untersuchung von Hypothesen, die wohlbestätigten Tatsachen widersprechen, ist notwendig, weil eine Theorie den Daten widersprechen kann, nicht weil sie falsch ist, sondern weil die Daten durch Vorurteile verseucht sind und keine Theorie jemals mit allen Tatsachen auf ihrem Gebiet übereinstimmen (S. 71-104). Feyerabend beschreibt in diesem Zusammenhang ausführlich die Art, wie Galilei ein wichtiges Argument gegen den Kopernikanischen Gedanken der Erdbewegung „beiseite schob" (S. 90-219) und kommt zum Schluß: „Galilei erzielte Fortschritte, indem er wichtige Tatsachen (...) und vernünftige Lösungen (die er entweder nicht kannte oder nicht verstand) außer acht ließ und indem er eine falsche Hypothese (...) auf die Spitze trieb" (S. 175).

Im Rahmen dieser Untersuchung beschreibt Feyerabend auch die Funktion von ad-hoc-Hypothesen: Anfängliche Schwierigkeiten, die eine neue Theorie aufwirft, können durch die Einführung von ad-hoc Hypothesen entschärft werden, verschaffen der neuen Theorie damit eine Atempause und deuten die Richtung zukünftiger Forschung an (S. 120-127).

2.2.3 Schlußbemerkungen

Abschließend sollen einige Unterschiede zwischen den Ideen Kuhns und Feyerabends skizziert werden. Kuhn kommt in seiner Arbeit zum Ergebnis, daß (reife) Wissenschaft eine Abfolge normal-wissenschaftlicher und außerordentlicher Forschung ist, wobei normal-wissenschaftliche Forschung monistisch und außerordentliche Forschung pluralistisch ist. Diese Idee ist nach Feyerabend historisch gesehen inkorrekt und als Teil einer Methodologie fortschrittshemmend. Nach seiner Ansicht findet Pluralismus zu jeder Zeit statt bzw. sollte zu jeder Zeit stattfinden (Feyerabend 1978, S. 156-171). Feyerabend schreibt (Feyerabend 1978, S. 167): „Es muß erlaubt sein, Ideen angesichts von Schwierigkeiten *beizubehalten*, und es muß erlaubt sein, neue Ideen *einzuführen*, selbst wenn die populären Ansichten voll gerechtfertigt und ganz fehlerlos zu sein scheinen".

---

[36]Die Wirkung der Konsistenzbedingung ist von Kuhn in seinen Ausführungen zur normalwissenschaftliche Forschung beschrieben worden (s. Abschnitt 2.2.1).

Damit streitet Feyerabend auch ab, daß das Auftauchen von „Krisen" das auslösende Moment für Revolutionen war, vielmehr ist aus seiner Sicht Pluralismus eines der Mittel, das Revolutionen herbeigeführt hat (und herbeiführen muß).[37]

Ein weiterer Unterschied zwischen den Ideen Kuhns und Feyerabends betrifft den Inkommensurabilitätsbegriff, der in der vorliegenden Arbeit insofern relevant ist, weil er für die Realisierung eines Wettstreites zwischen alternativen Modellen im Rahmen eines maschinell lernenden Systems (s. Abschnitt 6.2.6) von Bedeutung ist. Kuhn verwendet den Begriff, um die Unvergleichbarkeit konkurrierender Paradigmen zu beschreiben, wobei seine Ausführung in (Kuhn 1962) nahelegen, daß jede wissenschaftliche Veränderung zu Inkommensurabilität führt (s. (Feyerabend 1976, S. 375)). Bei Feyerabend impliziert Inkommensurabilität hingegen nicht Unvergleichbarkeit (Feyerabend 1978, S. 178ff). Für ihn sind Theorien inkommensurabel, wenn die eine Theorie zusammen mit ihren „ontologischen Konsequenzen" die Falschheit der „ontologischen Konsequenzen" der anderen Theorie impliziert.[38] Auf der Basis dieser Begriffserläuterung schreibt Feyerabend (Feyerabend 1978, S. 199): „Inkommensurable Theorien ... lassen sich unter Verwendung ihrer eigenen Erfahrungen widerlegen und kontrollieren. Ihr *Gehalt* kann nicht verglichen werden. Noch ist es möglich ein Urteil über ihre *Wahrheitsnähe* zu fällen, es sei denn, man bleibt innerhalb der Grenzen einer bestimmten, allgemeineren Theorie. ... Aber es gibt andere Vergleichsmethoden". Beispielsweise ist ein Vergleich auf der Basis formaler Kriterien (z.B. Kohärenz) möglich. Ferner betont Feyerabend, daß nicht jede wissenschaftliche Veränderung zu Sinnverschiebung führt und daß nicht jede Sinnverschiebung zu Inkommensurabilität führt (Feyerabend 1976, S. 375).

Dieser Exkurs in die Wissenschaftstheorie soll nicht abgeschlossen werden, ohne schon jetzt einige Bemerkungen über die Bedeutung der Ideen von Kuhn und Feyerabend für diese Arbeit zu machen. Die im ersten Kapitel beschriebene Notwendigkeit nichtkonservativer Revisionen findet in der wissenschaftlichen Forschung (laut Kuhn und Feyerabend) eine Entsprechung in der Notwendigkeit revolutionärer Theorieentwickungen. In beiden Fällen spielt die Qualität von Daten eine Rolle. Und sowohl beim Maschinellen Lernen als auch in der wissenschaftlichen Forschung hat Konservatismus positive und negative Konsequenzen.

In welcher Beziehung steht die vorliegende Arbeit zu anderen Ansätzen im Maschinellen Lernen, die Aspekte von Wissenschaftstheorien einbeziehen? Mit (Shapiro 1981) wurden Aspekte der Wissenschaftstheorie von K. Popper und mit (Hayes-Roth 1983) Aspekte Wissenschaftstheorie von I. Lakatos in Ansätze zum Maschinellen Lernen einbezogen (s. (Emde 1983)). Während diese Arbeiten auf normative Wissenschaftstheorien beruhen, die die Rationalität wissenschaftlicher Forschung zugrunde legen Langley et al. 1987b, S. 37-59), basiert die vorliegende Arbeit teilweise auf Ideen, nach denen wissenschaftlicher Fortschritt (scheinbar) irrationale Vorgehensweisen bedingt.

Abschließend sollte explizit darauf hingewiesen werden, daß die vorliegende Arbeit nicht auf das Ziel gerichtet ist, die Theorien von Kuhn und Feyerabend „zu implementieren". Dieser Vorsatz wäre grober Unfug! Kuhn und Feyerabend dienen als Ideenlieferanten und werden zur („unerlaubten") Rechtfertigung einiger Heuristiken eingespannt.[39]

---

[37]s. (Kuhn 1962, S. 79-90; Feyerabend 1978, S. 169; Feyerabend 1976, S. 237)

[38]Feyerabend nennt jede Aussage, die aus der Annahme folgt, daß eine bestimmte Sprache L anwendbar ist, eine „ontologische Konsequenz" von L (Feyerabend 1978, S. 8.

[39]Anything goes!

3. Die Sichtweise auf maschinelle Modellbildung

Wie wir im letzten Kapitel gesehen haben, sind die bisherigen Ansätze im Maschinellen Lernen bis auf wenige Ausnahmen auf eine kontinuierliche Wissensvermehrung und Verfeinerung ausgerichtet. Ihnen stehen Erkenntnisse aus der Psychologie und Philosophie gegenüber, die viele grundlegende Fortschritte im menschlichen Wissenserwerb, insbesondere auch in den Naturwissenschaften, auf revolutionäre Entwicklungen zurückführen. Die wenigen Arbeiten zur nicht-konservativen Wissensrevision (von Samuel, Michalski und Brebner) beschränken sich auf die Untersuchung destruktiver Formen der Revision, die Möglichkeiten zur Neuentwicklung von Wissen eröffnen, aber nur beschränkten Gebrauch vom bis dahin entwickelten Wissen machen.

In diesem Kapitel soll die Sichtweise auf die Modellbildung durch induktiv lernende Systeme erörtert werden, die dieser Arbeit zugrunde liegt und der Betrachtungsrahmen für die Entwicklung eines Ansatzes zur induktiven nicht-konservativer Wissensrevision in den folgenden Kapiteln abgesteckt werden.

3.1 Einleitung

In dieser Arbeit wird der Versuch unternommen, eine Brücke zwischen bestimmten Arbeiten aus der Wissenschaftstheorie und dem Maschinellen Lernen zu bauen, indem Probleme der Entwicklung wissenschaftlicher Theorien mit Problemen der Entwicklung von Modellen durch maschinell lernende Systeme verglichen werden. Aus dem Nutzen bzw. der Notwendigkeit scheinbar irrationaler Herangehensweisen bei der Bildung und der Revision von Theorien, wird der potentielle Nutzen eingeschränkter Sichtweisen bei der maschinellen Modellierung von Weltausschnitten und die Notwendigkeit mehrstufiger Lernprozesse abgeleitet. Daraus resultiert die sehr stark heuristisch geprägte Herangehensweise an die maschinelle Modellbildung. Statt den Versuch zu unternehmen, Fehlentwicklungen bei der Modellierung von Sachbereichen durch ein entsprechend vorsichtiges Vorgehen auszuschließen und keinerlei Strategien einzusetzen, die mit der Gefahr verbunden sind, daß Modellierungsversuche in eine Sackgasse führen, wird der Nutzen eines kumulativen Lernmodus propagiert. Dieser Lernmodus soll durch nicht-konservative Revisionsverfahren ergänzt werden, die lernende Systeme in die Lage versetzen sollen, Fehlentwicklungen zu korrigieren, die beim kumulativen Lernen entstehen können.

In den folgenden Ausführungen werden die Hypothesen erörtert, auf denen diese Arbeit basiert, es wird der Untersuchungsrahmen abgesteckt, sowie auf einige Begriffe eingegangen, deren Bedeutung in dieser Arbeit bisher nicht oder nur sehr vage umschrieben wurde. Insbesondere soll auch der Versuch unternommen werden, die überfällige explizite Definition des Begriffs „nicht-konservativer Wissensrevision" nachzuholen.

3.2 Die grundlegenden Hypothesen

In den folgenden Kapiteln soll ein Ansatz zur konstruktiven nicht-konservativen Wissensrevision entwickelt werden, der auf den folgenden Hypothesen basiert:

- Komplexe Gegenstandsbereiche machen bei begrenzten Ressourcen mehrstufige Modellbildungsprozesse notwendig.

- Jede Stufe der Modellierung dient der Ausarbeitung bestimmter Aspekte des Gegenstandsbereiches unter Zuhilfenahme konfirmativer Bestätigungs- und konservativer Revisionsstrategien. Diese Strategien führen zu einer eingeschränkten Sichtweise auf den Gegenstandsbereich und damit zu einer Verringerung der Komplexität der Lernaufgabe bei den einzelnen Stufen der Modellentwicklung.

- Ein nicht-kumulativer Lernmodus ermöglicht die Korrektur von Fehlentwicklungen und die Weiterentwicklung von Modellen, wenn der kumulative Lernmodus versagt.

- Das Ergebnis einer nicht-konservativen Wissensrevision besteht aus einem oder mehreren alternativen Modellen des Weltausschnittes, die mit dem Ausgangsmodell verglichen und hinsichtlich ihres Nutzens bewertet werden müssen. Ein alternatives Modell kann eine Verschlechterung oder Verbesserung gegenüber dem Ausgangsmodell darstellen, oder dieses z.B. hinsichtlich einer bestimmten Anwendung ergänzen.

- Ein Wettstreit zwischen mehreren Modellen kann zur Verbesserung einzelner Modelle genutzt werden.

Im Unterschied zu den bisherigen Ansätzen im Maschinellen Lernen soll nicht von der Annahme ausgegangen werden, daß Modellbildung in jedem Fall in einem einstufigen Prozeß ohne radikales „Umlernen" unter Ausnutzung der Ergebnisse vorangegangener Modellbildungsstufen möglich ist. Stattdessen wird die Annahme vertreten, daß unter bestimmten Umständen (komplexe Sachbereiche, geringe Datenqualität) anfänglich grobe Vereinfachungen bei der Modellierung eines Sachbereichs notwendig sein können, um dadurch lernenden Systemen erst den Zugang zu korrekten Modellierungen zu verschaffen.

Diese Annahme läßt sich als Hypothese wahrscheinlich weder verifizieren noch falsifizieren. Zu jedem Modellierungsproblem wird sich wahrscheinlich immer ein lernendes System mit entsprechenden Ressourcen oder speziellen Heuristiken angeben lassen, das ohne einscheidende Fehlentwicklungen in einem einstufigen Modellierungsprozeß ein befriedigendes Ergebnis erzielt. Die Existenz eines solchen lernenden Systems wäre aber nur dann ein Gegenbeispiel, das die Hypothese falsifizieren würde, wenn gezeigt werden könnte, daß es einem lernenden System mit kumulativen und nicht-kumulativen Lernmodus bei jedem Modellierungsproblem (einer bestimmten Klasse) überlegen wäre. Um die Hypothese zu verifizieren, müßte gezeigt werden, das kein (ressourcenbeschränktes) lernendes System existieren kann, das alle Modellierungsprobleme (einer bestimmten Problemklasse) in einem einstufigen Modellierungsprozeß lösen kann, wohl aber ein auf kumulativen und nicht-kumulativen Lernen basierendes System existiert, daß die Probleme erfolgreich bewältigt.

Die dargestellten Hypothesen beziehen sich auf alle maschinell induktiv symbolisch lernende Systeme in *Lernen-durch-Beobachtung* (*learning-by-observation*) Szenarien, also z.B. auch auf sogenannte „Entdeckungssysteme" (*discovery systems*), die die Aufgabe der Theoriebildung in naturwissenschaftlichen Bereichen haben. Betrachten werden wir im folgenden aber nur ein sehr eingeschränktes Lernszenario, das alle Aspekte, die nicht in direkter Beziehung zur Problematik nicht-konservativer Wissensänderungen stehen, soweit wie möglich ausklammert. So wird beispielsweise die Thematik des Testens von Theorien durch die Entwicklung und Ausführung von Experimenten nicht behandelt, da angenommen wird, daß diese Form der aktiven Datengewinnung nichts an der zu untersuchenden Revisionsproblematik ändert. Ferner werden wir nur Modellbildungsprozesse betrachten, die zu strukturell sehr einfachen Modellen führen.

3.3 Rahmen der Untersuchung

Zur Untersuchung nicht-konservativer Wissensrevisionen betrachten wir folgendes Lernszenario, das schon in Abschnitt 1.4 skizziert wurde. Ein lernendes System wird sequentiell mit einem Strom von Daten eines Weltausschnittes versorgt und hat die Aufgabe, ein Modell dieses Weltausschnittes zu konstruieren. Auf der Basis dieses Modells soll es Vorhersagen über weitere mögliche Eingaben durch die Anwendung des Modells ableiten. Die abgeleiteten Aussagen soll das System im weiteren Lernprozeß wie neue Daten verwenden, die es als „glaubwürdig" akzeptiert, und evtl. gegen neue widersprechende Eingaben verteidigt. Grundlage für eine solche Verteidigungshaltung mit der Zurückweisung (oder Anpassung) neuer Daten soll die Annahme sein, daß die Eingabedaten fehlerhaft sein können. Als eine weitere Erschwernis für das Lernen sei die Begrenztheit der Ressourcen angenommen.

Was ist die Bedeutung der Annahme beschränkter Ressourcen? Diese Arbeit stellt sich nicht primär der Aufgabe, Generalisierungsverfahren in ihrer Effizienz zu verbessern. Auch bei Revisionsoperationen kann aufgrund der umfangreichen Thematik Effizienzgesichtspunkten wenig Aufmerksamkeit geschenkt werden. Ebenso wird es nicht möglich sein, Ansätze zu untersuchen, die für ein intelligentes Verteilen von Ressourcen sorgen und damit die Effizienz oder Effektivität des lernenden Systems verbessern.[1]

Die Annahme beschränkter Ressourcen bedeutet, daß Heuristiken entwickelt werden sollen, die den Gefahren des Einsatzes konfirmativer Strategien und konservativer Wissensrevisionsverfahren entgegenwirken, d.h. Fehlentwicklungen korrigieren und das Stehenbleiben auf lokalen Maxima verhindern, ohne eine ressourcen-intensive Suche z.B. mit einem aufwendigen „backtracking" Verfahren zu erfordern.

In Abbildung 3.1 sind Komponenten des lernenden Systems dargestellt, die wir bei diesem Lernszenario in den Betrachtungsrahmen einbeziehen. Eine Bewertungskomponente beurteilt die Qualität einzelner Daten auf der Basis eines Modells, das sich das

---

[1]Ein Beispiel für einen Beitrag zum Thema begrenzter Ressourcen unter diesem Aspekt stellt im Maschinellen Lernen das von Lenat entwickelte Agenda-Konzept in AM dar (Lenat 1982).

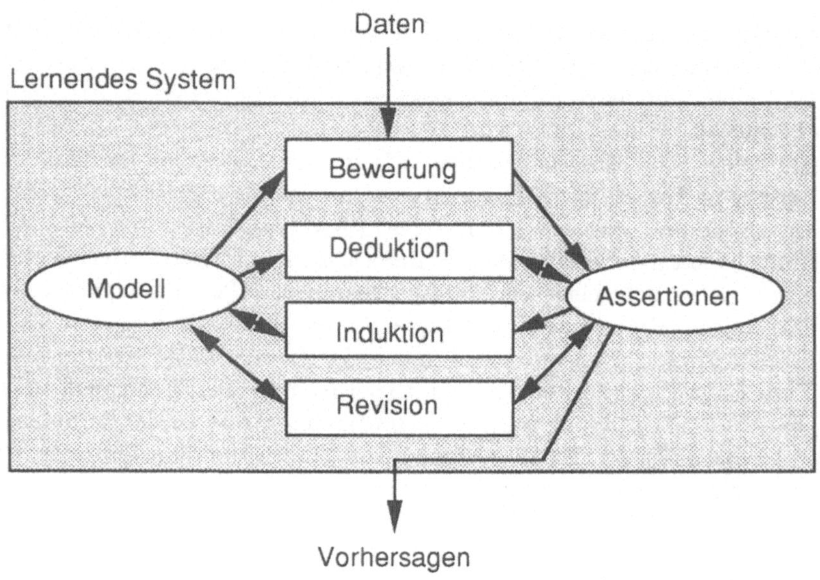

Abbildung 3.1. Komponenten im Lernszenario

lernende System über einen Weltausschnitt gebildet hat, und filtert die Daten heraus,
die das System als „glaubwürdig" akzeptiert. Eine Deduktionskomponente wendet das
Modell auf die vom System akzeptierten Daten an und stellt die abgeleiteten Assertio-
nen dem Lernprozeß zur Verfügung. Auf der Basis der akzeptierten Eingaben und der
Schlußfolgerungen aus dem Modell erweitert eine Induktionskomponente mit konfirmati-
ven Strategien das Modell. Schließlich übernimmt eine Revisionskomponente die Aufgabe,
Fehler bei der Modellierung zu erkennen und durch konservative und nicht-konservative
Revisionen zu beheben.

Diese abstrakte Beschreibungsebene reicht nun natürlich weder aus, um die Auswirkungen eines kumulativen Lernmodus und die Notwendigkeit nicht-konservativer Revisionsverfahren zu illustrieren, noch reicht sie aus, um einen konkreten Ansatz zur nicht-
konservativen Wissensrevision zu entwickeln. Vielmehr ist es notwendig, sowohl das zu
revidierende Wissen in Form und Inhalt als auch die einzelnen Komponenten des lernenden Systems zu konkretisieren.

3.3.1 Lernverfahren

Unsere Betrachtungen setzen auf Arbeiten an einem ähnlichkeitsbasierten modell-
gesteuerten Ansatz zum Maschinellen Lernen auf, die seit 1981 in verschiedenen Projek-
ten an der Technischen Universität Berlin erfolgt sind. Der Ansatz basiert grob skizziert
darauf, mit einer Menge vorgegebener Regelschemata nach Regularitäten in Assertionen

über Objekte eines Weltausschnittes zu suchen und bei einer ausreichenden Bestätigung entsprechende Regeln in die Wissensbasis des Systems aufzunehmen. Dieses Lernverfahren wurde im System METAXA.1 (Emde, Habel, Rollinger 1982) implementiert und in METAXA.2 um eine (konservative) Wissensrevisionskomponente ergänzt (Emde, Habel, Rollinger 1983; Emde 1984).

Im Rahmen der Entwicklung des (experimentellen) Wissensakquisitionswerkzeuges BLIP (Emde et al. 1989) wurden das Generalisierungsverfahren und das (konservative) Revisionsverfahren von METAXA.2 verbessert und um eine Konzeptbildungskomponente erweitert, die bedarfsgesteuerte Erweiterungen der Repräsentationssprache vornimmt (Wrobel 1988). Das induktive Sub-System von BLIP, bestehend aus der Regelbildungs-, Konzeptbildungs- und konservativen Revisionskomponente, wird mit dem Namen MODELER bezeichnet.

Die Arbeiten, die zu den lernenden Systemen METAXA.2 und MODELER geführt haben, können als die Grundlage betrachtet werden, auf der die vorliegende Arbeit aufbaut. Als Ausgangsbasis zur Entwicklung eines nicht-konservativen Revisionsverfahrens eignet sich das inkrementelle Lernverfahren, das den Systemen zugrunde liegt, insbesondere deshalb, weil es auf ein *Lernen im geschlossenen Kreislauf* (s. Abschnitt 2.1.2) ausgerichtet ist, bei dem durch die Verwendung von Lernergebnissen einer Lernstufe in weiteren Lernprozessen die Gefahr radikaler Fehlentwicklungen gegeben ist. Einer genaueren Darstellung des regelschema-basierten Lernverfahrens wird in Kapitel 5 folgen.

Die Abbildung 3.2 veranschaulicht die Entwicklungslinie der Systeme mit dem regelschema-basierten Lernverfahren und ordnet die mit dieser Arbeit erfolgten Entwicklungs- und Implementierungsarbeiten in einen systembezogenen Rahmen ein.

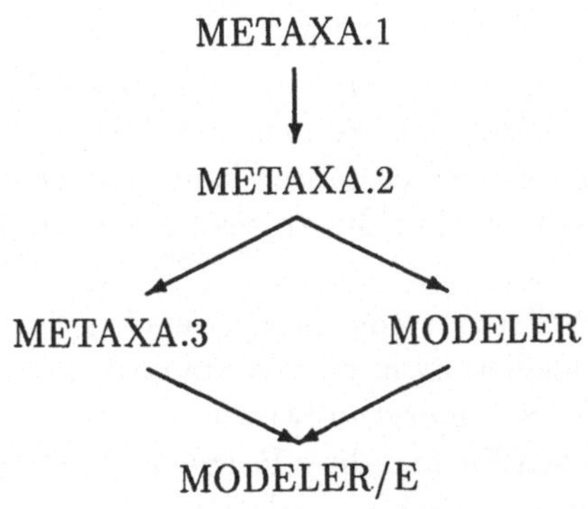

Abbildung 3.2. Der Stammbaum von MODELER/E

Eine erste prototypische Implementierung von Generalisierungs- und Revisionsverfahren für ein kumulatives/nicht-kumulatives Lernen wurde mit dem System METAXA.3 parallel zur Entwicklung des BLIP Systems vorgenommen (s. Kapitel 5 und 6). Mit dem Namen MODELER/E[2] wird das kumulativ/nicht-kumulativ lernende Gesamtsystem be-

---

[2] „E" steht für „Extended version".

zeichnet, auf das mit dieser Arbeit hin gearbeitet wurde. Ausgehend von den mit ME-TAXA.3 gewonnenen Erfahrungen wurde eine Inferenzmaschine (IM-2) entwickelt, die in MODELER/E als Wissensrepräsentationskomponente fungieren könnte (s. Kapitel 4).

3.3.2 Wissensrepräsentation

Mit der Wahl des regelschema-basierten Lernverfahrens als Ausgangsbasis der Untersuchung war eine Vorentscheidung für einen logik-orientierten Wissensrepräsentationformalismus verbunden. In diesem Formalismus dienen Assertionen der Darstellung von Eigenschaften von (und Beziehungen zwischen) Objekten eines Weltausschnitts und Schlußregeln repäsentieren die inferentiellen Beziehung zwischen solchen Aussagen. Mit der Inferenzmaschine IM-2 (s. Kapitel 4) wurde für diese Arbeit eine Wissensrepräsentationskomponente entwickelt, deren logik-orientierter Repräsentationsformalismus auf die speziellen Anforderungen ausgerichtet ist, die sich beim inkrementellen Lernen ergeben. Die folgenden Beispiele zur Repräsentation von Eingabedaten, Hintergrundwissen und Sachbereichsmodellen sollen einen Eindruck vom verwendeten Repräsentationsformalismus vermitteln. Eine ausführliche Darstellung des Wissensrepräsentationformalismus von IM-2 wird in Kapitel 4 gegeben.

Als Daten werden einfache Beschreibungen von Objekten des Weltausschnittes zugelassen, d.h. Aussagen über ihre Eigenschaften und ihre Beziehungen untereinander. Als Vorhersagen werden die vom System zusätzlich abgeleiteten Beschreibungen der Objekte des Weltausschnittes gewertet. In dem Weltausschnitt „Wirkungen und Nebenwirkungen von Arzneimitteln" sind dies z.B. Aussagen über die Zusammensetzung von Medikamenten und Aussagen über die (möglichen) Nebenwirkungen, die bei einer Anwendung der Medikamente möglich sind.[3] Auf Tafel 3.1 ist ein Beispiel einer Datensequenz mit entsprechenden Aussagen dargestellt. Darin wird Aspirin als ein Medikament beschrieben, das 500mg des Wirkstoffes Acetylsalicylsäure (ass) enthält, gegen Kopfschmerzen wirkt und als Nebenwirkung zu Magenschmerzen führen kann. Ferner wird Aspirin die Eigenschaft zugeschrieben, therapeutisch zweckmäßig zu sein. Ähnliche Assertionen beschreiben das Schmerzmittel Thomapirin N.

Neben solchen Eingabedaten steht dem lernenden System *Hintergrundwissen* zur Verfügung, das bei der Modellierung in dem Weltausschnitt hilfreich ist. Für die Antischmerzmittelwelt besteht dieses Hintergrundwissen u.a. in einer Beschreibung von Funktionsstörungen im menschlichen Körper, die z.B. irreparable Nebenwirkungen unterscheidet von leichten Funktionsstörungen. Neben solchen zusätzlichen Beschreibungen von Objekten des Weltausschnittes soll das Hintergrundwissen auch grundlegendes terminologische Wissen enthalten können, das der verwendeten Datenbeschreibungssprache teilweise eine Semantik zuordnet. Ein Beispiel für Hintergrundwissen zur Modellierung von Wirkungs- und Nebenwirkungsbeziehung von Medikamenten ist auf Tafel 3.2 aufgeführt. Die Regel in diesem Beispiel ordnet Assertionen über die Bestandteile von Medikamenten einer **part-of** Relation zu, die dem lernenden System als eine ausgezeichnete Beziehung zur Beschreibung von Objekten bekannt ist. Wir wollen annehmen, daß das lernende System

---

[3]Auch in den folgenden Kapiteln wird die Arzneimittelwelt (genauer: die Welt der leichten Schmerzmittel) zur Illustration verwendet (s. (Langbein et al. 1983; Ahlheim 1972; BPI 1979)).

Tafel 3.1. Beispiel eines Ausschnittes einer Eingabedatensequenz

```
bestandteil(aspirin,ass,500)
indikation(aspirin,kopfschmerzen)
indikation(aspirin,wetterfühligkeit)
nebenwirkung(aspirin,magenschmerzen)
nebenwirkung(aspirin,magen_darm_geschwür)
darreichungsform(aspirin,tabletten)
therapeutisch_zweckmässig(aspirin)

bestandteil(thomapirin_n,ass,250)
bestandteil(thomapirin_n,paracetamol,200)
bestandteil(thomapirin_n,coffein,50)
indikation(thomapirin_n,kopfschmerzen)
nebenwirkung(thomapirin_n,anämie)
abzuraten(thomapirin_n)
```

Tafel 3.2. Beispiel für Hintergrundwissen

```
Assertionen:

störungsschwere(ohrensausen,10)
störungsschwere(allergische_hautreaktionen,15)
störungsschwere(kopfschmerzen,20)
störungsschwere(abnahme_anzahl_weisser_blutzellen,80)
irreparable_nebenwirkung(leberschaden)
leichte_funktionsstörung(ohrensausen)
schwere_funktionsstörung(abnahme_anzahl_weisser_blutzellen)

Regel:

x,y,z :: bestandteil(x,y,z) --> part_of(y,x)
```

mit Hilfe dieser Regeln entscheidet, welche Arzneimittel des Weltausschnittes einfach (im Sinne von „bestehend nur aus wenigen Komponenten") sind (s. Abschnitt 5.3.2).

3.3.3 Was ist ein „Modell"?

Das Ergebnis von Lernprozessen in diesem Lernszenario und damit auch der Gegenstand von Wissensrevisionen wurde bisher immer mit dem Begriff „Modell" beschrieben, ohne daß näher spezifiziert wurde, was im Rahmen dieser Arbeit unter diesem Begriff zu verstehen ist.

Allgemein werden hier Modelle als an bestimmten Zielen ausgerichtete (formalisierte) Darstellungen von Weltausschnitten betrachtet. Zur Entwicklung eines konkreten nicht-konservativen Revisionsverfahrens schränken wir diesen Modellbegriff auf Darstellungen von Weltausschnitten in dem propositionalen logik-orientierten Repräsentationformalismus der Inferenzmaschine IM-2 ein, die aus einer Menge von Assertionen und einer Menge von Inferenzregeln bestehen. Die Assertionen eines Modells sind Beschreibungen von Objekten des Weltauschnittes, die als Daten von dem lernenden System akzeptiert oder zusätzlich kreiert wurden. Die Inferenzregeln repräsentieren die kausalen, terminologischen und statistischen Bedeutungsbeziehungen zwischen den Beschreibungskonstrukten, die es erlauben, unbekannte Eigenschaften unvollständig beschriebener Objekte abzuleiten.

Die Tafel 3.3 zeigt ein einfaches Beispiel eines Modells zur Medikamentenwelt, das mit dem Ziel gebildet worden sein könnte, Aussagen über die Zweckmäßigkeit von Medikamenten vorhersagen zu können. Das assertionelle Wissen enthält verschiedenartige Beschreibungen der Objekte dieser Welt. Zum einen sind mit Bestandteilangaben Aussagen vertreten, die auch im Datenmaterial zu finden sind, zu anderen enthält das Modell Beschreibungen der Eigenschaften von Substanzen, die mit Termen (`substanz_indikation`, `substanz_nebenwirkung`) gebildet sind, die hier nicht zur Datenbeschreibungssprache gehören. Wir wollen annehmen, daß es dem System gelungen ist, die zugehörigen Assertionen über die (positive) Wirkungen (Indikation) und die Nebenwirkungen von Substanzen aus einer Untersuchung der Wirkungen und Nebenwirkungen der Medikamente zu erschließen.[4]

Die Idee des Modells ist es, die Wirkungen und Nebenwirkungen der Medikamente auf die in ihnen enthaltenen Substanzen zurückzuführen. Die Beurteilung von Medikamenten in solche, die therapeutisch zweckmäßig sind, und solche, von denen abzuraten ist, wird in dem Modell davon abhängig gemacht, ob die schwerste Nebenwirkung eines Medikamentes eine bestimmte Störungsschwere unter- bzw. überschreitet.[5] Damit erlaubt dieses Modell gewisse Vorhersagen über die Wirkung und Nebenwirkungen von Medikamenten und Ableitungen über die Zweckmäßigkeit von Schmerzmitteln, wenn ihre Komponenten bekannt sind. Der Einfluß der Höhe einer Dosierung auf die (Neben-)Wirkungen und

---

[4]Diese Informationen könnten zum Teil durch Betrachtung von Medikamenten gewonnen worden sein, die nur einen Wirkstoff enthalten.

[5]`max_of` ist ein *built-in* Prädikat der Inferenzkomponente (s. Kapitel 4 zur Wissensrepräsentation), das als Ergebnis das Maximum der Werte liefert, die bei der Unifikation des zweiten Parameters mit den Assertionen in der Wissensbasis für die Variable y gefunden werden. Sind z.B. 10 und 30 die Bewertungen für zwei Nebenwirkungen eines Medikamentes, dann liefert die `max_of`-Prämisse au Tafel 3.3 den Wert 30 als Bewertung der schwersten Nebenwirkung dieses Medikamentes.

Tafel 3.3. Einfaches Modell zur der Welt der Schmerzmittel

```
Assertionen:

bestandteil(aspirin,ass,500)
bestandteil(ceobin_plus,ass,500)
bestandteil(ceobin_plus,vitamin_c,500)
bestandteil(ben_u_ron,paracetamol,500)
bestandteil(novalgin,metamizol,500)
bestandteil(thomapirin_n,ass,250)
bestandteil(thomapirin_n,paracetamol,200)
bestandteil(thomapirin_n,coffein,50)


substanz_indikation(ass,kopfschmerzen)
substanz_indikation(ass,wetterfühligkeit)
substanz_nebenwirkung(ass,magenschmerzen)
substanz_indikation(paracetamol,kopfschmerzen)
substanz_nebenwirkung(paracetamol,allergische_hautreaktionen)
substanz_indikation(coffein,müdigkeit)
substanz_indikation(vitamin_c,erkältung)
substanz_indikation(metamizol,tumorschmerzen)
substanz_nebenwirkung(metamizol,
                  abnahme_anzahl_weisser_blutzellen)


Regeln:

x,y,z :: enthält(x,y) & substanz_indikation(y,z) -->
                  indikation(x,z)
x,y,z :: enthält(x,y) & substanz_nebenwirkung(y,z) -->
                  nebenwirkung(x,z)
x,y,z :: enthält(x,y) & substanz_nebenwirkung(y,z) &
          störungsschwere(y,z) -->
                  schwere_einer_nebenwirkung(x,z)
x,y,max :: max_of(y,schwere_einer_nebenwirkung(x,y),max) -->
                  bewertung_schwerste_nebenwirkung(x,max)
x,y :: bewertung_schwerste_nebenwirkung(x,y) & lt(y,20) -->
                  therapeutisch_zweckmässig(x)
x,y :: bewertung_schwerste_nebenwirkung(x,y) & gt(y,19) -->
                  abzuraten(x)
```

mögliche Wechselwirkungen von Wirkstoffen werden in diesem einfachen Modell nicht dargestellt.

Hinsichtlich ihres *Erklärungsgehaltes* entsprechen solche Modelle dem gegenwärtigen Stand der Kunst im Maschinellen Lernen, insbesondere auch bei der Entwicklung von Entdeckungssystemen (s. (Langley et al. 1987b)). Das Modell beinhaltet gesetzesartige Regeln, die Daten zusammenfassen. Demgegenüber besitzen naturwissenschaftliche Theorien, wie z.B. die kinetische Wärmetheorie eine andere Qualität. Sie erklären Phänomene und erlauben die Ableitung empirischer Gesetze, wie z.B. das Gesetz idealer Gase (Langley, Nordhausen 1986).

Welchen Status haben Modelle bei den Wissensrevisionsprozessen, die in dieser Arbeit untersucht werden? Ein Modell, das einen Weltausschnitt in einer kompakten, nicht redundanten Darstellung widerspiegelt, soll das Ziel des lernenden Systems sein. Es stellt die Quintessenz des gesamten Wissens des lernenden Systems über den Weltauschnitt dar und eignet sich damit für eine Weiterleitung an andere Systeme (zur Lösung von Problemen oder auch zum Lernen anderen Wissens) oder als Ausgangspunkt für weitere Verbesserungen mit anderen Lernverfahren.

Wir betrachten Revisionsprozesse als Teil eines integralen Lernprozesses in einem einzigen lernenden System, in dem ein Weltmodell nur einen Teil des Wissens ausmacht, über den das System im Modellierungsprozeß verfügt. Zwei Arten zusätzlichen Wissens wurden schon erwähnt: Hintergrundwissen und das Wissen, das bei der Anwendung des Modells auf Eingabedaten abgeleitet wird. Daneben spielt in inkrementellen bzw. mehrstufigen Lernprozessen das Wissen über die Modellierung eine Rolle wie z.B. Wissen über den Verwendungszweck eines gelernten Modells, Wissen über den Lernprozeß, Wissen über die Qualität und Bewertung des Datenmaterials und Wissen über alternative Modellierungsmöglichkeiten, die im Lernprozeß erkannt wurden.[6] Daher sind Modelle als alleiniger Ausgangspunkt für Wissensrevisionen in unserem Lernszenario wenig geeignet. Der Verzicht auf das zusätzliche Wissen, wie etwa das (partielle) Wissen über die möglichen Inferenzen mit den Regeln eines Modells, würden wiederholte aufwendige Neuberechnungen (wie z.B. die Bildung (eines Teils) der inferentiellen Hülle) erfordern, wenn nicht sogar Rückschritte im Lernprozeß nach sich ziehen. Daneben kann das „zusätzliche Wissen" auch selber von Wissensrevisionen verändert werden, z.B. durch die Propagierung von Konsequenzen einer Revision oder eine Neubewertung des Datenmaterials.

3.4 Induktive Wissensrevision

Im ersten Kapitel wurde erläutert, mit welcher Bedeutung der Begriff *induktive Wissensrevision* in dieser Arbeit verwendet wird. Damit sollte auf die Beschreibung der Zielsetzung dieser Arbeit hingeführt werden und auf einige Unterschiede zu verschiedenen neueren Ansätzen (s. z.B. (Nebel 1990, S. 153ff)) zum Thema Theorierevision hingewiesen werden, in denen der Versuch unternommen wird, die logischen Eigenschaften bestimmter Revisionsoperationen auf Wissensbasen zu untersuchen.[7] Später wurde informell über „minimale Änderungen" von Modellen diskutiert und in Zusammenhang mit konserva-

---

[6]Konkreten Beispielen werden wir im Kapitel 4 zur Wissensrepräsentation begegnen.

[7]Deren Ergebnisse sind auf alle deduktiven Logiken anwendbar, gelten aber nicht für induktive Logiken (s. (Makinson 1985)).

tiven und nicht-konservativen Wissensrevisionen bei Lernprozessen gebracht. In diesem Abschnitt soll nun der Versuch unternommen werden, den für diese Arbeit zentralen Begriff „nicht-konservative Wissensrevision" genauer herauszuarbeiten.

Als „induktive Wissensrevisionen"[8] wurden im ersten Kapitel sehr allgemein auf induktiven Prozessen beruhende Veränderungen von Weltmodellen bezeichnet, die das bestehende Wissen durch die Löschung oder Ersetzung einzelner Wissenselemente korrigieren und damit hinsichtlich bestimmter Bewertungskriterien verbessern. Damit sollten induktive Wissensrevisionen abgegrenzt werden von anderen Wissensveränderungen beispielsweise durch ein bloßes Hinzufügen von Wissenselementen, wie sie durch die Generalisierung einer neuen Regel oder die Einführung eines neu gebildeten Konzeptes bewirkt wird.

Nicht jede Löschung von Einträgen in einer Wissensbasis bedeutet eine Wissensrevision. Von Wissensrevision soll nur gesprochen werden, wenn das Modell eines Systems über einen Weltausschnitt durch eine Löschung oder Ersetzung betroffen ist. Löscht ein lernendes System z.B. Einträge in der Wissensbasis, die Konsequenzen seines Modells darstellen, wird dies nicht als Wissens*revision* bezeichnet.[9]

Die Revision einer Wissensbasis kann nicht nur die Löschung einzelner Assertionen und Regeln beinhalten, sondern auch verschiedene Arten der Veränderungen von Regeln (s. Abschnitt 1.3). Beispielsweise können die Prämissen oder die Konklusion einer Regel abgeschwächt werden oder ihr Gültigkeitsbereich kann modifiziert werden. Dies kann auch mit den Ergebnissen von Konzeptbildungsprozessen geschehen, die beim Revidieren angestoßen werden, weil die Repräsentationssprache nicht ausreicht (s. Abschnitt 2.1.2), um zu einem plausiblen Revisionsergebnis zu gelangen. Die Revision einer Wissensbasis mit dem Modell auf Tafel 3.3 könnte z.B. zur Bildung eines Konzeptes „sich-gegenseitig-in-ihrer-Wirkung-verstärkende-Substanzen" führen und eine Korrektur der Regel erlauben, die die Nebenwirkungen eines Medikamentes nur von den einzelnen Nebenwirkungen seiner Bestandteile ableitet, ohne Wirkungsverstärkungen einzubeziehen.

Das bedeutet, daß das Ergebnis der Revision einer Wissensbasis abhängig ist von den anderen Komponenten des lernenden Systems (z.B. der Regelbildungs- oder Konzeptbildungskomponente). Ein lernendes System, das während eines Revisionsprozesses z.B. durch eine Konzeptbildung die Repräsentationssprache verändern kann, wird in bestimmten Situationen in der Lage sein, mit „kleineren" Änderungen eines Modells „bessere" Revisionsergebnisse zu erzielen, als ein System, das nicht die Repräsentation an neue Umstände anpassen kann.

3.4.1 Verbesserungen von Modellen

Das Ziel einer Wissensrevision ist es, das Modell des Systems zu verbessern. Welche Arten von Verbesserungen kann eine Wissensrevision bringen? In der Philosphie und spezieller in der Wissenschaftstheorie werden zahlreiche unterschiedliche, teils sich überlappende Kriterien zur Bewertung von Wissen bzw. Theorien beschrieben. Einen Eindruck von

---

[8]Im folgenden ist bei Verwendung des Begriffs „Wissensrevision" immer „induktive Wissensrevision" gemeint.

[9]Ein Modell ist als *ein* Bestandteil der Wissensbasis eines lernenden Systems (bzw. einer Modellierung) zu sehen. Jede Assertion oder Regel eines Modells gehört zur Wissensbasis, aber nicht jede Assertion oder Regel in der Wissensbasis muß zum Modell gehören.

den möglichen Bewertungskriterien mag Tafel 3.4 mit einer unsystematischen Aufzählung einiger Begriffe vermitteln, die in Zusammenhang mit der Bewertung von Theorien und Systemen in (von Kutschera 1972, S. 297 ff) und (Rescher 1980, S. 43ff) genannt werden.

Tafel 3.4. Bewertungskriterien für Theorien und Wissenssysteme

> - Systematisierungsleistung
> - Einfachheit (funktionelle Einfachheit, strukturelle Einfachheit)
> - Vollständigkeit
> - Stärke einer Theorie
> - Tiefe einer Theorie
> - Überprüfbarkeit (Falsifizierbarkeit)
> - Übereinstimmung (Konsistenz, Kompatibilität, Konformität)
> - Zusammenhalt (Kohärenz)
> - Funktionelle Wirksamkeit (Effizienz, Effektivität)

Hinsichtlich all dieser Kriterien lassen sich sicherlich auch die Modelle lernender Systeme durch eine automatische Revision verbessern. Entsprechende Untersuchungen im Maschinellen Lernen stehen bisher noch aus. Es würde den Rahmen dieser Arbeit sprengen, die bisherigen Erkenntnisse zum Problem der Bewertung von Theorien aus der Wissenschaftstheorie angemessen darzustellen. Wir werden uns daher darauf beschränken, zur Einführung einige Aspekte bestimmter Kriterien zu beleuchten, die bei einer Unterscheidung konservativer Revisionen von nicht-konservativen Revisionen eine Rolle spielen.

Konsistenz Die meisten Aufsätze zur Wissensrevision im Maschinellen Lernen behandeln Verbesserungen von Modellen hinsichtlich der *Konsistenz von Modellen* zwischen den Daten und den Vorhersagen, die mit dem Modell des Systems abgeleitet werden können: Wenn neue Daten einen Widerspruch zu vorangegangenen Lernergebnissen (Konzeptbeschreibungen, Regeln etc.) verursachen, dann weist dies auf die Notwendigkeit der Verwerfung oder Modifikation eines Teils des Modells hin. Eine solche Wissensrevision erfordert die Identifikation des fehlerhaften Wissenselementes (*blame assignment*), die Berechnung und Auswahl einer Möglichkeit, den Fehler zu beheben, und die eigentliche Durchführung der Änderung des Modells und gegebenenfalls des Wissens, in das das Modell eingebettet ist.

Inkonsistenzen und damit Hinweise auf die Notwendigkeit einer Modellrevision können sich mit neuen Daten oft von selbst ergeben. Demgegenüber kann die Inkohärenz oder (unnötigte) Kompliziertheit eines Modells weniger offensichtlich sein. Der Fortschritt einer Revision hinsichtlich des Ziels, Widersprüche zu beseitigen, ergibt sich beim Vergleich der Ausgangswissensbasis mit dem Revisionsergebnis aus der Bedeutung der beseitigten Widersprüche (evtl. in Bezug auf eine bestimmte Anwendung) und ist weitgehend unabhängig von der Anzahl der Veränderungen am Modell. Kleine Veränderungen, etwa die Ersetzung einer Prämisse oder die extensionale Einschränkung des Gültigkeitsbereichs einer Regel, können unter Umständen die gleichen Widersprüche beseitigen wie umfangreichere Veränderungen (z.B. die Ersetzung mehrerer Regeln).

Konservative Revisionsstrategien schränken die Suche auf solche Modifikationen ein, die das betreffende Modell „minimal" verändern. Das heißt aber nicht, daß kleine Veränderungen immer die beste Lösung sind. Die konservative Beseitigung von Widersprüchen darf nicht zu einem unplausiblen Ergebnis führen, das zwar hinsichtlich der Konsistenz eine Verbesserung bedeutet, aber das Modell hinsichtlich anderer Kriterien, wie Systematisierungsleistung und Einfachheit, so verschlechtert, daß die Gesamtbewertung des Revisionsergebnisses schlechter ausfällt als die Gesamtbewertung des Ausgangsmodells. Im allgemeinen werden daher in Lernprogrammen Plausibilitätskriterien bei Widerspruchsbehandlungen verwendet. Im MODELER beeinflußt beispielsweise ein Plausibilitätskriterium, wie stark der Gültigkeitsbereich einer Regel durch eine explizite Aufzählung von Ausnahmen zur Beseitigung von Widersprchen eingeschränkt werden darf (s. (Wrobel 1988), s.a. (Emde, Habel, Rollinger 1983)).

Vollständigkeit Wenden wir unsere Aufmerksamkeit dem Kriterium der *Vollständigkeit von Modellen* von Modellen zu. Eine Revision verbessert ein Modell hinsichtlich dieses Kriteriums, wenn das Modell anschließend eine größere Menge von Daten zusammenfaßt, oder anders ausgedrückt, wenn es mehr Vorhersagen erlaubt, die sich mit den bis dahin erhaltenen Daten decken. Dies kann z.B. durch die Verallgemeinerung der Prämisse einer Regel geschehen, die dadurch auf eine größere Menge von Assertionen angewendet werden kann. Eine Verbesserung der Vollständigkeit kann auch durch die Einbeziehung neuer Konzepte erreicht werden. Das Modell auf Tafel 3.3 würde durch die Einbeziehung des Konzeptes der Wirkungsverstärkung zwischen den Substanzen von Medikamenten in seiner Vollständigkeit verbessert, wenn es anschließend auch die Ableitung von Nebenwirkungen erlaubt, die eben auf solche Wirkungsverstärkungen zurückzuführen sind. Der mit einer solchen Revision erreichte Fortschritt hängt von der Relevanz neu hinzukommender Vorhersagen ab.

Einfachheit Als letztes wichtiges Kriterium, hinsichtlich dessen eine Revision eine Verbesserung eines Modells bringen kann, betrachten wir nun die *strukturelle Einfachheit von Modellen*. Dabei ist es notwendig darauf hinzuweisen, daß die Frage, was „Einfachheit" bei Theorien bedeutet, ein schwieriges philosophisches Problem darstellt, das noch nicht als gelöst betrachtet werden kann.[10] Die intuitive Vorstellung, die sich leicht beim Begriff „Einfachheit" einstellt, führt bei einer formalen Behandlung sehr schnell zu tiefgreifenden Fragestellungen, deren Darstellung hier nicht versucht werden soll, da es im Rahmen dieser Arbeit nur darauf ankommt, die Rolle anderer Kriterien (neben dem Kriterium der Konsistenz) bei Wissensrevisionen in maschinell lernenden Systemen aufzuzeigen.

Wir beschränken uns deshalb auf die Betrachtung einer Präzisierung des Begriffs durch Kutschera, von dem auch der Begriff „strukturelle Einfachheit" übernommen wurde (von Kutschera 1972, S. 309). Kutschera nennt eine Theorie umso einfacher, je weniger Axiome sie enthält, je übersichtlicher und kürzer diese Axiome in ihrer Struktur sind und je sparsamer ihr Vokabular ist (von Kutschera 1972, S. 309).

In seiner Präzisierung beschreibt er eine Funktion zur Berechnung numerischer Bewertungen der Einfachheit von Theorien, in die sowohl ein Maß der Einfachheit des Vo-

---

[10]Eine Erläuterung der Problematik und Vergleiche zwischen verschiedenen Lösungsansätzen findet sich in (von Kutschera 1972, S. 309ff).

kabulars als auch ein Maß für die Einfachheit der Axiome einfließt. Durch den Vergleich der Bewertungen, die mit der Funktion für verschiedene Theorien ermittelt werden kann, ist es möglich, Theorien in Hinblick auf das Kriterium Einfachheit zu vergleichen.

Die Bewertungsfunktion setzt eine hohe Prämie auf kurze Axiome aus, so daß die Einführung eines *theoretischen Terms*[11], der zur Verkürzung von Axiomen verwendet wird, die Vereinfachung einer Theorie bedeutet. Die beiden Modelle auf Tafel 3.5 seien als abstraktes Beispiel hierzu aufgeführt. Die Modelle weisen eine unterschiedliche Anzahl von Regeln und ein unterschiedliches Vokabular auf. Das Modell 2 enthält den theoretischen Term f, der mit einer entsprechenden definitorischen Regel die Ersetzung von drei Prämissen durch eine einzige Prämisse in allen Regeln des ersten Modells ermöglicht hat. Beide Modelle sind empirisch äquivalent, d.h. sie führen zu den gleichen Konsequenzen sowohl hinsichtlich bisher zur Verfügung stehender Daten als auch aller weiteren Daten, die später zur Verfügung stehen könnten. Weil aber das Modell 2 kürzere Regeln enthält und damit übersichtlicher ist, ist es im Sinne von Kutschera einfacher.

Die Bewertung der strukturellen Einfachheit eines Modells ist rein syntaktischer Art, d.h. Wissensrevisionen, die zu einer entsprechenden Vereinfachung führen, können nicht auf der Wissensebene[12] (*knowledge level*) unabhängig von der darunterliegenden symbolischen Ebene (*symbol level*) beschrieben werden (vgl. (Nebel 1990, S. 163ff); Dietterich 1986)). Die Berücksichtigung der strukturellen Einfachheit eines Modells bei Revisionsprozessen ist beim Lernen sinnvoll, weil auch die syntaktische Vereinfachung eines komplizierten, schwer verständlichen Modells einen Wissensfortschritt bedeuten kann.[13]

3.4.2 Konservative Wissensrevision

In welcher Beziehung stehen die verschiedenen Bewertungskriterien bei Wissensrevisionen zueinander? Beim kurzen Eingehen auf das Konsistenzkriterium wurde schon erwähnt, daß die Beseitigung eines Widerspruchs zwischen Modell und Daten zu einem weniger einfachen Modell führen kann. Einfachstes Beispiel hierzu ist die extensionale Einschränkung des Gültigkeitsbereiches einer einzelnen Regel eines Modells (z.B. „Regel r77 darf auf alle Beschreibungen angewendet werden außer auf Beschreibungen des Objektes y"). Genauso kann die Veränderung eines Modell zum Resultat haben, daß nicht nur Widersprüche zwischen Modell und Daten beseitigt sind, sondern auch Ableitungsmöglichkeiten bestimmter Daten, so daß das Modell nach der Revision weniger Daten „erklärt" als vorher. Umgekehrt kann eine Revision, die die Vollständigkeit oder Kohärenz verbessert, zu einem Modell führen, daß teilweise inkonsistent zu den vorliegenden Daten ist. Beispielsweise ist eine Situation denkbar, in der ein System eine große Menge von Daten erhalten hat, die alle durch das Modell nicht vorhersagbar waren. Wenn nun eine kleine Veränderung des Modells möglich ist, die die Ableitbarkeit dieser Daten ermöglicht, dann sollte die Revision unter Umständen auch dann durchgeführt werden, wenn sie zu einem Modell führt, dem ein einzelnes Datum widerspricht.

Solche gegenläufigen Auswirkungen sind bei Revisionen eher die Regel als die Ausnahme und eine Bewertung von Modellen, insbesondere ein Vergleich des Ergebnisses

---

[11]zum Begriff „theoretischer Term" s. (von Kutschera 1972, S. 297ff; Langley et al. 1987b, S. 129ff)
[12]s. (Newell 1981)
[13]s. (von Kutschera 1972, S. 314; Kuhn 1962, S. 46)

Tafel 3.5. Zwei Modelle mit unterschiedlicher struktureller Einfachheit

Modell 1:

   Assertionen:

$$a_1(n_3, m_{55}) \qquad\qquad b(n_3, m_{55})$$
$$a_1(n_3, m_{56}) \qquad\qquad b(n_3, m_{56})$$
$$\vdots \qquad\qquad\qquad\qquad \vdots$$
$$a_1(n_{18}, m_9) \qquad\qquad b(n_{18}, m_{57})$$

   Regeln:

$$x,y \; :: \; a_1(x,y) \;\&\; b(x,y) \;\&\; c(y) \;\&\; not(d(x)) \;\text{-->}\; e_1(x)$$
$$x,y \; :: \; a_2(x,y) \;\&\; b(x,y) \;\&\; c(y) \;\&\; not(d(x)) \;\text{-->}\; e_2(x)$$
$$x,y \; :: \; a_3(x,y) \;\&\; b(x,y) \;\&\; c(y) \;\&\; not(d(x)) \;\text{-->}\; e_3(x)$$
$$x,y \; :: \; a_4(x,y) \;\&\; b(x,y) \;\&\; c(y) \;\&\; not(d(x)) \;\text{-->}\; e_4(x)$$
$$x,y \; :: \; a_5(x,y) \;\&\; b(x,y) \;\&\; c(y) \;\&\; not(d(x)) \;\text{-->}\; e_5(x)$$

Modell 2:

   Assertionen:

$$a_1(n_3, m_{55}) \qquad\qquad b(n_3, m_{55})$$
$$a_1(n_3, m_{56}) \qquad\qquad b(n_3, m_{56})$$
$$\vdots \qquad\qquad\qquad\qquad \vdots$$
$$a_1(n_{18}, m_9) \qquad\qquad b(n_{18}, m_{57})$$

   Regeln:

$$x,y \; :: \; b(x,y) \;\&\; c(y) \;\&\; not(d(x)) \;\text{-->}\; f(x,y)$$
$$x,y \; :: \; a_1(x,y) \;\&\; f(x,y) \;\text{-->}\; e_1(x)$$
$$x,y \; :: \; a_2(x,y) \;\&\; f(x,y) \;\text{-->}\; e_2(x)$$
$$x,y \; :: \; a_3(x,y) \;\&\; f(x,y) \;\text{-->}\; e_3(x)$$
$$x,y \; :: \; a_4(x,y) \;\&\; f(x,y) \;\text{-->}\; e_4(x)$$
$$x,y \; :: \; a_5(x,y) \;\&\; f(x,y) \;\text{-->}\; e_5(x)$$

einer Revision mit dem Ausgangsmodell muß eine Gewichtung der einzelnen Kriterien zum Inhalt haben, die abhängig von der geplanten Anwendung des Modells ist. So sind Anwendungen denkbar, in denen es wichtig ist, daß möglichst viele (oder ganz bestimmte) Daten durch die Regeln des Modells zusammengefaßt werden, bei anderen kann es wichtiger sein, daß das Modell keine Widersprüche zu den vorliegenden Daten aufweist.

Zur Beantwortung der Frage, was mit dem Begriff „konservative Wissensrevision" gemeint ist, wollen wir zunächst auf die Einzelkriterien zur Bewertung von Modellen zurückkommen. Was könnte eine konservative Revision zur Beseitigung von Widersprüchen zwischen Modell und Daten bedeuten? Was könnte „konservativ" für eine Revision bedeuten, die die Vollständigkeit eines Modells verbessert? Was ist eine „konservative" Verbesserung der strukturellen Einfachheit eines Modells? Derartige Verbesserungen dienen verschiedenen Zielen und es stellt sich die Frage, ob sich ein gemeinsamer Nenner finden läßt, der Basis für einen allgemeinen Begriff „konservative Wissensrevision" sein kann.

Eine Revision, die die Konsistenz eines Modells zu den Daten verbessern soll, muß mindestens zur Löschung einer Assertion des Modells oder Veränderung einer Regel führen, so daß ein vorher ableitbarer Widerspruch nach der Revision nicht mehr ableitbar ist. Demgegenüber muß eine Revision, die ein Modell hinsichtlich seiner Vollständigkeit verbessert, nicht notwendigerweise eine Einschränkung der Menge der Assertionen des Modells oder der aus ihm ableitbaren Konsequenzen nachsichziehen. Aber sie muß die Menge der ableitbaren Aussagen vergrößern. Eine Verbesserung der strukturellen Einfachheit eines Modells bedingt keine dieser Veränderungen.

Im Abschnitt zur Konsistenz wurden Revisionsstrategien konservativ genannt, wenn sie an das Ziel geknüpft sind, Modelle „minimal" zu verändern. Diese Beschreibung bietet verschiedene Interpretationsmöglichkeiten. Zum einen ist unterbestimmt, was „minimal" verändert werden soll, zum anderen ist offen, woran das Ausmaß einer Änderung zu messen ist. Der Begriff „minimale Veränderung" kann sich z.B. beziehen auf die Menge aller ableitbaren Aussagen, die das revidierte Modell vom Ausgangsmodell unterscheidet

$$(M_A^* \cup M_R^*) - (M_A^* \cap M_R^*), \tag{3.1}$$

oder sie kann sich ausschließlich auf die Menge der Aussagen beziehen, die das revidierte Modell nicht mehr erlaubt[14]

$$M_A^* - M_R^*. \tag{3.2}$$

Beide Deutungen können allgemein bei verschiedenen Revisionsproblemen einen Sinn machen. Die erste Deutung kann z.B. bei der Verwaltung deduktiver Datenbanken oder der Konsistenzerhaltung von Wissensbasen bei Problemlösungsprozessen angebracht sein.[15] Bei Wissensrevisionen in induktiv lernenden Systemen würde diese Deutung zur Folge haben, daß eine umfangreiche Verbesserung der Vollständigkeit eines Modells unter Umständen als „weniger konservativ" bewertet wird als eine geringe Verbesserung der Vollständigkeit eines Systems. Da Konservatismus in einem lernenden System nicht die Aufgabe haben sollte, Verbesserungen der Vollständigkeit zu verhindern, soll die zweite

---

[14]Mit M^* wird auf die inferentielle Hülle bzw. ein unter bestimmten Ressourcenbeschänkungen generierbarer relevanter Teil der inferentiellen Hülle eines Modells M referiert. Mit M_A ist das Ausgangsmodell einer Revision, mit M_R ihr Resultat bezeichnet.

[15]Hier ist anzumerken, das in den schon zitierten theoretischen Arbeiten zur Wissensrevision der Fall behandelt wird, daß aus einer revidierten Theorie keine Konsequenzen folgen dürfen, die nicht schon aus der Ausgangstheorie folgen (s. (Makinson 1985; Nebel 1990)).

Deutungsmöglichkeit Grundlage für die folgenden Abschnitte sein. Die Frage, ob ein Modell das Ergebnis einer konservativen Revision ist, wird nur davon abhängig gemacht, welche Konsequenzen des Ausgangsmodells durch die Revision „verlorengehen", um das Ziel zu erreichen, einen bestimmten Widerspruch (oder mehrere) zu beseitigen oder die Vollständigkeit, Einfachheit des Modells zu verbessern.

Konservatismus in einem lernenden System hat nicht die Aufgabe, generell Wissenszuwachs zu verhindern, sondern dient der Einschränkung des Suchraums auf naheliegende Alternativen, die keine radikalen Änderungen erfordern. Die zweite Deutung hat den Vorteil, daß sie auch auf Revisionen angewendet werden kann, die Modelle hinsichtlich ihrer Vollständigkeit und strukturellen Einfachheit verbessern. Eine konservative Verbesserung der Vollständigkeit eines Modells vergrößert die Menge der ableitbaren Aussagen, ohne daß wesentliche Konsequenzen des Ausgangsmodells verlorengehen. Eine konservative Verbesserung der Einfachheit ist dann gegeben, wenn sich ohne Verlust wesentlicher Konsequenzen die Bewertung der strukturellen Einfachheit verbessert.

Wir wissen nun, was bewertet werden muß, um zu entscheiden, ob eine Wissensrevision konservativ ist. Es muß aber auch geklärt werden, nach welchen Kriterien die Bewertung vorgenommen werden sollte. Als einfachstes Kriterium, an dem eine Entscheidung darüber festgemacht, ob eine Veränderung konservativ ist, bietet sich die Kardinalität der Differenzmenge der inferentiellen Hülle des Ausgangsmodells M_A^* und der inferentiellen Hülle des resultierenden Modells M_R^* an:

$$|M_A^* - M_R^*| \tag{3.3}$$

Als konservative Wissensrevisionen könnten damit solche Revisionen (als ein erster Versuch) definiert werden, bei denen die Kardinalität der eben beschriebenen Differenzmenge einen bestimmten Wert unterschreitet.

Eine solche Definition ist u.a. deshalb unbefriedigend, weil verschiedene Aussagen unterschiedlich relevant sein können. Eine Revision, die zu einem Modell führt, das einige wenige (aber sehr relevante Aussagen) nicht mehr zuläßt, kann eine größere Änderung bedeuten als eine Revision zu einem Modell, das im Vergleich zum Ausgangsmodell viele (unwesentliche) Aussagen nicht mehr enthält.

Eine Präzisierung des Begriffs „konservative Wissensrevision" sollte daher so etwas wie eine *epistemische Relevanzfunktion* enthalten, wie sie in (Nebel 1990, S. 163ff) vorgeschlagen wurde, um bei Revisionen die Relevanz von Assertionen und Regeln in Betracht ziehen zu können. Anstatt aber nun mögliche Alternativen zu dem oben genannten, einfachen Kriterium zu suchen, wollen wir nur die Existenz einer geeigneteren Beurteilungsmöglichkeit annehmen und hier zur Vereinfachung davon ausgehen, daß eine Bewertungsfunktion UNWESENTLICH diese Möglichkeit realisiert. Auf der Grundlage bestimmter Informationen in der Ausgangswissensbasis (z.B. über die beabsichtigte Verwendung des Modells) sei diese Funktion in der Lage zu entscheiden, ob die verlorengehenden Konsequenzen eine unwesentliche bzw. wesentliche Änderung des Ausgangsmodells bedeuten.

Damit kommen wir zu folgender Erläuterung des Begriffs „konservative Wissensrevision":

Eine Wissensrevision heißt konservativ, wenn die Konsequenzen, die aus dem Ausgangsmodell aber nicht aus dem resultierenden Modell ableitbar sind, UNWESENTLICH sind.

Entscheidend für die Beanwortung der Frage, ob eine bestimmte Revision konservativ ist oder nicht, ist die Definition von UNWESENTLICH. Da sie in verschiedenen Systemen unterschiedlich sein kann, besteht die Möglichkeit, daß eine Modellveränderung in einem System durch eine konservative Revision erreichbar ist, für die in einem anderen System eine nicht-konservative Wissensrevision notwendig ist. Darüber hinaus ist es auch möglich, daß eine konservative Wissensrevision eines Systems in einem anderen System weder auf konservativem noch auf nicht-konservativem Wege erreichbar ist. Dies liegt darin begründet, daß auch die Präzisierung, was unter einer „Verbesserung eines Modells" (die das Ziel einer Revision ist), zu verstehen ist, in verschiedenen Systemen unterschiedlich sein kann und eine Modellveränderung in einem System als Verbesserung gewertet wird, die in einem anderen System keine Verbesserung darstellt und somit gar nicht als Ergebnis einer Revision in Frage kommt.

Bemerkenswert an der Erläuterung des Begriffs „konservative Wissensrevision" ist auch, daß mit ihr von der Annahme ausgegangen wird, daß die Frage, ob eine Revision konservativ ist, unabhängig von anderen Revisionsalternativen entschieden wird. Ob es wirklich sinnvoll ist, eine solche Entscheidung unabhängig davon zu treffen, ob und welche Revisionsalternativen existieren, muß in zukünftigen Untersuchungen geklärt werden.

In den Ausführungen wird keine Aussage darüber gemacht, wie ein konservatives Revisisonsverfahren auszusehen hat, weder unter idealisierten Umständen, die z.B. die Berechnung der vollständigen inferentiellen Hülle erlauben, noch unter Umständen, in denen begrenzte Ressourcen gewisse Schranken setzen. Insbesondere wird keine Funktion beschrieben, die eine konservative Revisionsmöglichkeit ausgewählt.

Ein praktikables konservatives Revisionsverfahren wird, ausgehend von einem mehr oder weniger konkreten Mißstand, den Versuch unternehmen, „verbesserbare" Wissenselemente zu identifizieren, dazu mögliche Verbesserungen berechnen (z.B. verschiedene mögliche Korrekturen einer einzelnen Regel, die an der Ableitung eines Widerspruchs beteiligt war), die Auswirkung dieser Modifikationen lokal bewerten, und, wenn die Bewertung zu einem positiven Ergebnis führt, eine Verbesserungsmöglichkeit auswählen und durchführen. Ein Verfahren, das nach einem solchen Schema arbeitet, wird hier praktikabel genannt, weil es z.B. nicht die Berechnung der gesamten inferentiellen Hülle mehrerer Modelle erfordert. Stattdessen kann die Berechnung der Konsequenzen einer Revision lokal auf den Teil des Modells beschränkt bleiben, der modifiziert wird. So ist es auch nicht verwunderlich, daß allgemein nach diesem Schema in den existierenden Lernprogrammen konservative Wissensrevisionen durchgeführt werden.

3.4.3 Nicht-konservative Wissensrevision

Als nicht-konservative Wissensrevision werden naheliegenderweise solche Revisionen bezeichnet, die nach der oben angegebenen Erläuterung nicht konservativ sind:

> Eine Wissensrevision ist nicht-konservativ, wenn die Konsequenzen, die aus dem Ausgangsmodell aber nicht aus dem resultierenden Modell ableitbar sind, nicht UNWESENTLICH sind.

Welche Art nicht-konservativer Veränderungen kann ein Modell wirklich verbessern, damit die Veränderung als Wissensrevision gilt? Oder anders ausgedrückt: Wie kann ein revidiertes Modell *besser* sein als das Ausgangsmodell, wenn eine Menge nicht unwesentlicher Konsequenzen durch die Wissensrevison verlorengeht? Zur Beantwortung dieser Frage ist es notwendig, die Rolle der Bewertungsfunktion UNWESENTLICH zur Bestimmung des Ausmaßes einer Revision genauer zu untersuchen. Diese Funktion soll eine Änderung als nicht unwesentlich bewerten, wenn durch sie die Möglichkeit der Ableitung relevanter Aussagen verlorengeht. Die Relevanz von Aussagen hängt von dem Erkenntnisziel ab, das mit einer Modellierung verfolgt wird bzw. der geplanten Anwendung des Modells. Sie ist aber unabhängig davon wie gut (oder wie schlecht) Vorhersagen des Modells durch Daten bestätigt werden.

Eine nicht-konservative Wissensrevision muß daher nicht zwangsläufig zu einem Modell führen, das hinsichtlich des Vollständigkeitskriteriums schlechter abschneidet. Stattdessen kann sie sogar zu einer Verbesserung der Vollständigkeit führen, weil das revidierte Modell zusätzliche Daten zusammenfaßt, und/oder eine Verbesserung der Konsistenz bzw. Einfachheit bewirkt. Selbst dann, wenn verlorengehende Konsequenzen durch Daten des Ausgangsmodells bestätigt waren, muß eine nicht-konservative Revision nicht unbedingt die Vollständigkeit des Modells verschlechtern. Eine nicht-konservative Revision kann die Neubewertung von Daten einschließen, und einen Teil der Daten, die mit dem Ausgangsmodell akzeptiert wurden, kann nach der Revision als fehlerhaft (unglaubwürdig etc.) klassifiziert sein.

Auch hinsichtlich der Kriterien Konsistenz und Einfachheit muß eine nicht-konservative Änderung nicht unbedingt zu einer Verschlechterung führen, d.h. es gibt verschiedene Möglichkeiten, Modelle durch nicht-konservative Veränderungen zu verbessern.

Die angegebene Erläuterung des Begriffs „nicht-konservative Wissensrevision" ist als ein erster Schritt einer Präzisierung zu verstehen. Bevor eine formale Behandlung des Begriffs möglich ist, müssen noch verschiedene grundlegende Fragen geklärt werden. Es muß untersucht werden, was unter der „Verbesserung eines Modells" zu verstehen ist, wobei auch solche Bewertungskriterien wie Kohärenz und Systematisierungsleistung einbezogen werden müssen, und es muß untersucht werden, was „unwesentliche Änderungen" sind. Insbesondere stellt sich die Frage, ob sich mit einer nicht-konservativen Revision die Bewertung der Wesentlichkeit von Änderungen bzw. die Bewertung der Relevanz bestimmter Assertionen und Regeln (automatisch) ändert oder vom Revisionsverfahren geändert werden muß.[16] Ferner ist es notwendig, zu klären, wie die Relevanz „verlorengehender Konsequenzen" abschätzend bewertet werden kann, ohne daß die inferentielle Hüllen des Ausgangsmodells und des revidierten Modells berechnet werden müssen.

---

[16]Nach (Nebel 1990, S. 159) vertritt Gärdenfors die Auffassung, daß ein „Paradigmenwechsel" (im Sinne Kuhns) in erster Linie eine Änderung der Relevanzbewertung von Propositionen ist (und weniger eine Änderung der Theorie).

4. Eine Inferenzmaschine für das maschinelle Lernen

In diesem Kapitel werden einige Anforderungen formuliert, die eine Wissensrepräsentationskomponente beim inkrementellen Lernen im geschlossenen Kreislauf erfüllen sollte. Ausgehend von allgemeinen Betrachtungen wird eine Inferenzmaschine (IM-2) beschrieben, die auf die besonderen Anforderungen, die sich beim inkrementellen Lernen im geschlossenen Kreislauf ergeben, zugeschnitten ist, und für den Einsatz in einem kumulativ/nicht-kumulativ lernenden System geeignet ist.[1]

4.1 Einleitung

Obwohl schon zu Beginn der KI-Forschung mit Samuels CHECKERS PLAYER die ersten Schritte in Richtung auf maschinell lernende Systeme gemacht wurden, gehört das Maschinelle Lernen in seiner jetzigen Form zu den jungen Forschungsrichtungen innerhalb der KI. Erst mit den Arbeiten zur automatischen Akquisition symbolischer Konzeptbeschreibungen (z.B. von Winston, Michalski und Quinlan)[2] entwickelte sich das Maschinelle Lernen zu einem Hauptschwerpunkt der KI-Forschung. So ist es verständlich, daß bis in die jüngste Zeit Lernstrategien und Generalisierungsverfahren (s. (Dietterich, Michalski 1983)) mit oft sehr einfachen oder speziell auf bestimmte Sachbereiche zugeschnittenen Repräsentationsschemata untersucht wurden. Dabei wurde häufig davon abstrahiert, daß Lernen nicht ein von Performanzaufgaben unabhängiger Prozeß ist und daher bei der Wissensrepräsentation noch andere Kriterien eine Rolle spielen können als die Effizienz und Effektivität der Repräsentation für das Lernprogramm.

Als extreme Beispiele der Verwendung einfacher Repräsentationsformalismen können die frühen Arbeiten zum *Lernen-aus-Beispielen* von Hayes-Roth und Vere genannt werden. Vere verwendete zur Darstellung von Beispielen für sein Induktionsprogramm Thoth konjunktiv verknüpfte Listen von Konstanten, deren erstes Element vom Benutzer als Prädikatsymbol zu interpretieren war (Vere 1975). Von dem SPROUTER Programm von Hayes-Roth wurde eine einfache Attribut-Wert Tupel Repräsentation der zu generalisierenden Beispielinstanzen eines Konzeptes erwartet (Hayes-Roth 1978). Weder in Veres Programm noch in SPROUTER ist die Darstellung inferentiellen Wissens möglich. Rela-

---

[1] Die Inferenzmaschine IM-2 wurde im Rahmen des BMFT-Verbundprojektes LERNER entwickelt und als Wissensrepräsentationskomponente im BLIP System eingesetzt. Teile dieses Kapitels finden sich in leicht veränderter Fassung auch im 5. Kapitel des KIT-LERNER Projektabschlußberichtes (Emde et al. 1989)).

[2] s. (Winston 1975; Michalski 1975; Quinlan 1975)

tiv mächtige Repräsentationsformalismen wurden in Winston's ARCH Programm (Winston 1975) (Semantisches Netz) und in dem INDUCE 2.1 Programm von Michalski (eine Erweiterung der Prädikatenlogik 1. Ordnung) verwendet.

Ein Beispiel für ein lernendes System, das eine auf einen bestimmten Sachbereich ausgerichtete Repräsentation verwendet, stellt das META-DENDRAL Programm dar (Buchanan, Mitchell 1978). Dessen Repräsentation wurde speziell zur Darstellung und Induktion von Wissen über Molekülstrukturen entwickelt, so daß sich dieses Programm nicht für die Induktion von Wissen in anderen Sachbereichen eignet.

Abgesehen von der Tatsache, daß in vielen Lernprogrammen sehr einfache und speziell auf einen Sachbereich zugeschnittene Repräsentationsformalismen verwendet werden, machen viele Lernprogramme keinen oder nur einen sehr eingeschränkten Gebrauch von deduktiven Verfahren, d.h. sie verfügen meist nicht über ein Repräsentationssystem, das die deduktive Anwendung von Hintergrundwissen zur Unterstützung des Induktionsprozesses ermöglicht, das die Induktionsergebnisse zur Ableitung weiterer Aussagen verwendet oder das die Anwendung von Induktionsergebnissen zur Lösung von Performanzaufgaben erlaubt.[3]

In den letzten Jahren sind eine Reihe von Anstrengungen mit dem Ziel unternommen worden, Erkenntnisse über den Einfluß der Wissensrepräsentation auf die Effizienz und Effektivität von Lernprozessen zu gewinnen. Beispielsweise wurde von Holte der Einfluß unterschiedlicher Wissensrepräsentationsformalismen in lernenden Systemen untersucht und gezeigt, daß ein Formalismus, der vorteilhaft für eine Performanzaufgabe ist, die Effektivität beim Lernen verschlechtern kann (und umgekehrt) (Holte 1986). Von Flann und Dietterich wurde die Ausrichtung von Repräsentationen auf strukturelle, funktionale oder verhaltensorientierte Aspekte verantwortlich für die Zweck- bzw. Unzweckmäßigkeit einer Repräsentation für bestimmte Klassen von Aufgaben gemacht. Als Lösung der Schwierigkeit, die entsteht, wenn für eine Lernaufgabe eine Ausrichtung der Repräsentation „natürlich" ist, die für die Performanzaufgabe unzweckmäßig ist, wurde von ihnen die multiple Repräsentation von Wissen vorgeschlagen ((Flann, Dietterich 1986), s.a. (Emde, Rollinger 1986)).

Die Trennung verschiedener Wissensarten (Problemlösewissen, Sachbereichswissen, Benutzermodelle, etc.), die sich als vorteilhaft für die manuelle Wissensakquisition zur Konstruktion von Expertensystemen und die Steigerung ihrer Erklärungsfähigkeiten erwiesen hat (s. z.B. (Neches et al. 1985)), wurde auch als zweckmäßig für die Unterstützung des Aufbaus von Expertensystemen durch maschinelle Lernverfahren erkannt (Emde, Morik 1986). Die Verknüpfung verschiedener Wissensarten bzw. die Überführung expliziter und deklarativer Repräsentationen in Darstellungen, die eine effiziente Anwendung erlauben, ist im Maschinellen Lernen unter dem Begriff „Wissenskompilierung" behandelt worden (Dietterich 1986).

Eine Reihe von Forschern hat sich der Problematik der automatischen Änderung und Erweiterung von Repräsentationssprachen und -formalismen als Ergebnis und Voraussetzung von Lernprozessen gewidmet (s. z.B. (Lenat 1983; van Someren 1988; Wrobel 1988; Sammut 1988)). Die implizite (repräsentationsbedingte) Ausrichtung des Lernens durch beschränkte Repräsentationsformalismen und -sprachen wurde von Utgoff (Utgoff 1986) untersucht.

---

[3]Ein Überblick über die Repräsentationsformalismen, die im Maschinellen Lernen verwendet wurden, und ihre Beschränkungen beim Einsatz in maschinell lernenden Systemen findet sich in (Clark 1989)).

Alle diese Anstrengungen - die Aufzählung ist weder vollständig, noch sind endgültige Lösungen in Aussicht - waren den Fragen gewidmet, wie Daten und Lernergebnisse in lernenden Systemen repräsentiert werden können bzw. sollten und wie vorgegebene Repräsentationen neuen Gegebenheiten angepaßt werden können, damit z.B. die Anwendung von Generalisierungsverfahren zu den gewünschten Resultaten führt. Die folgenden Abschnitte sind einer anderen Fragestellung gewidmet. Es wird untersucht, welche Anforderungen ein Wissensrepräsentationssystem in Hinblick auf die möglichen epistemologischen Wissenszustände lernender Systeme erfüllen muß. Es wird dargestellt, daß fortlaufende Lernprozesse, die die Induktion, Revision und Anwendung von Wissen einschließen, spezifische Anforderungen an den Repräsentationsformalismus, die Inferenzdienste und die Wissensverwaltung mit sich bringen können. So kann es beispielsweise erforderlich sein, daß die Wissensrepräsentationskomponente eines lernenden Systems die Darstellung unsicherer Hypothesen und Inferenzen mit unsicherem Wissen unterstützt, die Möglichkeit der Darstellung von Modellierungsalternativen bietet, die Darstellung widersprüchlichen Wissen ermöglicht und die Wissensrevision durch eine geeignete Datenabhängigkeitsverwaltung unterstützt.[4]

Ausgehend von dieser Untersuchung wird die Inferenzmaschine IM-2 dargestellt, die auf die speziellen Anforderungen an ein Wissensrepräsentationssystem beim Maschinellen Lernen zugeschnitten ist. Der Repräsentationsformalismus der Inferenzmaschine ermöglicht die Darstellung von unsicherem und widersprüchlichem Wissen und bietet ein Konzept zur Organisation von Wissen in sogenannten Welten, das sowohl die Bündelung der Wissensentitäten unterschiedlicher Ebenen erlaubt, als auch die Darstellung alternativer Modelle eines Sachbereichs ermöglicht. Der Inferenzmechanismus[5] der Inferenzmaschine erlaubt sowohl Vorwärtsinferenzen als auch Rückwärtsinferenzen. Die Datenabhängigkeitsverwaltung, die in die Inferenzmaschine IM-2 integriert ist, unterstützt die automatischen Wissensrevisionen beim Maschinellen Lernen.

Allgemein kann die Aufgabe der Inferenzmaschine wie folgt beschrieben werden: Sie erhält als Eingabe eine Sequenz von Aussagen und soll deren Bedeutung durch die Anwendung einer veränderbaren Menge von Inferenzregeln, die den Status von Bedeutungspostulaten haben, bis zu einem gewissen Grad explizieren. Anfragen soll sie auf der Basis eingegebener Aussagen, und daraus abgeleiteter Aussagen möglicherweise unter Anwendung weiterer Inferenzregeln beantworten. Wird eine eingegebene Assertion oder Regel zurückgenommen oder führt eine neue Eingabe oder Ableitung zu Widersprüchen, so daß frühere Inferenzen ungültig werden, sollen das assertionelle und inferentielle Wissen entsprechend aktualisiert werden.

Die Inferenzmaschine dient somit als *Wissensrepräsentationssystem*, d.h. sie ermöglicht die Repräsentation von Wissen und stellt deduktive Verfahren zur Verarbei-

---

[4]Hier muß angemerkt werden, daß das Maschinelle Lernen in Hinblick auf das Thema „Wissensrepräsentation" ein eher unterentwickelter Zweig der Künstliche Intelligenz ist, so ist es beispielsweise keine Ausnahme (sondern vielmehr charakterisierend), wenn namhafte Wissenschaftler „PROLOG-Repräsentationen" für maschinell lernende Systeme propagieren (s. (Sammut 1988)).

[5]Die Inferenzmaschine IM-2 kann als Nachfolger einer Inferenzmaschine betrachtet werden, die in erster Linie für den Einsatz im Rahmen eines textverstehenden Systems konzipiert wurde und auf eine interessengesteuerte Verarbeitung unsicheren und unvollständigen Wissens ausgerichtet war (Emde, Schmiedel 1983; Schmiedel 1984). Dieser Vorgänger, im folgenden IM-1 genannt, wurde in den lernenden Systemen METAXA.2 und METAXA.3 eingesetzt. Aufgrund der damit gewonnenen Erfahrungen wurde IM-2 entwickelt.

tung von Wissen bereit. Die Inferenzmaschine bietet nicht die für Programmiersysteme üblichen Konstrukte und Hilfsmittel (z.B. Möglichkeiten zur Beeinflussung oder Spezifikation von Kontrollmechanismen oder Hilfsmittel zur Fehlersuche), die zur Programmierung von Problemlösungsprogrammen notwendig sind und in KI Programmiersprachen, z.B. CONNIVER (McDermott 1983) oder MULTILOG (Kauffman, Grumbach 1986), logikorientierten Programmier- und Inferenzsystemen, z.B. PROLOG, MRS Russell 1985 und RUP (McAllester 1982), und den verschiedenen Erweiterungen von PROLOG um Metaebenen (s. z.B. Bowen 1985), angeboten werden. Im Unterschied zu den meisten Repräsentationssystemen (RUP, MRS etc.) erlaubt sie die Darstellung von Konzepten höherer Ordnung, wie z.B. „Transitivität"[6] (s. (Emde, Habel, Rollinger 1983; Habel 1986), und Verwendung solcher Konzepte zum Räsonieren über inferentielles Wissen. Verschiedene autoepistemische Operatoren erlauben die Formulierung von Inferenzregeln, deren Anwendungsergebnis abhängig vom aktuellen Wissenszustand des Systems ist und mit neuen Eingaben ungültig werden kann. Solche Abhängigkeiten werden durch die Datenabhängigkeitsverwaltung gewartet. Ein *truth-maintenance* System (A/TMS), das möglicherweise entstehende Widersprüche als Folge nicht-monotoner Inferenzen automatisch auflöst, ist nicht Teil der Inferenzmaschine.

Im nächsten Abschnitt werden allgemeine Anforderungen an Wissensrepräsentationssysteme aufgestellt und erläutert, die erfüllt werden müssen, wenn ein solches System als Komponente eines lernenden Systems induktive Modellierungsprozesse unterstützen soll. Im dritten Teil dieses Kapitels wird der Repräsentationsformalismus der Inferenzmaschine dargestellt und mit Beispielen eine „operationale" Semantik der verschiedenen Repräsentationskonstrukte vermittelt (vgl. (Wrobel 1987b)). Die Operationen zur Erweiterung und Veränderung des assertionellen und inferentiellen Wissens werden im vierten Teil dieses Kapitels beschrieben. Anschließend wird der eigentliche Inferenzmechanismus dargestellt. Es wird erläutert, wie Vorwärts- und Rückwärtsinferenzprozesse angestoßen werden, wie diese Prozesse mit der Datenabhängigkeitsverwaltung zusammenspielen und wie die Auswertung der Prämissen einer Regel vorgenommen wird. Im sechsten Teil wird die Datenabhängigkeitsverwaltung der Inferenzmaschine beschrieben.

4.2 Anforderungen an das Wissensrepräsentationssystem

Welche Anforderungen eine Wissensrepräsentationskomponente innerhalb eines lernenden Systems erfüllen muß, ist nicht nur davon abhängig, welche Lernergebnisse (und evtl. vorhandenes Hintergrundwissen) zu repräsentieren sind, vielmehr ist auch das Ausmaß der Lernaufgabe mitbestimmend. Einfache Erinnerungs- und (nicht-inkrementelle) Generalisierungsaufgaben erfordern keine (oder nur wenige) spezielle Repräsentationskonstrukte. Demgegenüber führen komplexe Lernaufgaben, die die Generalisierung von Beschreibungen, die Bildung neuer Konzepte und Wissensrevisionen notwendig machen, zu erhöhten Anforderungen an das Repräsentationssystem. Die folgenden Abschnitte sind einer kurzen Erläuterung dieser Anforderungen gewidmet.[7]

---

[6]Als Beispiel für ein System, das die Repräsentation „höherer Konzepte" erlaubt, kann OMEGA genannt werden (Attardi, Simi 1984).

[7]Eine ausführlichere Darstellung findet sich in (Emde 1988).

4.2.1 Repräsentation unsicheren und unvollständigen Wissens

Beim inkrementellen Lernen müssen die Resultate einer Lernstufe (und möglicherweise die Eingabedaten) an folgende Lernprozesse weitergegeben werden. Dazu reichen die Repräsentationsformalismen zur Darstellung der Generalisierungsergebnisse und Eingabedaten aus. Darüber hinaus kann es aber auch zweckmäßig sein, teilweise bestätigte und unvollständige Hypothesen an folgende Lernprozesse weiterzugeben. Wenn beispielsweise in einem Lernschritt eine Hypothese aufgrund einer zu geringen Zahl von Beispielen nur teilweise bestätigt werden konnte, sollte evtl. im nächsten Lernschritt dieser Hypothese Vorrang vor ähnlichen, bis dahin unbestätigten Hypothesen eingeräumt werden. Aus dem gleichen Grund kann unvollständiges Wissen entstehen, das in folgenden Lernschritten zur Auswahl informativer Experimente eingesetzt werden kann (Mitchell et al. 1983).

Das Repräsentationsschema, das in einem inkrementell lernenden System verwendet wird, sollte daher die Darstellung von Zwischenergebnissen erlauben, die während eines Lernprozesses auftreten können (s. Rendell 1985). Dazu gehört die Möglichkeit der Unterscheidung zwischen induzierten Aussagen und Hypothesen und die Möglichkeit der Darstellung unsicheren[8] und unvollständigen Wissens.

4.2.2 Unterstützung der Wissensrevision

Eine weitere Forderung ergibt sich aus der Tatsache, daß beim inkrementellen Lernen induziertes Wissen Gegenstand von Veränderungen ist. Der Repräsentationsformalismus sollte die Korrektur induzierten Wissens durch verschiedene Korrekturmöglichkeiten unterstützen. Dabei sollte insbesondere auch die Möglichkeit der expliziten Repräsentation von Modifikationen gegeben sein.

Wenn einzelne Ausnahmen zu einer Regularität gefunden wurden, dann besteht eine Möglichkeit eine entsprechende Regel zu korrigieren darin, die Anwendung der Regel bei diesen Ausnahmen durch zusätzliche Prämissen zu verhindern (s. (Hayes-Roth 1983), Abschnitt 1.3). Vorteilhafter ist die Einschränkung des Anwendungsbereiches der Regel durch eine explizite Aufführung von Ausnahmen, weil dadurch die Entwicklung einer besseren oder neuen Regel unterstützt wird (Michalski, Winston 1986), beispielweise mit der Generalisierung von Ausnahmebedingungen (Emde, Habel, Rollinger 1983) und der Bildung neuer Konzepte, wenn weitere Ausnahmen bzw. nähere Informationen zu den bekannten Ausnahmen zugänglich werden (Wrobel 1988).

4.2.3 Repräsentation und Verwaltung von Abhängigkeitsbeziehungen

Beim inkrementellen Lernen im geschlossenen Kreislauf kann die Anwendung von Lernergebnissen auf (neue und alte) Daten und abgeleitete Assertionen zur Ableitung von Widersprüchen führen. Ihre Beseitigung erfordert eine Entscheidung, ob ein Datum als fehlerhaft angenommen wird oder eine der am Ableitungsprozeß beteiligten induzierten Regeln für den Widerspruch verantwortlich zu machen ist, d.h. die Wissensrevisionskomponente des

---

[8]Die Forderung zur Darstellbarkeit unsicheren Wissens ist unabhängig davon, ob die Lernaufgabe die Behandlung unsicherer oder teilweise fehlerhafter Eingabedaten erfordert oder das Lernverfahren auch Lernresultate produziert, die hinsichtlich ihrer Vorhersagekraft bewertet sind (s. (Clark 1989)).

lernenden Systems muß in der Lage sein, die an der Ableitung des Widerspruchs beteiligten Wissenselemente zu identifizieren (s. Abschnitt 2.1.2). Zur Berechnung einer geeigneten (z.B. minimalen) Modifikation kann es sinnvoll sein, die Auswirkungen verschiedener möglicher Änderung zu bestimmen. Damit ergibt sich die Forderung, daß eine Repräsentationskomponente für ein lernendes System Abhängigkeitsbeziehungen zwischen Regeln und aus ihnen abgeleitete Assertionen abspeichern und der induktiven Komponente Zugriff auf dieses Wissen ermöglichen muß. Daneben sollte die Repräsentationskomponente Revisionsprozesse durch eine Datenabhängigkeitsverwaltung unterstützen.

4.2.4 Repräsentation widersprüchlichen Wissens

Die Beseitigung eines Widerspruchs kann durch die Anzahl möglicher Revisionsalternativen unter Umständen eine sehr aufwendige Angelegenheit sein, bei der mehrere Revisionsalternativen verglichen werden müssen. Dabei können im Wissen des Systems möglicherweise gleichzeitig noch andere Widersprüche vorliegen, so daß bei der Auswahl einer Revisionsalternative die Anzahl der Widersprüche eine Rolle spielen kann, die durch die einzelnen Alternativen beseitigt werden. Um solche Revisionsalternativen vergleichen zu können, sollte das Repräsentationssystem die Darstellung widersprüchlichen Wissens erlauben. Dies gibt dem lernenden System auch die Möglichkeit, weniger relevante Widersprüche in seinem Wissen zu tolerieren. Die Auswirkung widersprüchlichen Wissens sollte dabei auf die kleinstmögliche Menge von Wissensentitäten beschränkt sein.[9]

4.2.5 Repräsentation alternativer Modelle

Im Gegensatz zu konservativen Wissensrevisionen in einem kumulativen Lernmodus führen nicht-konservative Revisionen zu einem alternativen Modell, das sich sehr stark vom Ausgangsmodell unterscheiden kann. Das neue Modell kann eine Verbesserung darstellen bzw. nach einer Ausarbeitung in einem kumulativen Lernmodus zu einem besseren Modell führen, es kann hinsichtlich bestimmter Anwendungen vorteilhaft sein, es ist aber auch möglich, daß das neue Modell hinsichtlich aller möglichen Aspekte schlechter als das Ausgangsmodell abscheidet. Deshalb muß ein nicht-konservativ revidierendes System die Möglichkeit des Vergleichs alternativer Modelle (z.B. in Bezug auf eine intendierte Anwendung) haben. Eine weitere Anforderung an ein Repräsentationssystem kann daher sein, daß es die Darstellung und Verwendung alternativer Modelle erlaubt.

Damit in Zusammenhang steht die Forderung, daß die Wissensorganisation im Repräsentationssystem unterstützt werden sollte. Beispielsweise sollte es möglich sein, induziertes Wissen von Hintergrundwissen und allgemeines (sachbereichs-unabhängiges) Wissen von spezifischem (sachbereichs-abhängigen) Wissen zu trennen. Diese Forderung ist insbesondere wichtig bei der Verwendung logik-orientierter Repräsentationsschemata, die häufig mit dem Nachteil verbunden sind, daß keine Möglichkeiten zur Wissensorganisation zur Verfügung stehen.

---

[9]zur Idee der *Inkonsistenzquarantäne* s. (Habel 1986, 274ff; Habel 1982; Wachsmuth 1987)

4.3 Die Wissensrepräsentation

Mit der Inferenzmaschine IM-2 wird ein logik-orientierter Repräsentationsformalismus zur Verfügung gestellt, der auf einer Trennung von assertionellem Wissen und inferentiellem Wissen basiert. In IM-2 dienen Assertionen der Beschreibung der Eigenschaften von und den Beziehungen zwischen Objekten einer Welt. Die Bedeutung der Beschreibungselemente einer assertionalen Sprache, z.B. der in ihr verwendeten Prädikate, wird mittels nicht-logischer Inferenzregeln dargestellt. Angewendet auf das assertionelle Wissen erlauben sie zu explizieren, was an implizitem Wissen in Assertionen enthalten ist.[10]

4.3.1 Assertionelles Wissen

Assertionelles Wissen (ASSERT) wird in IM-2 durch eine Menge von *Formeln* (FOR-MULA) gebildet, die mit einer höherdimensionalen Attributmenge (A-ATT) attributiert sind.

$$\text{ASSERT} \subseteq \text{FORMULA} \times \text{A-ATT}$$
$$\text{A-ATT} = \text{A-ATT-1} \times \text{A-ATT-2}$$
$$\text{A-ATT-1} = \text{ID} \times \text{EP} \times \text{KT} \times \text{UR} \times \text{W}$$

Als Formeln gelten Ausdrücke mit einer *formelbildenden* Konstanten (z.B. einem Prädikat), die als Argument(e) Terme, Formeln und Prädikate konsumieren. Formeln werden verwendet, um Eigenschaften von und Beziehungen zwischen Objekten zu beschreiben. *Terme* werden verwendet, um sowohl auf einfache als auch komplexe Objekte (z.B. Mengen von Objekten) in der Welt zu referieren. Terme werden mit *termbildenden* Konstanten (Funktionssymbolen) konstruiert.

Die *Attribute*, die Formeln zugeordnet sind, dienen der Beschreibung der Einstellung eines lernenden Systems (oder eines anderen Benutzers) gegenüber den Propositionen.[11] Folgende Attribute (A-ATT-1) sind Formeln in IM-2 stets zugeordnet: Ein *interner Bezeichner* für die Assertion (ID), ein *Evidenzpunkt* (EP), eine *Wissensspur* (KT), ein *Verwendungsverweis* (UR) und ein Bezeichner einer *Welt in IM-2* (W). Daneben können Formeln noch beliebige andere Attributierungen (A-ATT-2) zugeordnet werden. Die folgenden Abschnitte beschreiben das grundlegende Repräsentationsschema für Assertionen und Inferenzregeln, anschließend wird das Konzept der Attributierung von Formeln und Inferenzregeln in IM-2 behandelt (Abschnitt 4.3.3).

Eine Menge term- und formelbildender Konstanten mit einer Spezifizierung ihrer Argumentstellen vorausgesetzt, läßt eine rekursive Definition der Menge wohlgeformter Terme und Formeln zu. Wir beschränken uns darauf, mit einigen Beispielen einen Eindruck von der (sehr beschränkten) Ausdrucksstärke des IM-2 Repräsentationsformalismus für Assertionen zu geben.

Die Tafel 4.1 zeigt einige Beispiele termbildender Konstanten und Terme zur Modellierung der Welt von Nebenwirkung von Arzneimitteln. Konstanten ist in Anlehnung

---

[10]Dieser Ansatz, inferentielles Wissen mit nicht-logischen Inferenzregeln zu repräsentieren, wurde von der *Semantischen Repräsentationssprache* SRL (Habel 1986; Rollinger 1984) übernommen. Ein solcher Ansatz wurde auch von Reiter mit seiner *default logic* gewählt (Reiter 1980)

[11]Das Konzept der Attributierung von Formeln und Regeln in IM-2 stützt sich auf einen (allgemeineren) Ansatz zur Attributierung von Wissensentitäten in SRL (s. (Habel 1986, 87f; Habel 1987)).

Tafel 4.1. Beispiele für termbildende Konstanten

	Grad	Term	
`aspirin`	`<ter,0,0,0>`	`aspirin`	(1)
`magenschmerzen`	`<ter,0,0,0>`	`magenschmerzen`	(2)
`überdosierung`	`<ter,1,0,0>`	`überdosierung(aspirin)`	(3)
`;`	`<ter,2,0,0>`	`(aspirin,magenschmerzen);` `(acetylin,leberschaden)`	(4)
`set`	`<ter,1,0,0>`	`set(aspirin)`	(5)
`all_of`	`<ter,0,0,1>`	`all_of(monopräparat)`	(6)
`all`	`<ter,0,0,0>`	`all`	(7)
`excl`	`<ter,2,0,0>`	`all_of(monopräparat)` `excl set(aspirin)`	(8)
`excl`	`<ter,1,0,1>`	`monopräparat excl aspirin`	(9)

an (Kalish, Montague 1964, 271ff)[12] ein *Grad* (Degree) zugeordnet.[13] Der Grad einer (term/formel-bildenden) Konstanten ist ein Quadrupel $<e,k,l,m>$, dessen erster Wert angibt, ob die Konstante Terme (ter) oder Formeln (for) bildet, und dessen restliche Werte beschreiben, wieviele Terme (k), Formeln (l) und Prädikate (m) von der Konstanten als Argument verlangt werden.

Es wird angenommen, daß unterschiedliche Terme auf verschiedene Objekte in der Welt verweisen. Alle 0-stelligen termbildenden Konstanten (z.B. „aspirin" und „magenschmerzen") werden als Namen interpretiert. Der Term (3) auf Tafel 4.1 ist mit einer einstelligen Konstante gebildet und könnte zur Darstellung von Aussagen über Überdosierungen des Medikamentes Aspirin dienen.

Eine spezielle Bedeutung kommt den termbildenden Konstanten ',', ';', 'all_of', 'all', '[]' und 'excl' zu. Sie werden verwendet, um auf zusammengesetzte Objekte und Mengen von Objekten zu verweisen und damit den Gültigkeitsbereich von Inferenzregeln zu spezifizieren (s. 4.3.2). Ihre Bedeutung wird nicht durch Inferenzregeln angegeben, sondern ist durch den Inferenzmechanismus vordefiniert.

Die zweistelligen (Infix-) Operatoren ',' und ';' sind zur expliziten Beschreibung von Tupeln und Mengen von Objekten vorgesehen. Beispielsweise referiert der Term (4) auf Tafel 4.1 auf eine Menge bestehend aus zwei Objekten, die durch einen Verweis auf ein Medikament und eine Nebenwirkung gebildet werden. Die Konstante 'set' konsumiert einen Term als Argument und verweist auf die Menge, die das damit referierte Objekt als einziges Element enthält. Der Termbildner 'all_of' konsumiert ein Prädikat p und dient zur intensionalen Beschreibung der Menge von Objekten mit einer bestimmten Eigenschaft, die durch das Prädikat p repräsentiert wird. Beispielsweise referiert der Term (6) auf die Menge der Monopräparate. Auf die Menge aller Objekte eines Weltausschnitts

---

[12]s.a. (Habel 1986; Rollinger 1984)

[13]Diese Zuordnung wird hier nur zur Darstellung verwendet und findet sich nicht in der Implementierung von IM-2 wieder. IM-2 verlangt keine Festlegung des Grades term- und formelbildender Konstanten und kann daher auch keine (bzw. nur eine sehr eingeschränkte) Überprüfung von Ausdrücken auf ihre Wohlgeformtheit vornehmen.

wird mit dem Term 'all' referenziert. Der Term '[]' verweist auf die leere Menge. Die Konstante 'excl' kann der intensionalen Beschreibung einer Menge von Objekten dienen, die extensional um bestimmte Objekte eingeschränkt ist. Die Konstante konsumiert als Argumente zwei Terme, die auf Mengen verweisen. Der Term (8) könnte z.B. zur Referenz auf die Menge der Monopräparate mit Ausnahme des Medikamentes Aspirin benutzt werden. Zur Vereinfachung der Darstellung wird 'excl' auch als Konstante verwendet, die ein Prädikat und einen Term konsumiert (9).[14]

Tafel 4.2. Beispiele für formelbildende Konstanten

	Grad	Formel	
monopräparat	`<for,1,0,0>`	`monopräparat(aspirin)`	(1)
bestandteil	`<for,2,0,0>`	`bestandteil(aspirin,ass,500)`	(2)
störungsschwere	`<for,2,0,0>`	`störungsschwere(migräne,20)`	(3)
inclusive	`<for,0,0,2>`	`inclusive(kombinations-` `präparat,abzuraten)`	(4)
threshold	`<for,2,0,2>`	`threshold(störungsschwere,20` `schwere_funktionsstörung)`	(5)
m_transitive	`<for,0,0,1>`	`transitive(inclusive)`	(6)

Die Tafel 4.2 zeigt einige Beispiele für wohl-geformte Formeln in IM-2, die verwendet werden könnten, um Eigenschaften von und Beziehungen zwischen Objekten der Medikamentenwelt zu repräsentieren, die auf Tafel 4.3 natürlich-sprachlich beschrieben sind. Während Konstanten, die ausschließlich Terme als Argumente konsumieren (Prädikate), zur Darstellung des Sachbereichswissens dienen, wie z.B. das schon eingeführte Prädikat „monopräparat", können die Konstanten, die als Argumente formelbildende Konstanten aufnehmen, der deklarativen Darstellung von inferentiellem Wissen dienen. Beispielsweise beschreibt Formel (4) deklarativ eine mögliche Bedeutungsbeziehung zwischen den Prädikaten „kombinationspräparat" und „abzuraten". Solche Aussagen werden im folgenden als *Metafakten* bezeichnet.[15]

Damit sind die grundlegenden Konstrukte zur Darstellung assertionellen Wissens in IM-2 beschrieben. Da weder logischen Operatoren (z.B. $\wedge$, $\vee$, $\forall$ und $\exists$) zur Bildung komplexer Aussagen vordefiniert sind, noch Variablen als Argumente von term/formelbildenden Konstanten zugelassen sind, ist die Ausdrucksstärke des Repräsentationsformalismus für Assertionen sehr beschränkt.

---

[14]Hier sollte nochmal explizit darauf hingewiesen werden, daß die behandelten Konstanten zur Referenz auf Mengen von Objekten in Assertionen in der derzeitigen Implementierung von IM-2 keine vordefinierte Semantik besitzen, d.h. syntaktisch verschiedene Terme werden als Referenz auf unterschiedliche Objekte behandelt, selbst dann, wenn ihre Extension identisch ist. In der derzeitigen Implementierung haben die genannten Symbole nur zur Beschreibung der Gültigkeitsbereiche von Inferenzregeln (s. Abschnitt 4.3.2) die beschriebene vordefinierte Bedeutung.

[15]Die Bedeutung der formelbildenden Konstanten (*Metaprädikate*) zur Bildung von Metafakten wird mittels spezieller Inferenzregeln beschrieben (s. Abschnitt 4.3.2). Die Idee der deklarativen Repräsentation inferentiellen Wissens basiert auf (Habel, Rollinger 1982) (s.a (Habel 1986, 87ff; Emde 1984)).

Tafel 4.3. Natürlich-sprachliche Beschreibungen

Aspirin ist ein Monopräparat.	(1)
Aspirin enthält 500mg Acetylsalicylsäure.	(2)
Die Störungsschwere von Migräne ist 20.	(3)
Die einstellige Relation „**kombinationspräparat**" steht in einer inclusive-Beziehung zur einstelligen Relation „**abzuraten**".	(4)
Die Relation „**störungsschwere**" steht in einer „**threshold**"-Beziehung zur einstelligen Relation „**schwere_funktionsstörung**".	(5)
Die Relation „**inclusive**" ist transitiv.	(6)

4.3.2 Inferentielles Wissen

Die Bedeutung formelbildender Konstanten kann in IM-2 mit Inferenzregeln spezifiziert werden.[16] Angewendet auf Assertionen machen sie explizit, was implizit in Assertionen repräsentiert ist. Während Assertionen Objekte in der Welt beschreiben, sind Inferenzregeln Transformationsregeln für Assertionen. Inferenzregeln sind nicht Aussagen über Objekte der Welt, wie z.B. die Aussage *„Alle Menschen sind sterblich"*, die einen bestimmten Wahrheitswert besitzt. Im Gegensatz zu Implikationen werden Inferenzregeln nicht angewendet, um den Wahrheitswert einer Prämisse zu bestimmen, wenn die Konklusion als falsch bekannt ist.

Das *inferentielle Wissen* (INFER) wird in IM-2 durch eine Menge von *Inferenzregeln* (RULE) gebildet, die wie Assertionen mit einer höherdimensionalen Attributmenge (R-ATT) attributiert sind.

$$INFER \subseteq RULE \times R\text{-}ATT$$
$$R\text{-}ATT = R\text{-}ATT\text{-}1 \times R\text{-}ATT\text{-}2$$
$$R\text{-}ATT\text{-}1 = ID \times KT \times UR \times W \times F$$

Folgende Attribute (R-ATT-1) sind Inferenzregeln in IM-2 fest vorgegeben: Ein *interner Bezeichner* für die Inferenzregel (ID), eine *Wissensspur* (KT), ein *Verwendungsverweis* (UR), ein Bezeichner einer *Welt in IM-2* (W) und ein Bezeichner für eine Evidenzübertragungsfunktion (F). Daneben können Inferenzregeln beliebig andere Attributierungen (R-ATT-2) zugeordnet werden. Im BLIP-System werden z.B. Kommentare, die von einem/r BenutzerIn optional angegeben werden können, als zusätzliche Attributtierung abgelegt (s. Abschnitt 4.3.3). Im Gegensatz zu Assertionen tragen Inferenzregeln in Entsprechung zur „Wahrheitswert-Losigkeit" von Inferenzregeln in der Logik keine Evidenzbewertung (EP).

Die übliche Notation von Inferenzregeln in der Logik sieht folgendermaßen aus, wobei $p_1, \ldots p_n$ als Prämissen und c als Konklusion bezeichnet werden:

---

[16]zur Idee einer inferentiellen Semantik s. (Habel 1982; Habel 1987)

$$p_1$$
$$\vdots$$
$$\underline{p_n}$$
$$c$$

In IM-2 wird mit den Symbolen '-->' (zur Trennung von Prämissen und Konklusion) und '&' (zur Bildung von Prämissenlisten) eine weniger platzaufwendige Notation verwendet. Einige Beispiele für Inferenzregeln in IM-2 zeigt Tafel 4.4.

Tafel 4.4. Beispiele einfacher Inferenzregeln

```
x            ::   kombinationspräparat(x) --> abzuraten(x)      (1)
x,y          ::   medikament_nebenwirkung(x,y) &
                  unerwünscht(y)
                  --> hat_unerwünschte_nebenwirkung(x)          (2)
p1,p2,p3     ::   inclusive(p1,p2) & inclusive(p2,p3)
                  --> inclusive(p1,p3)                          (3)
s,b          ::   störungsschwere(s,b) & gt(b,20)
                  --> schwere_funktionsstörung(s)               (4)
x,y,z,diff   ::   temperatur(x,y) & normal_temperatur(z)
                  & gt(y,z) & sub(y,z,diff)
                  --> normal_temperatur_abweichung(x,diff)      (5)
```

Die eigentliche Inferenzregel mit den Prämissen und der Konklusion wird von einer Deklaration der (freien) Variablen in der Regel (vor dem Trennungssymbol '::') angeführt. Sie legt fest, welche Symbole in der Regel als Variablen interpretiert werden und welche Werte sie annehmen können. Auf Tafel 4.4 sind die Wertebereiche der Variablen nicht beschränkt, d.h. auf eine Spezifikation der Wertebereiche durch eine *Stützmengenangabe* wurde verzichtet (s.u.). Beispielsweise beschreibt Regel (1) eine mögliche Bedeutungsbeziehung zwischen den Prädikaten „kombinationspräparat" und „abzuraten", wobei „x" als Variable interpretiert wird.

Regel (3) könnte unter der Voraussetzung, daß „inclusive" als eine formelbildende Konstante definiert ist, die Prädikate als Argumente konsumiert, verwendet werden, um über inferentielles Wissen (in der Art von Regel (1)) zu räsonieren. Solche Regeln, die die Bedeutung von Metaprädikaten (hier: die Transitivität von „inclusive") beschreiben, werden im folgenden als *Metaregeln* bezeichnet.

Generell können alle formelbildenden Konstanten zur Bildung von Prämissen und Konklusionen verwendet werden. Zusätzlich werden eine Reihe vordefinierter Operatoren zur Verfügung gestellt. Dazu gehören *built-in Prädikate* zum Vergleich von Termen (s. Tafel 4.5) und zur Durchführung einfacher arithmetischer Operationen, als auch eine Reihe autoepistemischer Operatoren (s. nächster Abschnitt). Die Regel (4) auf Tafel 4.4

Tafel 4.5. Built-in Prädikate der Inferenzmaschine

`eq(_,_)`	gleich/unifizierbar (equal)
`ne(_,_)`	nicht gleich (not equal)
`lt(_,_)`	kleiner als (lower than)
`gt(_,_)`	größer als (greater than)
`ge(_,_)`	größer oder gleich (greater than or equal)
`le(_,_)`	kleiner als oder gleich (greater than or equal)
`add(_,_,_)`	Addition
`sub(_,_,_)`	Subtraktion
`prod(_,_,_)`	Multiplikation
`div(_,_,_)`	Division

beschreibt mit einem Vergleichsprädikat die Bedeutungsbeziehung zwischen einem Prädikat „**störungsschwere**" zur numerischen Bewertung der Schwere von Funktionsstörungen und dem Prädikat „**schwere_funktionsstörung**". Regel (5) erlaubt die Inferenz einer positiven Temperaturabweichung mittels des *built-in*-Prädikats „**sub**" zur Subtraktion numerischer Terme.

Autoepistemische Operatoren Die Modellierung verschiedener Sachbereiche erfordert neben den oben aufgeführten *built-in*-Prädikaten, wie sie z.B. auch in verschiedenen PRO-LOG Dialekten zur Verfügung stehen, weitere Operatoren, die die Möglichkeit bieten, Inferenzregeln zu formulieren, deren Anwendungsergebnis nicht von einzelnen Assertionen, sondern vom gesamten Wissenszustand des Systems abhängt. Aus der Sicht des Maschinellen Lernens ergibt sich diese Forderung aus der Tatsache, daß bestimmtes Wissen, das zur Aufdeckung numerischer Beziehungen notwendig ist oder zumindest sehr hilfreich sein kann, sich normalerweise nicht direkt „beobachten" läßt, sondern aus Daten mit Hilfe eines nicht-monotonen Schlusses abgeleitet werden muß. So kann das Wissen über Extremwerte numerischer Attribute von Objekten zur Aufdeckung intrinsischer Eigenschaften führen (Langley, Nordhausen 1987). Beispielsweise läßt sich die höchste Dosierung, in der ein bestimmter Wirkstoff keine schädliche Nebenwirkung zeigt, nicht durch die Betrachtung einer einzigen Medikamentenbeschreibung ermitteln. Stattdessen erfordert dies die Betrachtung aller der dem System bekannten Medikamente. Ein Repräsentationssystem sollte Konstrukte zur Ermittlung solcher Werte bereitstellen und zusätzlich dafür sorgen, daß dieses Wissen gewartet wird, da es mit einem neuen Datum ungültig werden kann.

In den Repräsentationsformalismus von IM-2 wurden daher verschiedene *autoepistemische Operatoren* eingeführt, die die Formulierung von Prämissen erlauben, deren Evaluierungsergebnis von dem Wissenszustand des Systems abhängig ist.[17] Die Verwendung autoepistemischer Operatoren zur Bildung von Prämissen hat *nicht-monotone Inferenzen* zur Folge, die mit neuen Informationen oder neuen Inferenzen, die bei der Evaluierung

---

[17]Der Begriff *autoepistemische Operatoren* wurde in Anlehnung an die kritische Betrachtung nicht-monotoner Logiken von Moore (Moore 1984) gewählt, der ausgehend von seinen Betrachtungen eine *autoepistemische Logik* entwickelte, die es erlaubt, das Räsonieren eines idealen rationalen Agenten über sein eigenes Wissen zu charakterisieren.

der Prämissen aufgrund der tiefenbeschränkten Suche in IM-2 nicht ausgeführt wurden, ungültig werden können. Die Tafel 4.6 zeigt die in IM-2 definierten autoepistemischen Operatoren.[18]

Tafel 4.6. Autoepistemische Operatoren in IM-2

```
max_of(!<variable>,!<proposition>,?<maximum>)
min_of(!<variable>,!<proposition>,?<minimum>)
count(!<proposition>,?<anzahl>)
sum_of(!<variable>,!<proposition>,?<summe>)
unknown(!<proposition>)
```

Es handelt sich um Operatoren, mit denen die jeweils größten und kleinsten numerischen Terme einer bestimmten Argumentstelle in einer Menge von Assertionen ermittelt werden können („max_of" und „min_of"), Summenbildungen über solche Argumentstellen durchgeführt werden können („sum_of") und die Anzahl von Assertionen mit bestimmten Argumentbelegungen gezählt werden kann („count"). Der Operator „unknown" wurde eingeführt, um Inferenzregeln darstellen zu können, die Standardwerte ableiten. Die Tafel 4.7 zeigt einige Beispiele für die Verwendung dieser autoepistemischen Operatoren. Auf die Auswertung der mit autoepistemischen Operatoren gebildeten Prämissen wird in Abschnitt 4.5.3 eingegangen, hier sollte aber schon darauf hingewiesen werden, daß über diese Prämissen z.Z. aus programmtechnischen Gründen keine Vorwärtsinferenzen angestoßen werden.

Regel (1) auf Tafel 4.7 zählt bei der Evaluierung der Prämisse die Menge der (bekannten) Bestandteile eines Medikamentes und ordnet ihm die Eigenschaft „Monopräparat" zu, wenn nur ein einziger Bestandteil des Medikamentes bekannt ist, d.h. nur ein Wirkstoff dieses Medikamentes eingegeben bzw. inferiert werden konnte. Regel (2) inferiert aus den Assertionen über die Anteile der Wirkstoffe in Medikamenten die höchste Dosis, in der eine Substanz in Medikamenten auftritt. Da bei der Auswertung von autoepistemischen Prämissen in den eingeschachtelten Propositionen keine Bindung von Variablen an Terme erfolgt, führen Inferenzen mit Regel (2) nur dann zu einem Ergebnis, wenn bei Anwendung der Regel über die Konklusion die Variable „s" (für Substanz) an einen Term gebunden ist (und mindestens eine entsprechende Assertion mit diesem Term gespeichert ist oder abgeleitet werden kann). Entsprechendes gilt auch für Regel (3), mit der die Gesamtmenge der Wirkstoffe eines Medikamentes abgeleitet werden kann. Regel (4) enthält eine Prämisse, die nicht mit einem autoepistemischen Operator gebildet ist. Sie kann daher auch über Vorwärtsinferenzen angestoßen werden[19], d.h. zur Inferenz von Assertionen über die Gesamtmenge aller Wirkstoffe in Medikamenten führen, wenn eine Assertion über einen „bestandteil" in die Wissensbasis eingetragen wird. Vorher abgeleitete Assertionen zu „gesamtmenge_wirkstoffe" werden mit dieser Regel durch

---

[18]Mit „!" und „?" sind wertaufnehmende bzw. wertliefernde Argumentstellen gekennzeichnet. Evtl. vorkommende Variablen in den eingeschachtelten Propositionen werden bei der Auswertung von Prämissen nicht an einen Term gebunden.

[19]Generell werden Inferenzregeln nur dann als Vorwärtsinferenzregeln angewendet, wenn die Evaluierung der Prämissen alle Variablen in der Konklusion instanziieren kann (s. Abschnitt 4.5.1)

Tafel 4.7. Autoepistemische Operatoren in Inferenzregeln

```
x,y,n :: count(enthält(x,y),1)
              --> monopräparat(x)                   (1)
m,s,d,max :: max_of(d,bestandteil(m,s,d),max)
              --> höchstmenge(s,max)                 (2)
m,s,d,sum :: sum_of(d,bestandteil(m,s,d),sum)
              --> gesamtmenge_wirkstoffe(m,sum)      (3)
m,sx,dx,s,d,sum :: bestandteil(m,sx,dx) &
         sum_of(d,bestandteil(m,s,d),sum)
              --> gesamtmenge_wirkstoffe(m,sum)      (4)
m,d :: darreichungsform_tabletten(m) &
         unknown(dosierung(m,d))
              --> normal_dosierung(m,1)              (5)
m,d :: halsschmerzen_medikament(m) &
         unknown(dosierung(m,d))
              --> not(normal_dosierung(m,1))         (6)
```

die Datenabhängigkeitsverwaltung (s. Abschnitt 4.6)   automatisch korrigiert, während eine neue relevante Assertion zu Inferenzen mit Regel (3) nur die Rücknahme betroffener Inferenzen auslöst, nicht aber die Inferenz einer neuen Gesamtmenge zur Folge hat.

Regel (5) führt bei fehlendem Wissen über die (normale) Dosierung eines Medikamentes zur Inferenz eines Standardwertes. Die Bedeutung dieser Regel könnte natürlichsprachlich folgendermaßen formuliert werden: Wenn nichts anderes zu einem Tabletten-Medikament bekannt ist, kann davon ausgegangen werden, daß die normale Dosierung dieses Medikamentes aus einer Tablette besteht.

Entstehen in IM-2 aufgrund nicht-monotoner Inferenzen mit autoepistemischen Operatoren Widersprüche im assertionellen Wissen, weil z.B. einer abgeleiteten Assertion mit einer Eingabe widersprochen wird, erfolgt keine automatische Widerspruchsbehandlung, d.h. der Widerspruch wird repräsentiert (s. Abschnitt 4.3.3) und muß durch das System aufgelöst werden, in das IM-2 eingebettet ist. Das gleiche gilt auch für Widersprüche, die durch sich überlappende *Default*-Regeln (*interacting defaults*) verursacht werden (s. (Reiter, Criscuolo 1981)). Sind beispielsweise sowohl Regel (5) als auch Regel (6) Bestandteil[20] des inferentiellen Wissens, ist es möglich, daß ein Widerspruch zur Normaldosierung eines Medikamentes abgeleitet wird. Ein Verhindern des Auftretens von Widersprüchen bzw. ihre automatische Beseitigung macht nur dann Sinn, wenn davon ausgegangen werden kann, daß die Regeln (bzw. die *Konflikt-Resolutionsstrategien*) korrekt sind. Dies kann z.B. in einem manuell erstellten und getestetem Expertensystem der Fall sein (s. (Brewka 1985)). Bei einer automatischen Modellbildung hingegen kann nicht ohne weiteres von der Korrektheit der Regeln ausgegangen werden.

---

[20]Obwohl bisher noch nicht die Möglichkeit der Darstellung und Inferenz negierter Assertionen beschrieben wurde, dies erfolgt in Abschnitt 4.3.3, ist anzunehmen, daß dem/r LeserIN die Bedeutung der Regel (6) klar ist. Es sollte aber darauf hingewiesen werden, daß die Konklusion nicht mit einem „normalen" *not* gebildet ist!

Regel-generierende Regeln In den letzten Abschnitten wurden Inferenzregeln beschrieben, die Assertionen in andere Assertionen transformieren. Nun wird eine Erweiterung des Repräsentationsschemas vorgestellt, mit der Inferenzregeln spezifiziert werden können, die Assertionen in Inferenzregeln transformieren. Auf Tafel 4.2 wurden einige Beispiele für formelbildende Konstanten präsentiert, die dazu dienen können, deklarativ inferentielles Wissen zu repräsentieren. Eine solche Repräsentation kann insbesondere beim induktiven Lernen und zur Unterstützung der Wissensakquisition hilfreich sein, indem sie mit entsprechenden Inferenzregeln[21] das Räsonieren über das inferentielle Wissen ermöglicht (s. (Emde, Habel, Rollinger 1983)).

Sinnvoll ist eine solche Repräsentation natürlich erst dann, wenn die deklarative Repräsentation inferentiellen Wissens auch mit den zugehörigen Inferenzregeln verbunden ist. In den METAXA-Lernprogrammen[22] wurden spezielle Prozeduren zur Generierung und Löschung von Inferenzregeln über Inferenzprozesse angestoßen. Diese Lösung erforderte trickreiche Eingriffe in die Datenabhängigkeitsverwaltung der Inferenzmaschine IM-1, um sicherzustellen, daß mit der Löschung eines Metafaktums durch METAXA auch die entsprechenden Inferenzregeln gelöscht werden. Aus diesem Grund wurde der Repräsentationsformalismus für Inferenzregeln in IM-2 erweitert, um die Darstellung von Regeln zu ermöglichen, die Assertionen (z.B. Metafakten) in Inferenzregeln transformieren. Neben Formeln können in dem erweiterten Repräsentationsformalismus auch Schemata für Inferenzregeln eine Konklusion bilden. Solche Inferenzregeln werden regel-generierende Regeln genannt. Beispiele für regel-generierende Regeln zeigt Tafel 4.8.

Tafel 4.8. Regel-generierende Regeln

```
p,q :: inclusive(p,q) -->
        (x :: p(x) --> q(x))                        (1)
p :: transitive(p) -->
        (x,y,z :: p(x,y) & p(y,z) --> p(x,z))       (2)
p,q :: max_mp(p,q) -->
        (x,y,m :: max_of(y,p(x,y),m) --> q(x,m))    (3)
```

Bei Anwendung dieser Inferenzregeln auf entsprechende Assertionen werden die Regelschemata instanziiert und in das inferentielle Wissen eingefügt. Wird beispielsweise Regel (1) auf die Assertion

```
inclusive(kombinationspräparat,abzuraten)
```

angewendet, wird die Inferenzregel

```
x :: kombinationspräparat(x) --> abzuraten(x)
```

in die Regelwissensbasis eingetragen.[23] Wird die Assertion später gelöscht, dann übernimmt die Datenabhängigkeitsverwaltung die Löschung der generierten Inferenzregel und sorgt für die Rücknahme der mit ihr durchgeführten Inferenzen.

---

[21]s. z.B. Regel (3) auf Tafel 4.4
[22]s. (Emde 1984; Emde 1987)
[23]Regel-generierende Inferenzregeln werden generell nur im Vorwärtsinferenzmodus angewendet.

Stützmengen Zur Unterstützung von Wissensrevisions- und Konzeptbildungsprozessen durch eine explizite Repräsentation des Gültigkeitsbereiches von Regeln (Emde 1988), wurden in den Repräsentationsformalismus von IM-2 Beschreibungmöglichkeiten für *Stützmengen* eingeführt. Als *Stützmengen* werden in IM-2 Beschreibungen der Wertebereiche von Variablen in Inferenzregeln bezeichnet.

Das Stützmengenkonzept in IM-2 geht auf einen Vorschlag von Habel und Rollinger zurück, zur Repräsentation bestimmer regelhafter Beziehungen, deren Gültigkeit (lokal) beschränkt ist, explizite Gültigkeitsbeschreibungen (Stützmengen) zu verwenden (Habel, Rollinger 1982). Beispielsweise sollte damit das Problem der Beschreibung der lokal beschränkten Transitivität von Prädikaten wie „**westlich-von**" behandelt werden. In diesem Lösungsansatz wurden Stützmengen als Annotation von Assertionen höherer Ordnung (*Metafakten*) eingeführt, die Bezug auf „höhere kognitive Konzepte" (z.B. „Linearität" oder „auf-einem-Kreis") nehmen. Darauf aufbauend wurde später das Stützmengenkonzept als Grundlage für Konzeptbildungsprozesse bei der Induktion von Regeln vorgeschlagen (Emde, Habel, Rollinger 1983; Emde 1984) und in dem Lernprogramm METAXA verwendet.[24] Eine angemessene Darstellung von Stützmengen wurde in der Inferenzmaschine IM-1 von METAXA nicht realisiert, stattdessen wurden Stützmengenangaben von dem Lernprogramm in zusätzliche Prämissen der Inferenzregeln transformiert. Dadurch ging der Vorteil einer expliziten Darstellbarbarkeit des Gültigkeitsbereichs von Regeln und die Möglichkeit einer spezifischen Behandlung solcher Angaben bei Inferenzenprozessen und bei der Verwaltung von Datenabhängigkeiten (teilweise) wieder verloren.[25] Um dies zu vermeiden, wurde das *Stützmengenkonzept* in den Repräsentationsformalismus für Inferenzregeln in IM-2 integriert.

In den vorangegangenen Abschnitten wurde bei den dargestellten Inferenzregeln auf eine Stützmengenangabe verzichtet. Regeln ohne Stützmengenspezifikation werden in IM-2 als Inferenzregeln interpretiert, deren Variablen-Wertebereiche nicht eingeschränkt sind, d.h. die eine Bindung der Variablen an alle Terme erlauben. Eine Beschreibung des Wertebereichs der Variablen einer Inferenzregel, kann mit dem Symbol „**elem**" spezifiziert werden. Die Tafel 4.9 zeigt einige Beispiele für Inferenzregeln mit Stützmengenbeschreibungen. Das Symbol 'all' kann verwendet werden, um explizt Wertebereiche von Variablen zu beschreiben, die nicht eingeschränkt sind. Damit ist die Regel (1) auf Tafel 4.9 funktional äquivalent zur Regel (1) auf Tafel 4.4. Die Stützmengenangabe von Regel (2) schränkt den Wertebereich der Variablen „**pers**" auf die Argumente der einstelligen Relation „**erwachsener**" ein.[26] Diese Regel erlaubt damit nur die Ableitung von Assertionen über Personen, die als Erwachsene beschrieben sind.[27]

---

[24] In METAXA mußte ein einzelner Variablen-Wertebereich pro Regel von einem Benutzer des Programms als *die* Stützmenge festgelegt werden, d.h. es wurden implizit Präferenzen zu Gunsten bestimmter Modifikationen mit der Repräsentationssprache vorgegeben. Im MODELER wird dieser Nachteil auf der Basis des Repräsentationsformalismus von IM-2 mit einem allgemeineren Stützmengenbegriff vermieden, der an allen Wertebereichen von Variablen Einschränkungen zuläßt.

[25] Da eine explizite Stützmengenbeschreibung auf Metafakten-Ebene verwendet wurde, war die Information trotz der Kompilierung in zusätzliche Prämissen für das Lernprogramm bei Wissensrevisionen zugänglich.

[26] Die Regel spiegelt die Realität besser wider als eine uneingeschränkte Regel, weil Kleinkinder eine etwas höhere Normalkörpertemperatur aufweisen als erwachsene Personen.

[27] Die Datenabhängigkeitsverwaltung von IM-2 trägt die Verantwortung für die Rücknahme von Inferenzen, wenn sich die intensional beschriebene Stützmenge verkleinert.

Tafel 4.9. Inferenzregeln mit Stützmengenbeschreibungen

```
x elem all :: kombinationspräparat(x) -->
                    --> abzuraten(x)                            (1)
pers,temp elem (erwachsener,all) ::
        temperatur(pers,temp) & gt(temp,37)
                    --> hat_fieber(pers)                        (2)
x elem (all excl (aspirin_c,ass_plus_c)) ::
        kombinationspräparat(x) --> abzuraten(x)               (3)
x elem (enthält_kein_vitamin_c excl []) ::
        kombinationspräparat(x) --> abzuraten(x)               (4)
x,y,z elem ((all excl [], all excl [], all excl []) excl
        ((mif,m,f4);(gis,g,f3)) ::
        hinweis(x,y) & pathologisch(x,z)
                    --> interessant(y,z)                        (5)
```

Speziellere Einschränkungen von Wertebereichen können mit den Symbolen 'all_of', '[]', 'excl', ',' und ';' vorgenommen werden, die schon als termbildende Konstanten in Abschnitt 4.3.1 eingeführt wurden. Beispielsweise ist Regel (3) mit dem 'excl'-Symbol extensional eingeschränkt. Die Regel kann auf alle „kombinationspräparate" mit Ausnahme der Terme „aspirin_c" und „ass_plus_c" angewendet werden. Eine solche extensionale Beschreibung von Ausnahmen kann in einem induktiv lernenden System Erweiterung der Repräsentationssprache um eine neues Konzept unterstützen. Weitere Ausnahmen zur Regel (3) könnten z.B. die Bildung eines Konzepts „enthält_kein_vitamin_c" ermöglichen (Regel (4)), sofern es noch nicht Teil der Repräsentationssprache ist.

Regel (5) zeigt eine Stützmenge, wie sie von der Wissensrevisionskomponente in MODELER (s. (Emde et al. 1989, S. 209ff)) gebildet und zur Konzeptbildung ausgenutzt wird. Die Stützmenge der Regel ist global um bestimmte Tupel von Termen extensional eingeschränkt. Inferenzen werden mit dieser Stützmengenbeschreibung blockiert, wenn die Variable „x" an den Term „mif", die Variable „y", an den Term „m" und die Variable „z" an den Term „f4" gebunden ist. Gleichfalls werden Inferenzen blockiert, wenn die Variable „x" an den Term „gis", die Variable „y", an den Term „g" und die Variable „z" an den Term „f3" gebunden ist.

Stützmengenbeschreibungen werden von IM-2 anders behandelt als entsprechende zusätzliche Prämisse. Wenn eine neue Assertion mit der Prämisse einer Inferenzregel unifizierbar ist, kann die neue Assertion eine Vorwärtsinferenz auslösen. Eine Inferenzregel wird dagegen nicht durch Veränderungen des assertionellen Wissens angestoßen, wenn sich nur ihre intensional beschriebene Stützmenge vergrößert, d.h. Inferenzregeln werden nur angewendet, um die Bedeutung neuer Assertionen zu explizieren, die mit den Prämissen der Regel unifizierbar sind. Wenn sich beispielsweise die Stützmenge der Regel (4) auf Tafel 4.9 durch die Eingabe einer neuen Assertion zu „enthält_kein_vitamin_c" vergrössert, wird die Regel nicht automatisch angestoßen.

Im Gegensatz zu *rule censors*, die in (Michalski, Winston 1986) beschrieben sind, lassen nicht-überprüfte Stützmengenbeschränkungen keine Erwartungen über den Erfolg einer Regelanwendung (nach der Bestätigung der Prämissen) zu, d.h. Stützmengenbeschreibungen können bei beschränkten Ressourcen im Vergleich zu *rule censors* nicht ignoriert werden, z.B. wenn eine schnelle Reaktion des Systems erforderlich ist.

Die Einführung von Stützmengen in die Wissensrepräsentation erfordert eine erneute Betrachtung regel-generierender Regeln. Die deklarative Darstellung inferentiellen Wissens mit Assertionen über Prädikate muß in irgendeiner Weise auch die Gültigkeitsbereiche von Inferenzregeln beschreiben. Die Stützmengenbeschreibungen zu Metafakten werden im folgenden als zusätzliches Argument in den Assertionen über Prädikate repräsentiert. Ein Beispiel für Stützmengenbeschreibungen in Metafakten ist:

```
threshold(temperatur,38,hat_fieber,(erwachsener,all))
```

Die Überführung solcher Assertionen in Inferenzregeln geschieht mit entsprechenden regel-generierenden Inferenzregeln. Die Bedeutung von „threshold“ kann beispielsweise mit folgender Inferenzregel spezifiziert werden:

```
p,c,q,s :: threshold(p,c,q,s) -->
     (x,y elem s :: p(x,y) & gt(y,c) --> q(x))).
```

Bei Anwendung dieser Regel auf eine entsprechende Assertion wird neben den Prädikatsvariablen im Regelschema auch die Stützmengenvariable instanziert und die resultierende Regel mit Stützmenge in die Regelwissensbasis eingetragen.

Die Stützmengenangaben als zusätzliches Argument in Assertionen über Prädikate erlauben mit entsprechenden Metaregeln, wie z.B.

```
p,c,q,r,s :: threshold(p,c,q,(s1,s2) & inclusive(q,r,s1)
     --> threshold(p,c,r,(s1,s2)),
```

Inferenzprozesse über inferentielles Wissen auch dann, wenn die Gültigkeitsbereiche der Inferenzregeln eingeschränkt sind. Da aber an den termbildenden Operatoren zur Beschreibung von Mengen in IM-2 keine vordefinierte Bedeutung festgemacht ist und ferner Stützmengenbeschreibungen auf bestimmte Formen festgelegt sind[28], kann mit IM-2 nur ein Teil der eigentlich möglichen Inferenzen ausgeführt werden. So lassen sich keine allgemeinen Inferenzregeln zu *Metafakten* mit unterschiedlichen Stützmengenbeschreibungen angeben. Die oben dargestellte Inferenzregel führt nur zu Inferenzen, wenn das erste Element der Stützmengenbeschreibung einer „threshold“-Assertion mit der Stützmengenbeschreibung einer „inclusive“-Assertion syntaktisch übereinstimmt. Das bedeutet, daß eine Überwachung der Konsistenz des inferentiellen Wissens mit *Metaregeln* in der gegenwärtigen Implementierung nur teilweise möglich ist.

Damit ist der grundlegende Repräsentationsformalismus zur Darstellung assertionellen und inferentiellen Wissens beschrieben worden. Im nächsten Abschnitt werden die Attributierungen von Formeln und Regeln behandelt, die u.a die Möglichkeit der Darstellung negierter Aussagen, die Darstellung unsicheren und widersprüchlichen Wissens und Möglichkeiten zur Wissensorganisiation bieten.

---

[28]Beispielsweise umfaßt die Syntax für Stützmengenbeschreibungen keine Schnittmengenoperatoren.

4.3.3 Attributierung von Formeln und Regeln

In den vorangegangenen Abschnitten wurde assertionelles (inferentielles) Wissen definiert als Menge attributierter Formeln (bzw. Inferenzregeln). Attributierungen dienen der Repräsentation bestimmter Einstellungen, die ein System (oder Benutzer) gegenüber Formeln oder Inferenzregeln einnimmt oder aufgrund von Inferenzen haben kann. Das Konzept der Attributierung von Formeln und Regeln in IM-2 wurde von dem (allgemeineren) Ansatz zur Attributierung von Wissensentitäten in SRL inspiriert (Habel 1986, 87f; Habel 1987).[29]

```
ASSERT ⊆ FORMULA × A-ATT
A-ATT = A-ATT-1 × A-ATT-2
A-ATT-1 = ID × EP × KT × UR × W


INFER ⊆ RULE × R-ATT
R-ATT = R-ATT-1 × R-ATT-2
R-ATT-1 = ID × KT × UR × W × F
```

In IM-2 sind Formeln und Inferenzregeln standardmäßig mit einer höher-dimensionalen Attributmenge attributiert. Daneben können Formeln und Regeln mit beliebig vielen anderen Attributierungen versehen sein, deren Bedeutung (gegenwärtig) aber in dem benutzenden System verankert sein muß. Zur Attributierung einer Formel oder Inferenzregel wird das Symbol '---' verwendet, an das sich eine Liste von Attributierungen mit einem Namen anschließt. Die Attributierung muß ein PROLOG-Term sein. Beispielsweise stellt:

```
enthält(aspirin,ass) --- c:'prima Beispiel', ep:[900,0]
```

eine Formel dar, die mit einem Kommentar (c) und einem Evidenzpunkt (ep) attributiert ist.

In den folgenden Abschnitten werden die in IM-2 fest vorgegebenen Attribute von Formeln und Inferenzregeln dargestellt und motiviert.[30]

Evidenzpunkte Zur Darstellung negierter Aussagen und unsicherer bzw. widersprüchlicher Informationen ist Formeln eine zweidimensionale Evidenzbewertung zugeordnet. Die zweidimensionale Evidenzbewertung wurde von Rollinger als Alternative zu einer eindimensionalen Evidenzbewertung vorgeschlagen, wie sie in den meisten KI-Systemen zur Repräsentation und Verwendung unsicheren Wissens verwendet wird (s. (Rollinger 1983; Rollinger 1984)).[31] Statt einer zweiwertigen Wahrheitswertbewertung bzw. einer eindimensionalen Evidenzbewertung ist Formeln in IM-2 als Attributierung ein *Evidenzpunkt* mit der Bezeichnung 'ep' eines zweidimensionalen *Evidenzenraumes* zugeordnet, der durch die Dimensionen „positive Evidenz" und „negative Evidenz" aufgespannt wird. Eine

---

[29]Das Konzept der Attributierung hat gewisse Ähnlichkeiten mit dem Konzept der Qualifizierung von Fakten und Regeln in dem PROLOG-Metainterpreter AQUALOG (Paredis 1988).

[30]Auf Möglichkeit der Attributierung von Regeln mit einer Evidenzübertragungsfunktion wird nicht eingegangen (s. (Emde et al. 1989, 107f)).

[31]Dieser Ansatz wurde (teilweise) in IM-1 implementiert (s. (Emde, Schmiedel 1983; Morik, Rollinger 1985)).

zweidimensionale Evidenzbewertung hat in einem lernenden System den Vorteil, daß Ergebnisse der Überprüfung von Hypothesen auf eine Weise dargestellt werden können, aus der direkt ersichtlich ist, wie die Evidenz für und gegen eine Hypothese verteilt ist.

Der Evidenzpunkt einer Formel bestimmt sich aus der positiven und negativen Evidenz, die eingegeben und/oder mit Inferenzregeln abgeleitet wurde. Die maximale positive und negative Evidenz ist 1000, die minimale Evidenz ist 0:

$$EP = [1000,0] \times [1000,0].$$

Die Evidenzpunkte [1000,0], [0,1000], [1000,1000] und [0,0] entsprechen den epistemischen Wahrheitswerten **T** (*told true*), **F** (*told false*), **BOTH** (*told both true and false*) und **UNKNOWN** (*told neither true or false*) von Belnap (Belnap 1976). Die Interpretation der Evidenzpunkte in IM-2 wird durch drei Parameter bestimmt, die dem Schwellwertparameter in MYCIN (Shortliffe 1976, S. 102) entsprechen. Der Parameter `min_confirm_evidence` spezifiziert die minimale positive (negative) Evidenz, die eine Assertion besitzen muß, um als „wahr" (bzw. „falsch") interpretiert zu werden. Der Parameter `max_counter_evidence` bestimmt, wie hoch die negative (positive) Evidenz maximal sein darf, damit eine Assertion noch als „wahr" (bzw. „falsch") interpretiert wird. Ein Evidenzpunkt markiert einen Widerspruch, wenn sowohl die positive als auch die negative Evidenz größer als der Wert des Parameters `contradiction_threshold` ist.[32]

Die Werte dieser Parameter werden nicht nur bei der Beantwortung von Anfragen an die Inferenzmaschine benutzt, sondern auch in Inferenzprozessen zur Bestimmung, ob eine Prämisse durch eine vorliegende Assertion bestätigt ist oder nicht. Als *Ziel-Evidenzpunkte* können nur [1000,0], [0,1000] und [1000,1000] mit Hilfe der Symbole „not" und „both" spezifiziert werden. Eine Prämisse der Form `not(p)` fordert den Evidenzpunkt [1000,0], eine Prämisse der Form `both(p)` fordert den Evidenzpunkt [1000,1000] und eine Prämisse der Form `p` fordert den Evidenzpunkt [1000,0].[33] Wenn alle Prämissen einer Regel hinsichtlich der spezifizierten Schwellwerte erfüllt sind, dann wird der Evidenzpunkt der Konklusion mit einer Minimum-Funktion berechnet (konjunktive Verknüpfung). Der Evidenzpunkt der entsprechenden Assertion bildet eine Maximum-Funktion (disjunktive Verknüpfung) aus dem eingegebenen Evidenzpunkt und allen inferierten Evidenzpunkten zu der Formel.

Die Symbole „not" und „both" können auch als abkürzende Schreibweise bei der Repräsentation von Aussagen über einen Sachbereich verwendet werden. Wenn weder diese Symbole zur Darstellung einer Assertion angegeben sind, noch ein Evidenzpunkt spezifiziert ist, wird der Evindenzpunkt [1000,0] angenommen. Diese Konvention gilt auch für die folgenden Darstellungen.

Welten Um die Organisation von Wissen in IM-2 zu unterstützen, die bei logikorientierten Repräsentationformalismen ohne spezielle Repräsentationskonstrukte im allgemeinen Schwierigkeiten bereitet, wurde in IM-2 eine *Welten-Attribuierung* eingeführt. Sie bietet z.B. Möglichkeiten der Trennung allgemeinen Wissens von spezifischem Wissen eines Sachbereichs, der Trennung von Hintergrundwissen und induziertem Wissen, der

---

[32]Die Defaultwerte sind: 1000 für `min_confirm_evidence`, 0 für `max_counter_evidence` und 1000 für `contradiction_threshold`.

[33]Der Ansatz von Rollinger zur zwei-dimensionalen Evidenzbewertung ist allgemeiner und erlaubt alle Evidenzpunkte des Evidenzenraumes als Zielpunkte für Prämissen. Ferner ist diesem Ansatz eine genauere Spezifikation der erlaubten Abweichungen vorliegender Evidenzpunkte vom Ziel-Evidenzpunkt möglich.

Trennung unterschiedlicher Wissensarten (z.B. *konstruktiver Metaregeln* von *restriktiver Metaregeln* (Thieme 1988)) und der Trennung prozedural orientierter Repräsentationen von deklarativ orientierten Repräsentationen. Ferner ermöglicht das Weltenkonzept die Repräsentation von Modellierungsalternativen (Emde 1988).

Alle Assertionen und Regeln, denen als *Welten-Attributierung* (mit dem Bezeichner 'w.') der gleiche Term zugeordnet ist, bilden eine *Welt*. Welten werden kreiert, wenn Assertionen oder Inferenzregeln mit einem neuen Welten-Name eingegegeben oder abgeleitet werden. Jede Welt kann zu jeder Zeit mit neuen Assertionen und Inferenzregeln erweitert oder durch Änderung einzelner Bestandteile modifiziert werden. Im allgemeinen sind die Informationen, die in einer Welt gespeichert sind, nur innerhalb dieser Welt zugänglich. Dies ermöglicht die Repräsentation unterschiedlicher und unverträglicher Modelle von Sachbereichen (oder Ausschnitten von Sachbereichen). Beispielsweise sind die beiden folgenden (widersprüchlichen) Assertionen Teil unterschiedlicher Welten, so daß weder in der einen noch in der anderen Welt ein Widerspruch *sichtbar* ist:

```
abzuraten(aspirin) --- ep: [1000,0], w: lerner1
therapeutisch_zweckmässig(aspirin) --- ep: [0,1000], w: lerner2
```

Jeder Welt sind eigene Schwellwert zur Interpretation von Evidenzpunkten zugeordnet. Ferner kann für jede Welt die maximale Suchtiefe für Vorwärts- und Rückwärtsinferenzen spezifiziert werden (s. Abschnitt 4.3.4).

Die Wissensorganisation wird durch die Möglichkeit der Angabe von Vererbungsbeziehungen zwischen Welten (s. Abschnitt 4.3.4) und die Möglichkeit des *selektiven Transfers* von Wissen mit welten-attributierten Konklusionen unterstützt. Im BLIP-System werden z.B. Vererbungsbeziehungen ausgenutzt, um sachbereichsunabhängiges Wissen über Metaprädikate von der deklarativen Darstellung des inferentiellen Wissens eines Sachbereichs zu trennen. Während Metaprädikatsdefinitionen als regel-generierende Regel in der Welt mp gespeichert sind, werden *Metafakten* (und *Metaregeln*) in der Welt meta_level abgelegt.

Ein *selektiver Transfer* von Assertionen und Inferenzregeln von einer Welt in eine andere Welt kann in IM-2 mit Inferenzregeln realisiert werden, deren Konklusionen mit Welten-Attributierungen versehen sind. Die Möglichkeit des selektiven Transfers wurde z.B. in BLIP zur Trennung von Inferenzregeln eines Sachbereichs-Modells von seiner deklarativen Darstellung in Metafakten ausgenutzt. Beispielsweise wird in BLIP folgende regelgeneriende Regel in der Welt mp gespeichert und über Vererbung in der Welt meta_level bekannt gemacht:

```
p,q,s,t :: inclusive(p,q,s) & subtheory(t) -->
      ((x elem s :: p(x) --> q(x)) --- w:t) --- w:mp
```

Eine Anwendung der Regel auf folgende Assertionen in der Welt meta_level:

```
subtheory(object_level1) --- w: meta_level
inclusive(kombinationspräparat,abzuraten,all)
```

führt zu folgender Regel in der Welt object_level1:

```
x elem all :: kombinationspräparat(x) -->
      abzuraten(x) --- w: object_level1.
```

Auf entsprechende Weise sind in BLIP *Metametafakten* und *Metaregeln* in IM-2 organisiert. Als zusammenfassendes Beispiel zur Nutzungsmöglichkeit des Weltenkonzeptes von IM-2 ist in Abbildung 4.1 die aktuelle Wissensorganisation in BLIP veranschaulicht, wobei inferierte Assertionen und Regeln *kursiv* erscheinen. *Metametafakten* sind in der Welt **meta_meta_level** abgelegt, *Metametaprädikatsdefinitionen* in der Welt **mmp** und die *Fakten* und *Regeln* zur Beschreibung der Objekte eines Sachbereich in der Welt **object_level**.[34]

Diese Wissensorganisation orientiert sich u.a. an der Allgemeinheit bzw. Sachbereichsunabhängigkeit der verschiedenen Wissensentitäten. So sind die *Metaprädikatsdefinitionen* von den *Metafakten* und *Metaregeln* getrennt und können daher gleichzeitig für verschiedene Modellierungen desselben oder anderer Sachbereiche verwendet werden. Das bedeutet, daß diese Wissensorganisation auch die Darstellung konkurrierender Modelle ermöglicht, was allerdings in der gegenwärtigen Version von BLIP nicht ausgenutzt wird. Ein ausführliches Beispiel dazu findet sich in (Emde 1988).

Allgemein betrachtet, ist das Weltenkonzept nichts anderes als eine Indizierung von Wissensentitäten, die in verschiedenen KI-Systemen in ähnlicher Form möglich ist bzw. automatisch vorgenommen wird. Das Weltenkonzept in IM-2 hat gewisse Ähnlichkeiten zum Kontextmechanismus in KI-Programmiersprachen (z.B. QA4 oder CONNIVER (McDermott 1983)). Der Hauptunterschied zu diesen Ansätzen besteht darin, daß in IM-2 auf mehrere Welten zur gleichen Zeit zugegriffen werden kann, ohne daß spezielle Operationen erforderlich sind, die von einem Kontext auf einen anderen umschalten. *Welten* in IM-2 ähneln somit auch den *viewpoints* in OMEGA (Attardi, Simi 1984). Der Hauptunterschied hier ist, daß viewpoints in OMEGA nur Informationen hinzugefügt werden können. Wenn in OMEGA eine Wissensentiät geändert wird, muß ein neuer viewpoint kreiert werden. Dies ermöglicht zwar den Zugriff auf alle vorangegangenen Wissenszustände, führt aber gleichzeitig zu einem entsprechenden Bedarf an Ressourcen (Rechenzeit und/oder Speicherplatz). Da es beim induktiven Lernen häufiger zu Modifikationen kommen kann, wurde von einem solchen Ansatz in IM-2 Abstand genommen.

Die größten Ähnlichkeiten hat das Welten-Konzept von IM-2 mit dem *Theorien-* bzw. *Welten-Konzept* der logischen Programmiersysteme MRS und MULTILOG (s. (Russell 1985) bzw.(Kauffman, Grumbach 1986)). Der wichtigste Unterschied zu diesen Ansätzen besteht weniger in den zur Verfügung gestellten Inferenzmechanismen oder Möglichkeiten der Wissensorganisation als darin, daß innerhalb von Welten in IM-2 auch die Darstellung inkonsistenten Wissens möglich ist.

Obwohl die Vererbungsbeziehungen in IM-2 dynamisch mit dem Eintragen entsprechender Assertionen in der Welt **system** verändert werden können, ist das Welten-Konzept in IM-2 in erster Linie auf eine statische Wissensorganisation ausgerichtet. Ein Ansatz, der die dynamische Veränderung von Zugangsbedingungen behandelt, wird in (Wachsmuth 1987; Wachsmuth 1988) beschrieben (s.a. (Gust, Grothaus 1988)).

Interne Bezeichner Allen Assertionen und Inferenzregeln ist in IM-2 ein interner Bezeichner als Attributierung mit dem Namen „id" zugeordnet. Er wird verwendet, um Datenabhängigkeitsbeziehungen darzustellen. Die internen Bezeichner werden auch in Wissensspur-Attributierungen und Verwendungsverweis-Attributierungen verwendet, die in den folgenden Abschnitten erläutert werden. Bezeichner für Assertionen setzen sich

---

[34]Auf die Abspeicherung als „fehlerhaft" klassifizierter Daten in einer speziellen IM-2 Welt wird gesondert in Abschnitt 5.3.1 eingegangen.

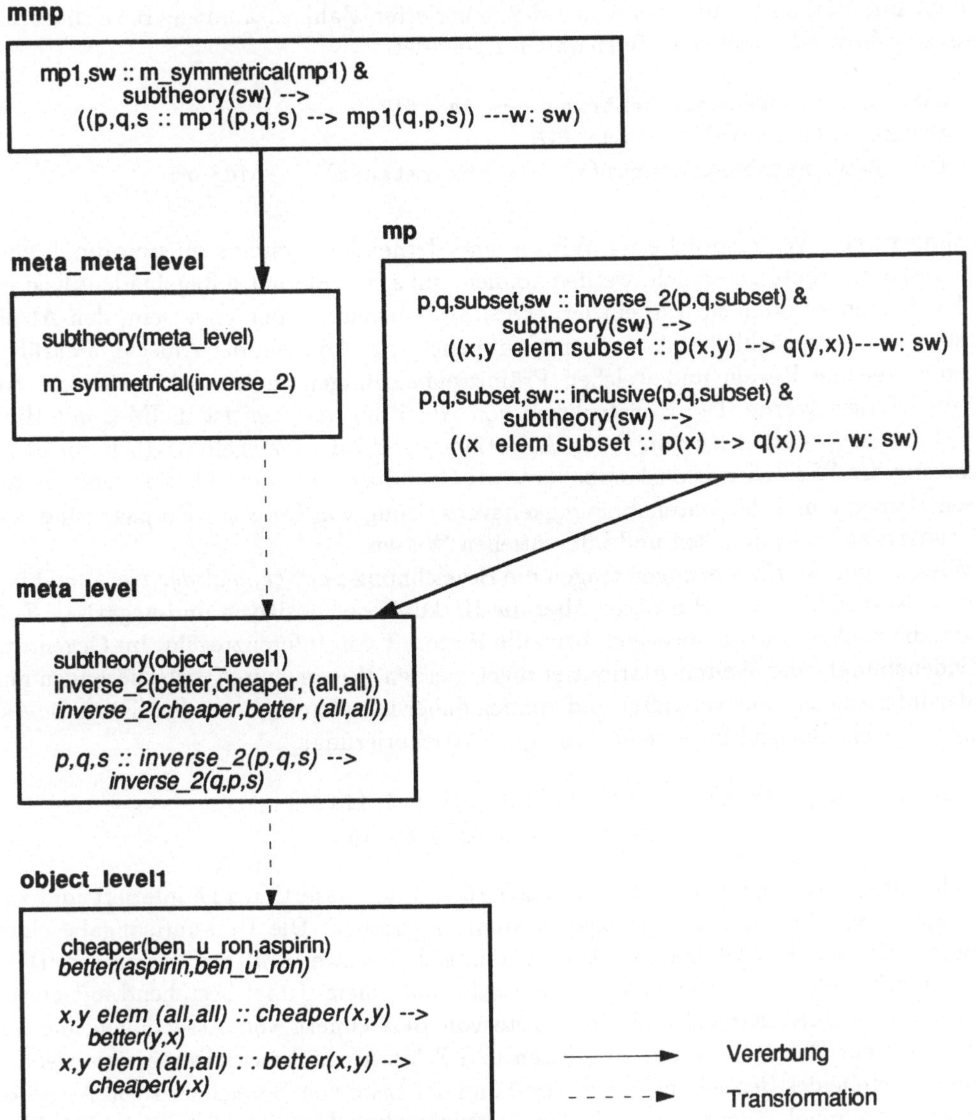

Abbildung 4.1. Wissensorganisation in BLIP

aus dem Buchstaben f und einer von IM-2 generierten Zahl zusammen. Bezeichner für Inferenzregeln werden mit dem Buchstaben r gebildet.

```
kombinationspräparat(pentrin) --- id: f17
abzuraten(pentrin) --- id: f18
x :: kombinationspräparat(x) --> abzuraten(x) --- id: r5
```

Wissensspuren Widersprüche im Wissen eines lernenden Systems müssen durch eine Revisionskomponente untersucht werden können, um z.B. fehlerhafte Regeln identifizieren und korrigieren zu können, d.h. ein lernendes System muß in der Lage sein, den Ableitungsbaum widersprüchlicher Assertionen untersuchen zu können, der Aufschluß darüber gibt, mit welchen Regeln und welchen Prämissenbelegungen (evtl. auch mehrfach) ein Faktum inferiert wurde. Die Konstruktion von Ableitungsbäumen ist in IM-2 mit Hilfe einer *Wissensspur-Attributierung*[35] von Assertionen und Inferenzregeln möglich. Sie dient gleichzeitig der Wissensrevisionskomponente als Grundlage zur Identifikation fehlerhafter Wissenselemente und der Datenabhängigkeitsverwaltung von IM-2 zur Propagierung von Änderungen am assertionellen und inferentiellen Wissen.

Wissensspur-Attributierungen tragen die Bezeichnung „kt" (*knowledge trace*) und bestehen aus einer Liste von Hinweisen über die Herkunft der positiven und negativen Evidenzen, die zu Assertionen vorliegen, bzw. die Herkunft von Inferenzregeln. Im Gegensatz zu Evidenzpunkt- und Welten-Attributierungen werden Wissensspur-Attributierungen nur von der Inferenzmaschine verwaltet und können daher nur abgefragt werden. Folgende Assertion zeigt ein Beispiel für eine Wissensspur-Attributierung:

```
abzuraten(pentrin) --- kt: [[[1000,0],[r5,[f17]]],
                 [1000,0],input]], id:f18
```

Danach wurde diese Assertion mit der Regel r5 aus der Assertion f17 inferiert und zudem explizit von einem Benutzer bzw. System eingegeben. Die Herkunftsangabe eines inferierten Evidenzpunktes bei Assertionen setzt sich aus zwei Angaben zusammen: Dem Evidenzpunkt, der sich aus einer Inferenz ergab, und einem Tupel bestehend aus einem Verweis auf die Inferenzregel und einer Liste von Bezeichnern von Assertionen, die bei der Inferenz zur Bestätigung der Prämissen und Stützmengenbeschreibungen verwendet wurden. Anstelle des Bezeichners einer Regel und der Liste von Bezeichnern von Assertionen tritt das Symbol „input", wenn Evidenzen zu der Assertion eingegeben wurden. Eine Herkunftsangabe bei Inferenzregeln besteht aus dem Bezeichner der regel-generierenden Inferenzregel, die zur Ableitung der Inferenzregel verwendet wurde, und einer Liste von Bezeichnern von Assertionen, die die Prämissen der regel-generierenden Regel bestätigt haben, bzw. bei eingegebenen Inferenzregeln aus dem Symbol „input", d.h. die Evidenzpunktangabe entfällt.

Wurde eine Prämisse mit einem *built-in*-Prädikat bzw. Operator bestätigt, dann wird dies mit dem Symbol „built_in" gekennzeichnet. Jede Evidenzquelle führt zu genau einem Eintrag in der Wissensspur-Attributierung. Die Eingabe mehrerer Evidenzpunkte zu einer Assertion führt zur Zusammenfassung der eingegebenen Evidenzen durch die Anwendung einer Maximum-Funktion auf die positiven und die negativen Evidenzwerte. Die

---

[35]Die Wissensspur zum Begriff „Wissensspur" ist (Kanngießer 1984).

Inferenz eines Evidenzpunktes ersetzt einen möglicherweise schon vorhandenen Eintrag einer Inferenz mit der gleichen Regel und den gleichen Assertionen.

```
x,c :: count(abzuraten(x),c)
       --> anzahl_med_abzuraten(c) --- id:r17, kt: [input]
anzahl_med_abzuraten(123) --- ep: [1000,1000], id: f44,
                kt: [[[1000,0],[r17,[built_in]]],
                   [[0,1000],input]]
```

Die gezeigte Assertion wurde mit Regel r17 inferiert und zudem durch eine Eingabe negiert, so daß mit dem Evidenzpunkt [1000,1000] zu der Assertion ein Widerspruch vorliegt.

Verwendungsverweis Neben diesen Wissensspur-Attributierungen kann für die Revision induzierten Wissens auch die Information über die Verwendung von Wissensentitäten notwendig sein. Beispielsweise wird zur Realisierung der konservativen Wissensrevision im MODELER eine Abschätzung über die Auswirkung der Löschung einer Regel vorgenommen, in die die Anzahl der mit der Regel abgeleiteten Fakten einfließt. Diese Berechnung wird mit Hilfe einer *Verwendungsverweis-Attributierung* mit der Bezeichnung „ur" (*use record*) durchgeführt, die aus einer Liste von Verweisen auf Assertionen und Inferenzregeln besteht, in deren Ableitung die betreffende Inferenzregel oder Assertion eingegangen ist. Diese Informationen werden auch von der Datenabhängigkeitsverwaltung zur Propagierung von Änderungen an der Wissensbasis benutzt. Zu den Beispielen des letzten Abschnitts zu Wissensspuren lassen sich folgende Verwendungsverweis-Attributierungen angeben:

```
x,c :: count(abzuraten(x),c)
       --> anzahl_med_abzuraten(c) --- ur: [f44]
anzahl_med_abzuraten(123) --- ur: [], id: f44
kombinationspräparat(pentrin) --- ur: [f18,f22], id: f17
```

Nach diesen Angaben wurde mit der Regel ein Evidenzpunkt zu f44 inferiert. Aus dieser Assertion wurden keine weiteren Assertionen inferiert. Dagegen ist Assertion f17 in die Inferenz von Evidenzen zu f18 und f22 eingegangen.

4.3.4 Die Bedeutung von Assertionen in der Welt „system"

Eine spezielle Bedeutung tragen bestimmte Prädikate in der Welt system. Das zweistellige Prädikat inheritance dient der Beschreibung von *Vererbungsbeziehungen zwischen Welten*. Entsprechende Assertionen mit diesem Prädikat veranlassen die Inferenzmaschine, zur Beantwortung von Anfragen und zur Bestätigung von Prämissen auch Assertionen und Inferenzregeln übergeordneter Welten zu verwenden. Mit der Assertion

```
inheritance(mp,meta_level) --- w: system
```

ist z.B. in BLIP eine Vererbungsbeziehung zwischen den Welten mp und meta_level definiert. Bei der Eingabe oder Inferenz von Metafakten werden die regel-generierenden Regeln in der Welt mp wie Regeln behandelt, die in der Welt meta_level abgelegt sind.

Mit den zwei-stelligen Prädikaten `min_confirm_evidence`, `max_counter_evidence` und `contradiction_threshold` können die in Abschnitt 4.3.3 beschriebenen Parameter zur Interpretation von Evidenzpunkten für jede Welt spezifiziert werden. Folgende Assertionen ermöglichen bespielsweise in der Welt `meta_level` die Bestätigung von Prämissen mit Assertionen zu denen ein positiver Evidenzwert von mindestens 900 vorliegt und bei denen die negative Evidenz den Wert 100 nicht überschreitet:

```
min_confirm_evidence(meta_level,900) --- w:system
max_counter_evidence(meta_level,100) --- w:system
```

Mit der Assertion

```
contradiction_threshold(object_level1,800) --- w:system
```

können die in der Welt `object_level1` mit dem Symbol „both" gebildeten Prämissen durch Assertionen bestätigt werden, deren positiver und negativer Evidenzwert grösser als (oder gleich) 800 ist. Wenn diese Schwellwerte für eine Welt nicht spezifiziert sind, dann werden die auf Tafel 4.10 verwendeten Default-Werte verwendet.

Tafel 4.10. Default-Werte in IM-2

```
min_confirm_evidence = 1000
max_counter_evidence = 0
contradiction_threshold = 1000

max_forward_search_depth = 5
max_backward_search_depth = 10
```

Mit den Prädikaten `max_forward_search_depth(_,_)` und `max_backward_search_depth(_,_)` kann die *Suchtiefe bei Inferenzprozessen* verändert werden. In BLIP ist z.B. für die Welt `object_level1` die Vorwärtsinferenztiefe (zur Rückkopplung einiger Konsequenzen von Modellierungsentscheidungen) standardmäßig auf eine Inferenztiefe von 2 (Inferenzen) begrenzt, d.h. die Eingabe eines Faktums durch einen Benutzer kann die Inferenz eines oder mehrerer Fakten verursachen, die dann wiederum zu einer Vorwärtsinferenz führen. Deren Ergebnis wird anschließend nicht zu weiteren Inferenzen genutzt. Die Rückwärtsinferenzen sind in der Welt `object_level1` standardmäßig auf eine Inferenztiefe von 4 (Inferenzen) begrenzt.[36] Diese Grenzwerte werden mit folgenden Assertionen festgelegt:

```
max_forward_search_depth(object_level1,2) --- w: system
max_backward_search_depth(object_level1,4) --- w: system
```

---

[36]Die Inferenztiefenbegrenzung für Vorwärts- und Rückwärtsinferenzen wird derzeit (relativ) unabhängig voneinander vorgenommen: Bei Vorwärtsinferenzen, die die maximale Vorwärtsinferenztiefe erreicht haben, kann es noch zu Rückwärtsinferenzen kommen, wenn die aktuelle Inferenztiefe kleiner oder gleich der Beschränkung für Rückwärtsinferenzprozesse ist und die Bestätigung von Prämissen noch aussteht.

Wenn keine Inferenztiefenbegrenzungen spezifiziert sind, werden die auf Tafel 4.10 aufgeführten Werte verwendet.

Die Assertionen zur Interpretation zu Evidenzpunkten und zur Beschränkung von Inferenzprozessen haben nicht nur einen besonderen Status durch ihren Einfluß auf das Ergebnis von Inferenzen, sondern werden auch bei Eintragungen in die Welt **system** speziell behandelt. Neue Assertionen zu diesen Grenzwerten überschreiben möglicherweise schon vorhandene Assertionen, sofern sie sich auf die gleiche Welt beziehen, während sonst die allgemeine Regel gilt, daß eine Eingabe zu einer neuen (zusätzlichen) Assertion führt, wenn sich die Argumente im propositionalen Teil von den Argumenten schon abgelegter Assertionen syntaktisch unterscheiden.

4.4 Ein- und Ausgabeoperationen

Damit wollen wir die Darstellung der Wissensrepräsentation in IM-2 abschließen. Bevor im nächsten Abschnitt der Inferenzmechanismus beschrieben wird, sollten die Basisoperationen zur Veränderung und Abfrage des assertionellen und inferentiellen Wissens erläutert werden. Diese Operationen bilden (auf PROLOG-Ebene) sowohl eine (sehr einfache) Benutzerschnittstelle zur Inferenzmaschine als auch eine Ausgangsbasis zur Realisierung einer Schnittstelle zu anderen Systemen.

Die Operation **im_tell** erlaubt die Eingabe[37] attributierter Formeln und Inferenzregeln.[38] Neue *Inferenzregeln* werden sofort mit den angegebenen Attributierungen in die Regelwissensbasis eingetragen. Ist eine Inferenzregel bei der Eingabe schon bekannt, so ersetzen bzw. erweitern die angegebenen (optionalen) Attributierungen die gespeicherten Attributierungen. Eingegebene Inferenzregeln werden in der gegenwärtigen Implementierung noch nicht auf ihre Wohlgeformtheit überprüft. Beispielsweise wird nicht geprüft, ob bei der sequentiellen Abarbeitung der Prämissenliste, eine sinnvolle Instanziierung der Variablen in Prämissen mit arithmetischen built-in Prädikaten erfolgt.[39] Ferner wird auch keine Überprüfung der Wohlgeformtheit der einzelnen Prämissen und der Konklusion in Bezug auf die korrekte Verwendung term- und formelbildender Konstanten vorgenommen.

Bevor eine neue *Formel* mit ihrer Attributierung in der Wissensbasis gespeichert wird, überprüft eine vorgegebene Schnittstellenprozedur die Konsistenz der Eingabe zum abgespeicherten Wissen. Nur dann, wenn weder eine gegenteilige Assertion in der Wissensbasis vorhanden ist, noch gegenteilige Assertionen mit dem Regelwissen inferiert werden können, wird die Eingabe ins assertionelle Wissen übernommen.[40] Ist die eingegebene Formel schon als Assertion gespeichert, wird die Attributierung der Assertion erweitert bzw. verändert (sofern notwendig). Neue Werte zu optionalen Attributen ersetzen die Attributierungen, die bei vorangegangenen Eingaben spezifiziert wurden. Liegt schon aus einer

---

[37]Mit „Eingaben" sind im folgenden sowohl Eingaben durch eine/n BenutzerIn gemeint als auch Eingaben durch ein anderes System.

[38]Als Standardattributierungen werden [1000,0] als Evidenzpunkt und **user** als Welten-Attributierung verwendet.

[39]Bei der Regeleingabe in BLIP werden automatisch alle Prämissen mit built-in Prädikaten und autoepistemischen Operatoren an das Ende der Prämissenliste sortiert.

[40]Im Fall der Inkonsistenz wird eine Fehlerbehandlungsroutine aufgerufen, die standardmäßig auf die Inkonsistenz aufmerksam macht, und die eingegebene Assertion in einer separaten Welt abgespeichert.

früheren Eingabe ein Evidenzpunkt vor, dann werden die neuen Evidenzen und vorliegenden Evidenzen zusammengefaßt (s. Abschnitt 4.3.3). Wurde die Formel mit einer bestimmten Evidenzpunkt-Attributierung in vorangegangenen Inferenzprozessen inferiert, wird der eingegebene Evidenzpunkt als zusätzliche Wissensspur in der Wissensspur-Attributierung abgelegt. Anschließend wird die Wissensspur-Attributtierung zur Berechnung einer neuen Evidenzpunkt-Attributierung verwendet. Mit der resultierenden Assertion werden dann Vorwärtsinferenzen ausgeführt und die Datenabhängigkeitsverwaltung korrigiert die Ergebnisse vorangegangener Inferenzprozesse.

Mit der Operation `im_ask` können Anfragen zum assertionellen Wissen gestellt werden. Ist die Beantwortung der Anfrage mit einer eingegebenen oder inferierten Assertion möglich, dann wird die gespeicherte Assertion ausgegeben. Wenn eine Anfrage nicht mit einer gespeicherten Assertion beantwortet werden kann, wird versucht, mit Hilfe des inferentiellen Wissens eine entsprechende Assertion zielgerichtet durch Rückwärtsinferenzen abzuleiten. Jede gelungene Inferenz beim Versuch der Beantwortung der Anfrage kann zu Vorwärtsinferenzen mit inferierten Assertionen führen. Gleichzeitig wird durch die Datenabhängigkeitsverwaltung die Gültigkeit vorangegangener Inferenzen überprüft und eine Propagierung von Änderungen vorgenommen.

Die Operation `im_retract` ermöglicht das Zurückziehen eingegebener Evidenzen zu Assertionen und die Löschung von Inferenzregeln. Auch bei dieser Operation wird die Änderung an alle von der gelöschten Assertion oder Regel abhängigen Assertionen und Regeln propagiert.

Daneben stehen einige weitere Operationen zur Verfügung (z.B. `im_list_kb` und `im_show_assertion`), die die Inspektion der Wissensbasis ermöglichen. Die Tafel 4.11 illustriert die Beschreibung der Operationen mit dem Protokoll einer kleinen Sitzung, wobei Benutzereingaben dem vom PROLOG System generierten Symbol '?-' folgen und der Rest des Protokolls aus Meldungen der Inferenzmaschine besteht.

4.5 Der Inferenzmechanismus

Die Inferenzmaschine IM-2 wurde als Wissensrepräsentationssystem entwickelt, das auf die besonderen Anforderungen ausgerichtet ist, die sich für die Wissensrepräsentation beim induktiven Lernen ergeben können. In den vorangegangenen Abschnitten wurde der Wissensrepräsentationsformalismus von IM-2 erläutert. Die folgenden Abschnitte sind der Darstellung des in IM-2 implementierten Inferenzmechanismus gewidmet.

Die Aufgabe des Inferenzmechanismus ist es, sowohl Vorwärts- als auch Rückwärtsinferenzen mit den Inferenzregeln durchzuführen, um im Rahmen eines induktiv lernenden Systems:

- durch die Inferenz von Assertionen über die Objekte des Sachbereichs die Basis für die *Bildung* von Hypothesen zu liefern,

- durch die Inferenz von Assertionen zur Beantwortung von Anfragen der induktiven Komponente die *Überprüfung* von Hypothesen zu ermöglichen,

- durch die Anwendung induzierter Regeln auf neue Daten Inkonsistenzen im Wissen zu ermitteln,

Tafel 4.11. Protokoll einer Sitzung mit IM-2

```
?- im_tell(medikament(aspirin) --- w : object_level1).
  New EP: f1 medikament(aspirin) --- ep: [1000, 0],
                      w: object_level1
?- im_tell(monopraeparat(aspirin) --- ep : [1000, 0]).
  New EP: f2 monopraeparat(aspirin) --- ep: [1000, 0]
?- im_tell(x :: monopraeparat(x) --> zweckmaessig(x)).
  New rule: r1 x :: monopraeparat(x) --> zweckmaessig(x)
?- im_ask(zweckmaessig(aspirin)).
  New EP: f3 zweckmaessig(aspirin) --- ep: [1000, 0]
  Yes, zweckmaessig(aspirin)
  ?- im_tell(monopraeparat(ben_u_ron)).
  New EP: f4 monopraeparat(ben_u_ron) --- ep: [1000, 0]
  New EP: f5 zweckmaessig(ben_u_ron) --- ep: [1000, 0]
  ?- im_tell((zweckmaessig(ben_u_ron) --- ep : [900, 10],
                    c : 'Schoenes Beispiel')).
  New EP: f5 zweckmaessig(ben_u_ron) --- ep: [1000, 10]
  ?- im_show_assertion(zweckmaessig(ben_u_ron)).
  zweckmaessig(ben_u_ron) --- ep : [1000, 10],
                    kt : [[[1000, 0], [r1,[f4]]],
                    [[900, 10], input]],
                    ur : [],
                    w : user,
                    id : f5,
                    c : 'Schoenes Beispiel'
?- im_retract(f5).
New EP: f5 zweckmaessig(ben_u_ron) --- ep: [1000, 0]
yes
?-
```

- durch die Anwendung von Regeln über Beziehungen zwischen Hypothesen der Lernkomponente die Überprüfung *aussichtsloser* Hypothesen zu ersparen und Hinweise auf *aussichtsreiche* Hypothesen zu liefern.

In den folgenden Abschnitten werden die in der Inferenzmaschine IM-2 implementierten Inferenzstrategien für Vorwärts- und Rückwärtsinferenzprozesse erläutert, die ähnlich wie in anderen Systemen (KEE, ART etc.) interagieren können (s. (Mettrey 1987)). Eine Beeinflussung der Inferenzstrategien ist in IM-2 nur über eine Veränderung der Parameter zur Tiefenbeschränkung der Inferenzprozesse möglich.[41] Der Inferenzmechanismus verwendet anstelle der in Abschnitt 4.3 dargestellten (externen) Repräsentation eine interne Repräsentation von Assertionen und Inferenzregeln, die bei der Eingabe automatisch erzeugt wird. Diese interne Repräsentation ist darauf ausgerichtet, den Suchaufwand und die Anzahl der notwendigen Unifikationen bei Inferenzprozessen möglichst gering zu halten und soweit wie möglich mit Hilfe des PROLOG-Beweisverfahrens zu realisieren.

4.5.1 Vorwärtsinferenzen

Von der Inferenzmaschine wird der Versuch unternommen, Vorwärtsinferenzen auszuführen, wenn eine neue Assertion eingegeben oder im Rahmen aktiver Inferenzprozesse abgeleitet wurde. Dabei wird nach einer tiefen-beschränkten *breath-first* Strategie vorgegangen, die folgendermaßen skizziert werden kann:

- zuerst wird geprüft, ob die aktuelle Inferenztiefe kleiner oder gleich der maximalen Vorwärtsinferenztiefe ist, dann werden

- alle auf die Assertion *anwendbaren* Inferenzregeln ermittelt,
  jede anwendbare Inferenzregel wird:

  - mit der vorliegenden Assertion unifiziert,

  - anschließend wird der Versuch unternommen, die (teilweise oder ganz instanziierten) Prämissen der Regeln zu verifizieren (s. Abschnitt 4.5.3),

  - ist dies gelungen, dann wird überprüft, ob die Variablenbindungen entsprechend der Stützmengenbeschreibung der Inferenzregel erfolgt ist, und

  - ob die Inferenz (direkt oder indirekt) Evidenzen zu einer Assertion liefert, die zur Bestätigung einer Prämisse verwendet wurden (s. Abschnitt 4.6.3), nur wenn dies nicht der Fall ist, wird

  - der Evidenzpunkt der Konklusion durch eine Minimum-Funktion aus den Bewertungen des Bestätigungsgrades der einzelnen Prämissen berechnet und die inferierte Konklusion (bzw. die neue Wissensspur zu einer bekannten Assertion) abgespeichert oder die inferierte Inferenzregel eingetragen,

---

[41] *Konflikt-Resolutionsstrategien*, die eine Auswahl einer oder mehrerer Inferenzregeln vornehmen, wenn in einer Situation verschiedene Regeln anwendbar sind, können in IM-2 nicht spezifiziert werden. In IM-2 werden Inferenzregeln generell in der Reihefolge angewendet, in der sie intern in der Wissensbasis abgelegt sind. Zukünftige Versionen sollten zumindest die Anzahl und Komplexität der Prämissen zu einer Reihenfolgebestimmung verwenden.

- wenn andere Instanziierungen der Prämissen möglich sind, wird versucht weitere Assertionen oder Regeln zu inferieren,

- schließlich wird die Datenabhängigkeitsverwaltung aufgerufen, um möglicherweise im Inferenzprozeß erfolgte Änderungen an Assertionen oder Inferenzregeln an abhängige Wissensentitäten zu propagieren und

- dieses Verfahren auf alle inferierten Assertionen angewendet, d.h. eine Inferenztiefe weiter gegangen.

Eine Inferenzregel ist zu Vorwärtsinferenzen auf eine Assertion *anwendbar*, wenn sie eine Prämisse enthält, die mit dem propositionalen Anteil der Assertion unifiziert werden kann und durch die Verifikation der Prämissen alle Variablen der Konklusion instanziiert werden. Die zweite Bedingung folgt aus der Tatsache, daß formelbildende Konstanten keine Variablen als Argument aufnehmen können. Damit wird folgende Inferenzregel nicht für Vorwärtsinferenzen verwendet, weil bei der Verifizierung der Prämisse mit dem *built-in* Prädikate **ne** die Variable **x** in der Konklusion nicht an einen Term gebunden wird:

```
person,alter,x :: alter_von(person,alter) & ne(alter,x)
                  --> not(alter_von(person,x)).
```

Diese Regel wird nur zu Rückwärtsinferenzen verwendet, z.B. um die Konsistenz einer Eingabe zum Alter einer Person mit dem assertionellen Wissen zu überprüfen.

Wenn die Bestätigung einer Prämisse nicht mit den Assertionen möglich ist, die in der Wissensbasis gespeichert sind, dann wird der Versuch unternommen, eine Assertion mit entsprechendem Evidenzpunkt zu inferieren. Auch bei so verifizierten Prämissen wird versucht, durch weitere Rückwärtsinferenzen andere Instanziierungen der Variablen zu finden. Generell werden alle Ergebnisse von Vorwärts- und Rückwärtsinferenzprozessen in der Wissensbasis abgelegt, auch dann, wenn die Ergebnisse von Rückwärtsinferenzen nicht für Vorwärtsinferenzen verwendet werden konnten, weil eine Bestätigung anderer Prämissen nicht möglich war. Ausgenommen von der Abspeicherung in der Wissensbasis sind nur nur die Inferenzen, die zu dem Evidenzpunkt [0,0] geführt haben.

Besteht das Ergebnis einer Inferenz aus einem neuen Evidenzpunkt zu einer Assertion, die schon in der Wissensbasis gespeichert ist, dann wird geprüft, ob diese Assertion zur Bestätigung der Prämissen verwendet wurde. Nur wenn dies nicht der Fall ist, wird das Ergebnis in der Wissensbasis abgelegt. Damit werden Zirkelschlüsse verhindert, durch die eine Assertion zur Evidenzquelle für sich selber wird. Die mit zirkulären Inferenzen verbundenen Probleme werden ausführlich in Abschnitt 4.6.3 behandelt.

Jede Veränderung des assertionellen und inferentiellen Wissens in einem Vorwärtsinferenzprozeß wird durch die Datenabhängigkeitsverwaltung an die abhängige Assertionen und Inferenzregeln propagiert.

4.5.2 Rückwärtsinferenzen

In der Inferenzmaschine werden Rückwärtsinferenzprozesse angestoßen, wenn es nicht gelingt, eine Anfrage oder Prämisse mit den vorliegenden Assertionen zu erfüllen, d.h. wenn entweder gar keine attributierte Formel vorliegt, die mit dem propositionalen Anteil der Anfrage bzw. der Prämisse unifizierbar ist, oder der Evidenzpunkt einer Assertion nicht ausreicht. Der Ausgangspunkt einer Rückwärtsinferenz ist eine Proposition, die als Argumente Variablen tragen kann und die mit einem bestimmten Ziel-Evidenzpunkt und einem Namen einer Welt attributiert ist. Das Ziel einer Rückwärtsinferenz ist es, eine mit der gegebenen Proposition unifizierbare Assertion zu inferieren, deren Evidenzpunkt mit dem Ziel-Evidenzpunkt übereinstimmt oder in der Zielpunkt-Umgegebung liegt, die durch die Evidenzschwellwerte der betreffenden Welt definiert wird. Rückwärtsinferenzen werden nach der folgenden (tiefenbeschränkten) *depth-first* Strategie vorgenommen:

- zuerst wird geprüft, ob die gleiche oder eine allgemeinere Proposition[42] das Ziel eines übergeordneten Rückwärtsinferenzprozesses ist (um nicht-terminierende Rekursionen zu verhindern), wenn dies nicht der Fall ist,

- wird geprüft, ob die aktuelle Inferenztiefe kleiner oder gleich der maximalen Rückwärtsinferenztiefe ist, dann wird

- eine Liste aller zur Rückwärtsinferenz *anwendbaren* Inferenzregeln berechnet und sequentiell abgearbeitet, bis das Inferenzziel erreicht ist oder keine weitere Inferenzregel mehr angewendet werden kann. Zur Anwendung einer Regel

  - wird die vorliegende Proposition mit der Konklusion unifiziert und

  - anschließend der Versuch unternommen, die (teilweise oder ganz instanziierten) Prämissen der Regeln zu verifizieren,

  - ist dies gelungen, dann wird überprüft, ob die Variablenbindungen entsprechend der Stützmengenbeschreibung der Inferenzregel erfolgt ist und

  - ob die Inferenz (direkt oder indirekt) Evidenzen zu einer Assertion liefert, die zur Bestätigung einer Prämisse verwendet wurde (s. Abschnitt 4.6.3), nur wenn dies nicht der Fall ist, wird

  - der Evidenzpunkt der Konklusion durch eine Minimum-Funktion aus den Bewertungen des Bestätigungsgrades der einzelnen Prämissen berechnet und die neue Assertion bzw. die neue Wissensspur zu einer bekannten Assertion abgespeichert, deren Evidenzpunkt neu berechnet und im Fall einer Veränderung

  - der Versuch unternommen, mit der neuen bzw. geänderten Assertion Vorwärtsinferenzen auszuführen.

  - Ist das Inferenziel mit der neuen bzw. geänderten Assertion erreicht, wird mit dem nächsten Schritt fortgefahren, sonst wird die nächste Inferenzregel in gleicher Weise angewendet.

- schließlich wird die Datenabhängigkeitsverwaltung aufgerufen, um möglicherweise im Inferenzprozeß erfolgte Änderungen an Assertionen oder Inferenzregeln an abhängige Wissensentitäten zu propagieren.

Eine Inferenzregel kann zu Rückwärtsinferenzen angewendet werden, wenn ihre Konklusion mit dem propositionalen Anteil der vorliegenden Anfrage unifiziert werden kann und der Ziel-Evidenzpunkt der Konklusion in einem Bereich liegt, der mindestens bei einer optimalen Bestätigung aller Prämissen ausreicht, um die Anfrage positiv zu beantworten.

---

[42]Eine Proposition wird allgemeiner genannt, wenn sie weniger gebundene Variablen enthält.

4.5.3 Verifikation von Prämissen

Die Verifikation der Prämissen erfolgt bei Vorwärtsinferenzen genauso wie bei Rückwärtsinferenzen in der Reihenfolge, wie sie in der eingegebenen Regel auftreten. Bei Vorwärtsinferenzen sind die Variablen der Prämissen teilweise oder ganz durch die Assertion gebunden, die den Vorwärtsinferenzprozeß angestoßen hat. Bei Rückwärtsinferenzen sind
die Variablen der Prämissen ganz oder teilweise durch die Konklusion gebunden. Bei der
Verifikation der einzelnen Prämissen wird eine Fallunterscheidung vorgenommen.

Prämissen mit einem *built-in* Prädikat der Inferenzmaschine werden durch den Aufruf
einer entsprechenden PROLOG-Funktion evaluiert.

Die Verifikation von Prämissen, die mit einem autoepistemischen Operatoren gebildet
sind, erfolgt in zwei Schritten. Im ersten Schritt wird ein (tiefenbeschränkter) Rückwärtsinferenzprozeß mit der eingeschachtelten Proposition angestoßen, deren Argumente teilweise schon instanziiert sein können. Außer bei unknown-Prämissen wird dieser Rückwärtsinferenzprozeß solange wiederholt, bis keine neuen Assertionen (bei der gegebenen Tiefenbeschränkung) mehr inferiert werden können. Im zweiten Schritt wird die Menge der
Assertionen in der Wissensbasis, die sich mit der eingeschachtelten Proposition unifizieren
lassen, entsprechend der in Abschnitt 4.3.2 erläuterten Bedeutung der autoepistemischen
Operatoren ausgewertet.

Bei den *built-in* Prädikaten und autoepistemischen Operatoren sind zwei Fälle zu
unterscheiden: Entweder gelingt die Evaluierung der Prämisse (die Vergleichsoperation
führt zu einem positiven Ergebnis, die arithmetische Operation erzielt das gewünschte
Resultat, zu einer mit dem unknown-Operator angegebenen Proposition wird keine Assertion gefunden, etc.) oder die Evaluierung schlägt fehl. Im ersten Fall gilt die Prämisse als
verifiziert und bekommt einen Bestätigungsgrad von 1000 zugewiesen. Außerdem wird gegebenenfalls eine entsprechende Instanziierung der Variablen in den restlichen Prämissen
und der Konklusion vorgenommen. Im zweiten Fall scheitert die Regelanwendung und es
wird (sofern möglich) nach anderen Instanziierungen vorangegangener Prämissen gesucht,
die eine Inferenz ermöglichen.[43] Sind keine weiteren Möglichkeiten vorhanden, vorangegangene Prämissen zu bestätigen, dann gilt die Regelanwendung als gescheitert und wird
abgebrochen.

Zur Bestätigung von Prämissen, die mit formelbildenden Konstanten gebildet sind,
wird zuerst nach Assertionen in der Wissensbasis gesucht, deren propositionaler Anteil
mit den Prämissen unifiziert werden kann und deren Evidenzpunkt mit dem Zielpunkt der
Prämisse übereinstimmt (bzw. in dem Bereich liegt, der durch die Evidenzschwellwert-
Parameter gebildet wird). Endet die Suche erfolgreich, dann gilt die Prämisse als bestätigt
und bekommt als Bestätigungsgrad die positive Evidenz der gefundenen Assertion zugewiesen. Negierte Prämissen bekommen als Bestätigungsgrad die negative Evidenz der
Assertion zugewiesen. Mit dem Symbol both gebildete Prämissen bekommen als Bestätigungsgrad das Minimum aus positiver und negativer Evidenz der Assertion zugeordnet.
Wenn die Suche nicht erfolgreich war, wird der Versuch unternommen, die Prämisse über
Rückwärtsinferenzen zu bestätigen. Gelingt die Inferenz einer entsprechenden Assertion,
wird damit wie mit einer Assertion verfahren, die ohne Inferenz in der Wissensbasis gefunden wurde. Wenn die Rückwärtsinferenz fehlschlägt, scheitert diese Regelanwendung

---

[43]Bei Vorwärtsinferenzen wird nicht nach alternativen Bestätigungsmöglichkeiten der Prämisse gesucht,
über die der Inferenzprozeß angestoßen wurde.

und es wird (sofern möglich) nach anderen Instanziierungen vorangegangener Prämissen gesucht, die eine Inferenz ermöglichen.

4.5.4 Auswertung von Stützmengenbeschreibungen

Nach der Bestätigung der Prämissen wird überprüft, ob die Instanziierung der Variablen der Regel entsprechend der Stützmengenbeschreibung erfolgt ist. Da die Stützmengen-beschreibung einer Regel intern in Form einer separaten Prämissenliste repräsentiert ist, geschieht diese Überprüfung mittels des im letzten Abschnitts skizzierten Verfahrens. Hinzuweisen ist nur darauf, daß auch intensionale Stützmengenbeschreibungen zu Rückwärts-inferenzen führen können.

4.6 Die Verwaltung von Datenabhängigkeiten

Die Aufgabe der Datenabhängigkeitsverwaltung in IM-2 ist es, Änderungen am assertio-nellen und inferentiellen Wissen durch neue Eingaben, Löschungen oder Inferenzen an abhängige Assertionen und Inferenzregeln zu propagieren. Im Gegensatz zu den mit den verschiedenen TMS- und ATMS Systemen verfolgten Ansätzen (s. (Doyle 1982; de Kleer 1986; Filman 1988)) ist die Datenabhängigkeitsverwaltung kein eigenständiges Subsystem innerhalb der Inferenzkomponente.

Stattdessen benutzt die Datenabhängigkeitsverwaltung die Programme der Inferenz-komponente zur Neuberechnung von Evidenzpunkten aus Inferenzen und zur Überprüfung der Ergebnisse nicht-monotoner Inferenzen. Sie verwendet und manipuliert direkt die interne Inferenzmaschinenrepräsentation der Wissensspur- und Verwendungsverweisattri-butierungen der Assertionen und Inferenzregeln, d.h. sie verfügt über keine eigenen Da-tenabhängigkeitsstrukturen.

Sie basiert *nicht* auf dem Konzept der Datenabhängigkeitsverwaltung mittels soge-nannter Datenabhängigkeitsknoten (*data-dependency nodes*)[44], die „IN" und „OUT" sein können und die die Grundlage der meisten populären Ansätze zur Datenabhängigkeitsver-waltung sind. Die Bedeutung dieser Kennzeichnungen (*labels*) kann grob folgendermaßen beschrieben werden: Für Wissensentitäten, denen ein Datenabhängigkeitsknoten mit der Kennzeichnung „IN" zugeordnet ist, liegen Gründe vor, sie sind deshalb Bestandteil des aktuellen Glaubenszustandes des Systems, während für Wissensentitäten, deren Daten-abhängigkeitsknoten die Kennzeichnung „OUT" trägt, keine Gründe vorliegen, sie sind nicht Bestandteil des aktuellen Glaubenszustandes. Diese Kennzeichnungen ermöglichen auf sehr elegante Weise hypothetisches Schließen und die Exploration alternativer Pro-blemlösungen, indem temporäre Änderungen durch das „OUT"-Setzen von Knoten vorge-nommen werden können, ohne direkt die zugehörigen Wissensentitäten löschen zu müssen. Das Zurückziehen der Änderung erfordert nur das „IN"-Setzen der veränderten Knoten und die Propagierung dieser Änderung an abhängige Knoten, d.h. die Notwendigkeit der Neuberechnung der zugehörigen Wissensentitäten entfällt.

Die Datenabhängigkeitsverwaltung in IM-2 ist auf *langlebige* Veränderungen in der Wissensbasis ausgerichtet, die auch die Veränderung der Wissensentitäten (z.B. die Ver-

---

[44]s. z.B. (Charniak, McDermott 1986; Doyle 1982; Filman 1988)

feinerung von Inferenzregeln) einschließen. Damit soll den speziellen Anforderungen nachgekommen werden, die sich bei der Induktion von Regelwissen ergeben. Beim inkrementellen Lernen ist es wenig sinnvoll, wenn das lernende System eine induzierte Regel verwirft, deren Anwendung zu Widersprüchen führt, um sie kurze Zeit später in unveränderter Form wieder als „bestätigt" zu betrachten. Stattdessen wird ein lernendes System vor der Verwerfung einer Regel versuchen, die mit ihr aufgetretenen Schwierigkeiten durch eine Modifikation zu beseitigen. Nur wenn dies nicht möglich ist oder nicht zu einem befriedigenden Ergebnis führt, wird es die Regel löschen und nach einer Alternative suchen.

Dementsprechend gibt es in IM-2 nicht das Konzept der Datenabhängigkeitsknoten mit „IN"- und „OUT"-Kennzeichnungen. Die Rücknahme einer Inferenzregeln mit einer **im_retract**-Operation (bzw. die Löschung des zugehörigen *Metafaktums*) führt sofort zur Löschung der internen Regel-Repräsentation in der Wissensbasis und der Wissensspuren abhängiger Assertionen, die auf die Regel Bezug nehmen. Wenn die Regel erneut eingetragen wird, müssen alle mit ihr vormals durchgeführten Inferenzen neu berechnet werden. Das gleiche gilt für Assertionen, die durch die Rücknahme der Eingabe oder durch eine ungültig gewordene Inferenz den Evidenzpunkt [0,0] zugewiesen bekommen.

Die Inferenzmaschine IM-2 ermöglicht hypothetisches Schließen mit der Welten-Attributierung von Assertionen und Inferenzregeln. Um Alternativen einer Modellierung zu explorieren, ohne daß anschließend die Neuberechnung von Inferenzen notwendig ist, kann ein Duplikat der entsprechenden Welt erzeugt werden, die alle Assertionen und Inferenzregeln der Originalwelt enthält. Das Duplikat muß sowohl die propositionalen Anteile der Assertionen und Inferenzregeln als auch ihre Attributierungen enthalten und darf sich von der Originalwelt nur durch die neuen Bezeichner für die Assertionen und Regeln unterscheiden.[45] An dem Duplikat können dann beliebige Veränderungen vorgenommen werden, ohne daß sie Auswirkungen auf das Original haben. Damit ist es möglich alternative Modelle eines Sachbereichs in separaten Welten unabhängig voneinander zu entwickeln (Emde 1988).[46]

Die Exploration von Alternativen mit duplizierten Welten ist sehr speicherplatzintensiv, verursacht aber praktisch keinen Aufwand, um den ursprünglichen Zustand wiederherzustellen. Sie ist nicht geeignet, um *viele* verschiedene Alternativen zu untersuchen. Dazu sind A/TMS-Ansätze besser geeignet, insbesondere dann, wenn sich die einzelnen Alternativen nur geringfügig voneinander unterscheiden (s. (de Kleer 1986)).

An einem kleinen Beispiel soll die Aufgabe der Datenabhängigkeitsverwaltung illustriert werden (s. Tafel 4.12). Die Wissensbasis enthält einige Assertionen über Medikamente und einige Beispiel-Inferenzregeln. Die regel-generierende Regel r1 wurde auf die Assertion f3 angewendet. Damit wurde Regel r2 inferiert. Die Regeln r3 und r4 wurden „von Hand" eingegeben. Aus den eingegebenen Assertionen f4 und f7 wurden die Assertionen f5 und f8 inferiert. Die Regel r4 wurde zur Zählung der zweckmäßigen Medikamente zweimal als Vorwärtsinferenzregel auf die Assertionen f5 und f8 angewendet, wobei die erste Inferenz aus f5 nach der Inferenz von f8 durch die Datenabhängigkeits-

---

[45]Zur Erzeugung von Duplikaten einzelner Welten oder Weltenhierachien bietet die Inferenzmaschine verschiedene Operationen an, auf die jedoch an dieser Stelle nicht eingegangen werden kann.

[46]In (Kauffman, Grumbach 1986) wird eine Möglichkeit des hypothetischen Schließens mit Vererbungsbeziehungen zwischen Welten vorgeschlagen. Dieser Vorschlag beruht aber auf einem etwas anderen Weltenkonzept. In IM-2 können Inferenzen zu Veränderung von Assertionen in übergeordneten Welten führen, wodurch sich diese Möglichkeit der Realisierung hypothetischen Schließens in IM-2 nicht empfiehlt.

Tafel 4.12. Rechnerprotokoll zur Datenabhängigkeitsverwaltung

```
?-im_list_kb.
  f1 min_confirm_evidence(user, 800) --- w: system
  f2 max_counter_evidence(user, 200) --- w: system
  f3 inclusive(monopraeparat, zweckmaessig)
  f4 monopraeparat(aspirin)
  f5 zweckmaessig(aspirin)
  f7 monopraeparat(novalgin) --- ep: [900,0]
  f8 zweckmaessig(novalgin) --- ep: [900,0]
  f9 anzahl_zweckmaessige_medikamente(2)

  r1 p , q :: inclusive(p, q) --> (x :: p(x) --> q(x))
  r2 x :: monopraeparat(x)
                --> zweckmaessig(x)
  r3 x :: verursacht_irreparable_nebenwirkungen(x)
                --> not(zweckmaessig(x))
  r4 x, y, anzahl :: zweckmaessig(y) &
                count(zweckmaessig(x), anzahl)
                --> anzahl_zweckmaessige_medikamente(anzahl)
?-im_tell(verursacht_irreparable_nebenwirkungen(novalgin)).
  New EP: f10 verursacht_irreparable_nebenwirkungen(novalgin)
                --- ep: [1000,0]
  New EP: f8 zweckmaessig(novalgin) --- ep: [900,1000]
  New EP: f9 anzahl_zweckmaessige_medikamente(2) --- ep: [900,0]
  New EP: f9 anzahl_zweckmaessige_medikamente(2) --- ep: [0,0]
?-im_retract(inclusive(monopraeparat,zweckmaessig))
  New EP: f3 inclusive(monopraeparat,
                zweckmaessig) --- ep: [0,0]
  Rule deleted: r2 x :: monopraeparat(x)
                --> zweckmaessig(x)
  New EP: f8 zweckmaessig(novalgin) --- ep: [0,1000]
  New EP: f5 zweckmaessig(aspirin) --- ep: [0,0]
?-
```

verwaltung korrigiert wurde (was das Fehlen von **f6** erklärt!). Die Assertion zur Anzahl zweckmäßiger Medikamente hat also zwei Wissensspuren, weil die erste Prämisse der Regel **r4** sowohl durch **f5** als auch durch **f8** erfüllt wird.

Die Eingabe der Assertion **f10** führt nun zur Ableitung eines Widerspruchs zur Assertion über die Zweckmäßigkeit von Novalgin. Dies fordert die Datenabhängigkeitsverwaltung zur Korrektur der beiden (!) Inferenzen zur Anzahl zweckmäßiger Medikamente. Im ersten Schritt wird die Inferenz von **f8** auf **f9** neu berechnet. Da mit dem **count**-Operator nur eine gültige Assertion über zweckmäßige Medikamente gefunden wird, besteht das Ergebnis der Neuberechnung aus dem Evidenzpunkt [0,0] für **f9**. Damit wird diese zugehörige Wissensspur gelöscht und es bleibt nur der Evidenzpunkt [900,0] aus der zweiten Inferenz zur Assertion übrig[47]. Da die Assertion **f8** bei der Inferenz von **f5** auf **f9** mitgezählt wurde, muß auch diese Inferenz neuberechnet werden. Dies geschieht im nächsten Schritt und führt zur Löschung der Assertion **f9**. Eine neue Zählung erfolgt dabei nicht, weil von der Datenabhängigkeitsverwaltung keine Inferenzprozesse angestoßen werden. Zur Ableitung einer neuen Assertion über die Anzahl zweckmäßiger Medikamente müßte eine Anfrage gestellt werden oder eine neue Eingabe bzw. Inferenz über die Zweckmäßigkeit eines Medikamentes erfolgen.

Mit der nächsten Eingabe wird die Evidenz zur Assertion über die Beziehung der Prädikate **monopraeparat** und **zweckmaessig** zurückgenommen. Dies führt zur automatischen Rücknahme der Regel **r2** und aller mit dieser Regel inferierten Evidenzpunkte zu den Assertionen **f8** und **f5**. Die *eingegebene* negative Evidenz zu **f8** bleibt dabei erhalten.

Im Unterschied zu Vorwärts- und Rückwärtsinfernzprozessen ist die Datenabhängigkeitsverwaltung nicht durch eine Tiefenbeschränkung begrenzt, d.h. Änderungen am assertionellen oder inferentiellen Wissen werden durch die gesamte Wissensbasis propagiert. Die Datenabhängigkeitsverwaltung in IM-2 erfolgt in zwei Schritten: Bei jeder Änderung des assertionellen oder inferentiellen Wissens wird sofort berechnet, welche Inferenzen durch die Änderung ungültig geworden sein können und daher neu berechnet werden müssen. Nachdem der Vorwärts- Rückwärtsinferenzprozeß beendet ist, in dem die Änderung erfolgt ist, werden alle notwendigen Neuberechnungen geschlossen durchgeführt (s. Abschnitt 4.5.1 und Abschnitt 4.5.2).

4.6.1 Ermittlung neu zu berechnender Inferenzen

Die Ermittlung neu zu berechnender Inferenzen, die ohne autoepistemische Operatoren erfolgt sind, ist mit der Verwendungsverweis-Attributierung von Assertionen und Inferenzregeln problemlos. Mit dem Bezeichner der geänderten Assertion (bzw. Inferenzregel) müssen nur die Wissenspur-Attributierungen aller abhängigen Wissenselemente, die in der Verwendungsverweis-Attributierung vermerkt sind, durchsucht werden. Jede Wissensspur-Attributierung der abhängigen Wissensentitäten, die einen Verweis auf die geänderte Assertion (bzw. Inferenzregel) enthält, beschreibt eindeutig eine Inferenz, die neu berechnet werden muß.

Eine Sonderbehandlung erfordern die nicht-monotonen Inferenzen mit autoepistemischen Operatoren, weil an der Verwendungsnachweisattributierung einer Assertion nicht erkenntlich ist, ob sie zur Evaluierung von Prämissen mit autoepistemischen Operatoren

---

[47]Der Evidenzpunkt ist auf die nur partielle Bestätigung der ersten Prämisse von **r4** zurückzuführen.

verwendet wurde (s. Abschnitt 4.3.2), und weil auch *neue* Assertionen nicht-monotone Inferenzen ungültig machen können.

Zur Bestimmung der nicht-monotonen Inferenzen, die von einer neuen oder geänderten Assertion betroffen sein könnten, werden speziell daraufhin ausgerichtete Einträge verwendet, die bei der Eingabe nicht-monotoner Inferenzregeln automatisch in der PROLOG-Wissensbasis abgelegt werden. Diese Einträge haben für alle autoepistemischen Operatoren die gleiche Form, so daß das Verfahren zur Verwaltung nicht-monotoner Inferenzen sehr allgemein ist und auch auf neue autoepistemische Operatoren angewendet werden kann. Die Einträge haben folgende Form:

```
nm(<Proposition 1>,<Proposition 2>,<Regelbezeichner>).
```

Die erste Proposition entspricht der Proposition, die als Argument des autoepistemischen Operators in der nicht-monotonen Inferenzregel vorkommt. Die zweite Proposition entspricht der Konklusion der Regel. Dabei können die Propositionen auch identische PROLOG-Variablen enthalten. Beim Eintragen folgender Regel[48] mit der Bezeichnung r1:

```
x,y :: count(enthält(x,y),1) --> monopräparat(x)
```

wird beispielsweise folgender Eintrag in der PROLOG-Wissensbasis abgespeichert:

```
nm(enthält(X,Y),monopräparat(X),r1).
```

Mit diesen Einträgen wird bei jeder Änderung des Evidenzpunktes einer Assertion (z.B. durch eine Eingabe) die Menge der nicht-monotonen Inferenzen ermittelt, auf die die geänderte (neue) Assertion Einfluß haben könnte. Der propositionale Anteil der geänderten Assertionen wird mit der ersten Proposition aller nm-Einträge verglichen. Sind die Propositionen unifizierbar, wird die zweite Proposition verwendet, um die Assertionen zu ermitteln, auf die die geänderte Assertion Einfluß haben könnte. Der Regelbezeichner des Eintrages dient zur Bestimmung der Wissensspur, die neu berechnet werden muß.

Die Bedeutung des gezeigten nm-Eintrages zu Regel r1 ist für die Inferenzmaschine also: Falls eine neue Assertion eingeben[49] wird, die besagt, daß ein Medikament einen bestimmten Wirkstoff **enthält**, dann überprüfe, ob das Medikament als Monopräparat beschrieben ist. Wenn dies der Fall ist, dann überprüfe anhand der Wissensspuren, die der **monopräparat**-Assertion zugeordnet sind, ob sie durch eine Inferenz mit der Regel r1 gestützt wird. Wenn diese Bedingung erfüllt ist, wende die Regel erneut auf das (eine) Medikament an und nimm die Inferenz zurück, falls die Prämissen nicht mehr erfüllt sind (d.h. mehr als ein Wirkstoff in dem Medikament enthalten ist).

4.6.2 Neuberechnung von Inferenzen aufgrund von Änderungen

Die Neuberechnung von Inferenzen erfolgt mit einer *breadth-first* Strategie mit dem in Abschnitt 4.5.3 dargestellten Schema der Verifikation von Prämissen. Der Unterschied

---

[48]Eine Erläuterung dieser Regel findet sich in Abschnitt 4.3.2 (Regel (1) auf Tafel 4.7)

[49]bzw. eine Assertion inferiert oder der Evidenzpunkt einer Assertion geändert

zur normalen Verifikation von Prämissen besteht bei einer Neuberechnung darin, daß die Prämissen der neu zu berechnenden Inferenz nur durch die Assertionen verifiziert werden können, die in der Wissensspur vermerkt sind, und keine Rückwärtsinferenzprozesse angestoßen werden. Wenn eine Prämisse bei der Neuberechnung nicht mehr verifiziert werden kann, weil z.B. die entsprechende Assertion gelöscht wurde, bekommt die Konklusion den neuen Evidenzpunkt [0,0] aus dieser Inferenz zugewiesen. Dies führt zur Löschung der Wissensspur. Wenn es die einzige Wissensspur war, wird die zugehörige Assertion (bzw. Inferenzregel) gelöscht, was in diesem Fall zu weiteren Neuberechnungen auf der nächsten Rekursionsstufe führt.

Diese Neuberechnungen sind in IM-2 aus zwei Gründen notwendig. Zum einen muß ein erneuter Versuch der Verifikation aller Prämissen erfolgen, weil die Wissensspurattributierungen keine Informationen enthalten, wie gut die einzelnen Prämissen bei der ersten Inferenz bestätigt wurden. Ferner ist eine Neuberechnung auch deshalb erforderlich, um die Ergebnisse der Anwendung autoepistemischer Operatoren zu überprüfen.

4.6.3 Probleme zirkulärer Inferenzen

Bevor das Ergebnis einer Inferenz in die Wissensbasis übernommen wird, erfolgt eine Untersuchung, ob die Inferenz Bestandteil einer zirkulären Inferenzkette ist. Zum einen werden damit nicht terminierende Programmschleifen bei der Datenabhängigkeitsverwaltung verhindert, zum anderen wird vermieden, daß Assertionen zu ihrer eigenen Evidenzquelle werden können.

r1: x :: a(x) --> b(x)
r2: x :: b(x) --> c(x)
r3: x :: c(x) --> a(x)

Eingabe: a(m)

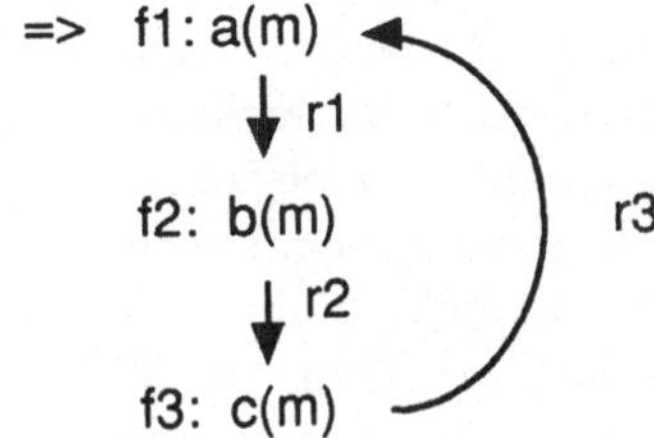

Abbildung 4.2. Zirkuläre Inferenz positiver Evidenz

Die Abbildung 4.2 soll veranschaulichen, was geschehen würde, wenn in IM-2 Assertionen zu ihrer eigenen Evidenzquelle werden könnten. Sie zeigt eine zirkuläre Inferenzkette, in der aus einer eingegebenen Assertion (f1) über Vorwärtsinferenzen zusätzliche

Evidenz zu der eingegebenen Assertion abgeleitet wurde. Wenn in dieser Situation der eingegebene Evidenzpunkt zu der Assertion **f1** zurückgenommen wird, bleiben die inferierten Evidenzpunkte zu den abgeleiteten Assertionen und der eingegebenen Assertion unverändert, weil sie sich gegenseitig stützen. Eine Löschung dieser Assertionen ist damit nur durch die Rücknahme einer der beteiligten Inferenzregeln möglich.

$$
\begin{aligned}
&r1:\ x :: a(x) \dashrightarrow b(x) \\
&r2:\ x :: b(x) \dashrightarrow c(x) \\
&r3:\ x :: c(x) \dashrightarrow not(a(x))
\end{aligned}
$$

Eingabe: a(m)

$$
\begin{aligned}
\Rightarrow\quad &f1: a(m) \\
&\quad \downarrow r1 \\
&f2:\ b(m) \\
&\quad \downarrow r2 \\
&f3:\ c(m)
\end{aligned}
$$

Abbildung 4.3. Zirkuläre Inferenz negativer Evidenz

Weniger schwerwiegend sind die Auswirkungen, wenn die Inferenz negativer (positiver) Evidenz zu Assertionen, die über ihre positive (bzw. negativer) Evidenz die Bestätigung einer Prämisse ermöglicht haben, nicht unterbunden wird. Die Abbildung 4.3 zeigt hierzu ein Beispiel. Sie stellt eine Momentaufnahme nach der Eingabe einer Assertion und einigen Vorwärtsinferenzen dar. Mit der Regel **r3** könnte aus der zuletzt inferierten Assertion **f3** mit einer weiteren Vorwärtsinferenz negative Evidenz für die eingegebene Assertion abgeleitet werden. Dann würden die Inferenzen aus der eingegebenen Assertion ungültig, weil die Prämisse der ersten Regel nicht länger erfüllt ist. Die Datenabhängigkeitsverwaltung würde nach einer solchen Inferenz (ohne Zirkelverhinderung) alle Vorwärtsinferenzen aus der Eingabe einschließlich der Inferenz negativer Evidenz auf die eingegebene Assertion zurücknehmen, so daß nur die (eingegebene) positive Evidenz für die Assertion übrigbleibt und alle anderen Assertionen zurückgenommen werden.[50]

Mit dieser Lösung des Zirkelproblems in IM-2 sind zwei Nachteile verbunden. Zum einen werden einige Inferenzen nicht vorgenommen, die später wichtig sein könnten, zum anderen führen Inferenzregeln, die potentiell Widersprüche produzieren könnten, mit dem Inferenzmechanismus von IM-2 nicht zu Widersprüchen, wenn sie Inferenzzirkel bilden.

---

[50]Da von der Datenabhängigkeitsverwaltung keine Vorwärtsinferenzen angestoßen werden, also z.B. nach der Rücknahme der Inferenz negativer Evidenz zu der eingegebenen Assertion kein erneuter Versuch der Vorwärtsinferenz mit **f1** durchgeführt wird, besteht nicht die Gefahr einer endlosen Wiederholung von Inferenzen und ihren Rücknahmen.

Sie bleiben daher für eine Wissensrevisionskomponente unentdeckt, wenn diese nur über Widersprüche im assertionellen Wissen angestoßen wird, wie es z.B. im MODELER der Fall ist.

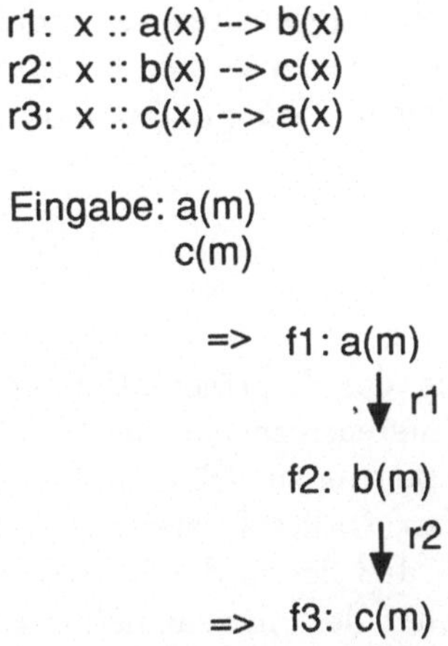

$$r1: x :: a(x) \dashrightarrow b(x)$$
$$r2: x :: b(x) \dashrightarrow c(x)$$
$$r3: x :: c(x) \dashrightarrow a(x)$$

Eingabe: a(m)
c(m)

=> f1: a(m)
↓ r1

f2: b(m)
↓ r2

=> f3: c(m)

Abbildung 4.4. Nachteilige Zirkelverhinderung

Zur Erläuterung des ersten Punktes sei ein Wissenszustand angenommen, der in Abbildung 4.4 veranschaulicht ist. Aus einer eingegebenen Assertion **f1** wurden die Assertionen **f2** und **f3** abgeleitet. Anschließend wurde die Assertion **f3** eingegeben. Die Inferenz von Evidenz aus der Assertion **f3** für die eingegebene Assertion **f1** wird wegen der Inferenzzirkelbildung, wie oben beschrieben, unterbunden. Wenn nun die eingegebene Evidenz zu **f1** zurückgenommen wird, hat dies zur Folge, daß sowohl **f1** als auch **f2** durch die Datenabhängigkeitsverwaltung gelöscht werden, weil keine weitere Evidenz für diese Assertionen gespeichert ist oder inferiert werden kann.[51] Dies ist in den meisten Fällen nicht weiter schlimm, weil bei einer entsprechenden Anfrage, die gelöschten Assertionen durch Rückwärtsinferenz mit der Regel **r3** abgeleitet werden können. Eine erneute Inferenz scheitert nur dann, wenn die Tiefenbegrenzung für Rückwärtsinferenzen erreicht ist. Eine sichere Lösung dieses Problems der Unterdrückung zirkulärer Inferenzen mit Hilfe einer speziellen Datenstruktur wird in (Puppe 1987) beschrieben.

Der zweite Nachteil der Lösung des Zirkelproblems in IM-2 betrifft die Unterdrückung der Ableitung widersprüchlicher Assertionen. Eine Regelmenge, wie sie in Abbildung 4.3 gezeigt ist, kann auf eine fehlerhafte Modellierung des Sachbereiches hindeuten. Wenn eine Revisionskomponente darauf angewiesen ist, durch Widersprüche auf mögliche Fehler in Regelmengen hingewiesen zu werden, dann dürfen solche Inferenzzirkel nicht (wie

---

[51]In der gegenwärtigen Implementierung scheitert die Inferenz von Evidenz zu **f1** mit Hilfe der Regel **r3** aus der Assertion **f3** wegen Inferenzzirkelbildung, weil der Test auf Inferenzzirkel zu einem Zeitpunkt durchgeführt wird, zu dem die Wissensspur von **f2** auf **f3** noch nicht vorliegt.

es IM-2 geschieht) unterdrückt werden[52]. Im BLIP System verursachte die beschriebene Zirkelverhinderung keine Probleme, da in BLIP zu Inferenzregeln, wie sie in Abbildung 4.3 aufgeführt sind, im allgemeinen mit *Metafakten* deklarative Repräsentationen vorliegen. Bei der Eingabe oder Induktion von Inferenzregeln erfolgt eine Konsistenzprüfung auf der Metaebene mit Hilfe von *Metaregeln*, so daß die Inferenzregeln nur eingetragen werden können, wenn entsprechende Metaregeln fehlen oder der Gültigkeitsbereich der Inferenzregeln eingeschränkt ist (s. Abschnitt 4.3.2).

Eine einfache Alternative zu der hier dargestellten Verhinderung zirkulärer Inferenzen besteht in dem Verbot von Regelmengen, die zu solchen Inferenzen führen können. Dieser Ausweg wurde von Falkenhainer mit seinem *Belief Maintenance System* BMS (Falkenhainer 1987) gewählt.

4.6.4 Diskussion

In diesem Kapitel wurden Probleme der Repräsentation epistemologischer Wissenszustände und Anforderungen an die Inferenzmechanismen lernender Systeme untersucht. Damit wurde versucht, einen kleinen Beitrag zur Überwindung des Stiefkind-Daseins des Themas Wissensrepräsentation im Maschinellen Lernen zu leisten. Es soll (und kann) an dieser Stelle nicht behauptet werden, daß der in der Inferenzmaschine IM-2 implementierte Repräsentationsformalismus (oder der Inferenzmechanismus) alle Anforderungen erfüllt, die sich bei der Entwicklung eines lernenden Systems ergeben können. So lassen sich beispielsweise keine existenzquantifizierten Aussagen darstellen, die unter Umständen zur Repräsentation eines Weltausschnittes wichtig sein können. Der „Annotated Predicate Calculus" (APC), den Michalski in (Michalski 1983) beschreibt, erlaubt die Darstellung solche Aussagen, und ist deshalb in Hinblick auf die Repräsentation von Lernergebnissen mächtiger. Das Ziel dieses Kapitels war es, zu verdeutlichen, daß komplexe Lernaufgaben (die z.B. ein mehrstufiges Lernen erfordern) von sich aus zu bestimmten Anforderungen an das Wissensrepräsentationssystem führen - unabhängig von der Art der Aussagen, die zur Repräsentation eines Weltausschnittes darstellbar sein müssen.

Eng verwandt zur vorliegenden Untersuchung (und einer ihrer Auslöser) ist die Arbeit von P. Brazdil, der die epistemologischen Wissenszustände in einem Szenario mit Lern- und Lehrsystemen untersucht hat (Brazdil 1986a; Brazdil 1986b; Brazdil 1987). Von Brazdil wurde eine PROLOG-Repräsentation mit Erweiterungen um Meta-Ebenen propagiert, die insbesondere beim Zusammenspiel von Lehr- und Lernsystemen durch die Möglichkeit der Beschreibung und Überprüfung deduktiver Fähigkeiten von Theorien geeignet ist. Im Gegensatz dazu ist die Inferenzmaschine auf die Unterstützung inkrementellen Lernens im geschlossenen Kreislauf ausgerichtet, so daß Brazdils Ansatz und die vorliegende Untersuchung als sich gegenseitig ergänzend betrachtet werden können.

In der Inferenzmaschine IM-2 sind eine Reihe verschiedener Repräsentationskonstrukte zur Darstellung unsicheren und widersprüchlichen Wissens, zur Organisation von Wissen, zur Realisierung autoepistemischer Inferenzen und zur Unterstützung von Wissensrevisionsprozessen in einem relativ uniformen Repräsentationsformalismus vereinigt worden. Sie erfüllt damit die am Anfang dieses Kapitels genannten Anforderungen, die sich für eine Repräsentationskomponente in einem induktiv lernenden System ergeben

---

[52]vgl. hierzu die in Abschnitt 4.5 genannten Anforderungen an Inferenzmechanismen lernender Systeme

können. Im Gegensatz zu anderen Systemen (z.B. MRS, OMEGA, MULTILOG, RUP, BMS), in denen teilweise ähnliche Konstrukte implementiert wurden, ist die Inferenzmaschine direkt auf die Anforderungen ausgerichtet, die sich beim inkrementellen Lernen im geschlossenen Kreislauf ergeben können.

Leider konnte weder im Rahmen dieser Arbeit noch im LERNER Projekt eine exakte Evaluierung ihres Performanzverhaltens vorgenommen werden. Im Rahmen des BLIP Systems hat IM-2 meist mit einem annehmbaren Zeitverhalten gearbeitet. Sehr lange Antwortzeiten ergaben sich mit einer Modellierung des Abstimmverhaltens amerikanischer Senatoren (s. (Emde et al. 1989, S. 46ff)), wenn bei einer Rücknahme von Inferenzregeln die Überprüfung mehrerer hundert Inferenzen (plus Mehrfachableitungen) notwendig wurde. Dabei ist zu betonen, daß die Implementierung nicht auf Effizienz ausgerichtet war. Eine Re-Implementierung, die die aufwendigen *assert*- und *retract*-Operationen von PROLOG vermeidet, bietet sicherlich viel Spielraum für Verbesserungen.

Im LERNER-Abschlußbericht finden sich verschiedene Rechnerprotokolle, die allgemein die potentielle Funktion von IM-2 als Wissensrepräsentationskomponente eines induktiv lernenden Systems illustrieren (Emde et al. 1989, Kapitel 9, Anhang B, Anhang C). Auf einige spezielle Funktionen von IM-2 bzw. ihrer Repräsentationskonstrukte in einem kumulativ/nicht-kumuativ lernenden System wird in den folgenden Kapiteln eingegangen.

5. Kumulatives Lernen

In diesem Kapitel werden Strategien zum kumulativen Lernen dargestellt und motiviert, die es lernenden Systemen ermöglichen sollen, auch bei schwierigen Lernaufgaben zumindest Einzelaspekte eines Weltausschnittes zu modellieren. Auf allgemeiner Ebene werden Betrachtungen zur Behandlung verrauschter Daten, zur Auswahl von Daten, der Hypothesengenerierung und Hypothesenüberprüfung angestellt. Schließlich wird die Realisierung des kumulativen Lernens im System METAXA.3 beschrieben.

5.1 Einleitung

Kumulatives Lernen wurde in der Einführung (Abschnitt 1.5.1) als eine Form des Lernens beschrieben, die auf Ergänzung und Verfeinerung des bestehenden Wissens ausgerichtet ist und mit der Bildung einer eingeschränkten (fehlerhaften) Sicht auf einen zu systematisierenden Weltausschnitt verbunden sein kann. Kumulatives Lernen wird realisiert durch eine kritische Behandlung von Daten, eine auf Bestätigung des bestehenden Wissens ausgerichtete Hypothesengenerierung und Hypothesenüberprüfung und konservative Wissensrevisionsverfahren.

In diesem Kapitel werden die bisherigen Ausführungen zum kumulativen Lernen belegt und konkretisiert. Insbesondere wird näher auf konfirmative Strategien zur Generierung und Überprüfung von Hypothesen eingegangen. Neben der Behandlung der Frage, *warum* eine konfirmative Ausrichtung maschineller Lernprozesse nutzbringend sein kann, wird untersucht, *wie* konkrete Ausprägungen eines auf Bestätigung des bestehenden Wissens ausgerichteten Wissenserwerbs aussehen.

Dazu wird zunächst ein Lernmodell skizziert, das nicht zu einem kumulativen Lernen führt. Es handelt sich dabei um das modell-gesteuerte Generalisierungsverfahren und das konservative Revisionsverfahren des lernenden Systems METAXA.2. Darauf aufbauend werden allgemeine von METAXA unabhängige Strategien zum kumulativen Lernen beschrieben und motiviert. Abschließend wird die Realisierung kumulativen Lernens im System METAXA.3 beschrieben.

Damit soll ein Ansatz zur Überwindung bestimmter, bisher im Maschinellen Lernen vernachlässigter Probleme automatischer Modellbildung vorgestellt werden und ein Beitrag zur Realisierung konfirmativer Lernverfahren geliefert werden. Außerdem wird die Grundlage geschaffen, um im folgenden Kapitel die möglichen negativen Konsequenzen kumulativen Lernens zu behandeln.

Für die Darstellung von Beispielen in diesem (und im nächsten) Kapitel wird der Repräsentationsformalismus von IM-2 verwendet. Um die Darstellung nicht mit der Beschreibung der in den METAXA-Systemen verwendeten Wissensrepräsentation[1] und der Inferenzmaschine IM-1 unnötig kompliziert zu machen, werden auch die METAXA-Lernergebnisse in IM-2 Notation dargestellt. An Stellen, wo sich Unterschiede in der Bedeutung ergeben oder die Anlaß für Mißverständnisse sein könnten, wird darauf hingewiesen.[2]

5.2 METAXA.2

Die Entwicklung des modell-gesteuerten Generalisierungsverfahren von METAXA.2 ist zurückführbar auf einen Ansatz zur Repräsentation inferentiellen Wissens mit Hilfe „höherer Konzepte".[3] In METAXA.2 werden „höhere Konzepte" zur Aufdeckung regelhafter Beziehungen im assertionellen Wissen genutzt[4]

Bevor das Generalisierungsverfahren skizziert wird, seien die Bestandteile höherer Konzepte genannt. Jede dieser Konzepte wird definiert durch ein *Regelschema*, durch *Schemata charakteristischer Situationen, Metaregeln* und *Argumenttyprasterbedingungen*. Als Beispiel sind auf Tafel 5.1 die Definitionen der höheren Konzepte „transitiv" und „komparativ" aufgeführt. Die Menge der Regelschemata (s. Abschnitt 4.3.2), die anstelle von Prädikatskonstanten Prädikatsvariablen (p,q,...) enthalten, bilden zusammen mit den Prädikaten zur Beschreibungen der Objekte eines Weltausschnittes den Hypothesenraum. Die Schemata charakteristischer Situationen dienen der Überprüfung von Hypothesen. Die Metaregeln (s. Abschnitt 4.3.2) beschreiben die Beziehungen zwischen den höheren Konzepten. Die Argumenttyprasterbedingungen dienen der Einschränkung des Hypothesenraumes auf Regeln, die hinsichtlich der mit den Daten vorgegebenen Sortierung von Termen zu sortenkorrekten Ableitungen führen.

Die Lernaufgabe besteht darin, anhand von Beschreibungen der Objekte eines Weltausschnittes die Instanziierungen von Regelschemata zu finden, die die Eigenschaften und Beziehungen der verwendeten Prädikate widerspiegeln. Das Lernverfahren ist auf ein inkrementelles Lernen im geschlossenen Kreislauf ausgerichtet und kann folgendermaßen skizziert werden: Mit jedem neuen Datum (oder einer Menge neuer Daten) werden Hypothesen über regelhafte Beziehungen gebildet und hinsichtlich ihrer Aussichten auf eine induktive Bestätigung durch das assertionelle Wissen bewertet und geordnet. Die Menge der generierten Hypothesen wird anschließend nacheinander mit Hilfe der Schemata charakteristischer Hypothesen und Metaregeln geprüft. Das Ergebnis einer Überprüfung besteht aus einer zweidimensionalen Evidenzbewertung der Hypothese (s. Abschnitt 4.3.3). Wenn die positive Evidenz einen bestimmten Schwellwert überschreitet und die negative Evidenz einen anderen fest vorgegebenen Schwellwert unterschreitet, wird die Regel als

---

[1]s. (Emde 1984; Emde 1987)

[2]Auf diverse Unterschiede zwischen IM-1 und IM-2 in Hinblick auf die Darstellung von Wissen und Unterstützung induktiver Lernprozesse ist im letzten Kapitel häufiger hingewiesen worden (s. Abschnitt 4.3.3 und 4.3.2).

[3]„Höhere Konzepte" wurden ursprünglich von Habel und Rollinger (Habel, Rollinger 1981) im Rahmen der Behandlung von Problemen mit der Darstellung des Gültigkeitsbereiches bestimmter regelhafter Beziehungen vorgeschlagen (z.B. der Darstellung der eingeschränkten Transitivität der Relation „rechtsvon" bei Objekten, die auf einem Kreis angeordnet sind).

[4](Habel, Rollinger 1982; Emde, Habel, Rollinger 1983; Emde 1984)

Tafel 5.1. Definitionen höherer Konzepte

<table>
<tr><td>

Höheres Konzept: transitiv
    Regelschema: $p(x,y)$ & $p(y,z) \rightarrow p(x,z)$
    Schema positiver charakteristischer Situationen:
        $p(x,y)$ & $p(y,z)$ & $p(x,z)$
    Schema negativer charakteristischer Situationen:
        $p(x,y)$ & $p(y,z)$ & $not(p(x,z))$
    Metaregeln:
        $transitiv(p)$ & $invers(p,q) \rightarrow transitiv(q)$
        $komparativ(p,q) \rightarrow transitiv(p)$
    Argumenttyprasterbedingungen:
        $sorte\_erstes\_argument(p) = sorte\_zweites\_argument(p)$

Höheres Konzept: komparativ
    Regelschema: $q(x,n)$ & $q(y,m)$ & $n > m \rightarrow p(x,y)$
    Schema positiver charakteristischer Situationen:
        $q(x,n)$ & $q(y,m)$ & $n > m$ & $p(x,y)$
    Schemata negativer charakteristischer Situationen:
        $q(x,n)$ & $q(y,m)$ & $n > m$ & $not(p(x,y))$
        $q(x,n)$ & $q(y,m)$ & $n \leq m$ & $p(x,y)$
    Metaregeln:
        $inv\text{-}komparativ(p,q)$ & $invers(p,r) \rightarrow komparativ(r,q)$
    Argumenttyprasterbedingungen:
        $sorte\_erstes\_argument(p) = sorte\_zweites\_argument(p)$ &
        $sorte\_zweites\_argument(q) = integer$ &
        $sorte\_erstes\_argument(p) = sorte\_erstes\_argument(q)$

</td></tr>
</table>

bestätigt interpretiert und in der Regelwissensbasis der Inferenzmaschine eingefügt und steht damit folgenden Lernprozessen zur Verfügung.

Unabhängig davon, ob positive oder negative Evidenz für eine Hypothese ermittelt wird, erfolgt eine Abspeicherung des Ergebnisses der Hypothesenüberprüfung als *Metafaktum* (mit Evidenzpunktbewertung) in der Wissensbasis und steht damit folgenden Inferenzprozessen mit Metaregeln zur Verfügung. Entsteht mit einem neuen Datum ein Widerspruch im assertionellen Wissen, übernimmt ein Revisionsverfahren die Aufgabe, den Widerspruch durch die Korrektur des inferentiellen Wissens zu beseitigen. Die Datenabhängigkeitsverwaltung der Inferenzmaschine (IM-1) übernimmt nach einer Korrektur die Aufgabe, die Konsequenzen der Modifikation oder Löschung einer Regel auf das assertionelle Wissen zu bestimmen. Auf Tafel 5.2 ist ein Lernergebnis von METAXA.2 dargestellt, das nach der Eingabe von Daten über die geographischen und klimatischen Beziehungen zwischen Staaten in Nord- und Südamerika induziert wurde (s. (Emde 1984; Emde, Habel, Rollinger 1983)).

Tafel 5.2. Ein Lernergebnis von METAXA.2

```
x,y :: nördlich(x,y) --> südlich(y,x)
x,y :: südlich(x,y) --> nördlich(y,x)
x,y elem (nördlich_von_ecuador, nördlich_von_ecuador) ::
     wärmer(x,y) --> nördlich(y,x)
x,y elem (nördlich_von_ecuador, nördlich_von_ecuador) ::
     nördlich(x,y) --> wärmer(y,x)
x,y elem (südlich_von_ecuador, südlich_von_ecuador) ::
     nördlich(x,y) --> wärmer(x,y)
x,y elem (südlich_von_ecuador, südlich_von_ecuador) ::
     wärmer(x,y) --> nördlich(x,y)
x,y elem (südlich_von_ecuador, südlich_von_ecuador) ::
     wärmer(x,y) --> südlich(y,x)
x,y elem (südlich_von_ecuador, südlich_von_ecuador) ::
     südlich(x,y) --> wärmer(y,x)
x,y,z elem (südlich_von_ecuador, südlich_von_ecuador,
     südlich_von_ecuador) ::
     südlich(x,y) & südlich(y,z) --> südlich(x,z)
x,y,z elem (nördlich_von_ecuador, nördlich_von_ecuador,
     nördlich_von_ecuador) ::
     nördlich(x,y) & nördlich(y,z) --> nördlich(x,z)
x,y,z :: wärmer(x,y) & wärmer(y,z) --> wärmer(x,z)
```

5.2.1 Generalisierungsverfahren

Der Hypothesenraum, die Menge der Regeln, die durch das Generalisierungsverfahren aufgedeckt werden können, ergibt sich durch Ersetzung der Prädikatsvariablen in den Regelschemata mit allen Prädikaten, die zur Beschreibung der Objekte eines Weltausschnittes verwendet wurde. Dabei schränken die Argumenttyprasterbedingungen den Hypothesenraum auf solche Regeln ein, die hinsichtlich der Argumenttypraster (ATR) der Prädikate zu sorten-korrekten Ableitungen führen, wobei evtl. zusätzlich vorhandene Angaben über Ober-/Untersortenbeziehungen ausgenutzt werden.[5].

Auf Tafel 5.3 ist als Beispiel der Hypothesenraum dargestellt, der sich mit den höheren Konzepten „transitiv" und „komparativ" und den Prädikaten „preis", „besser" und „teurer" ergibt.

Hypothesengenerierung Das Generalisierungsverfahren von METAXA.2 ist auf ein inkrementelles Lernen ausgerichtet und wird nach dem Eintragen jedes neuen Datums (oder einer Menge neuer Daten) in die Wissensbasis angestoßen. Daher erzeugt die Hy-

---

[5]Zur Beschränkung der Darstellung auf das für diese Arbeit Wesentliche, wird hier davon abstrahiert, daß in METAXA.2 Hypothesen über regelhafte Beziehungen Gültigkeitsbereiche (z.B. „Staaten der südlichen Hemisphäre") zugeordnet sein können, die in vorangegangenen Revisionsprozessen gebildet wurden.

Tafel 5.3. Beispiel eines Hypothesenraumes

```
Höhere Konzepte:
          transitiv
          komparativ
Argumenttypraster:
          ATR(preis)  = <medikament,integer>
          ATR(teurer) = <medikament,medikament>
          ATR(besser) = <medikament,medikament>
Sortenbeziehungen:
          obersorte(medikament,monopräparat)
Hypothesenraum:
          besser(x,y) & besser(y,z) → besser(x,z)
          teurer(x,y) & teurer(y,z) → teurer(x,z)
          preis(x,n) & preis(y,m) & n > m → besser(x,y)
          preis(x,n) & preis(y,m) & n > m → teurer(x,y)
```

pothesengenerierung nicht alle Hypothesen des Hypothesenraumes, sondern nur solche Hypothesen, die die Prädikate enthalten, die zur Bildung der neuen Daten verwendet wurden. Ausgehend von dem Argumenttypraster der Prädikate werden alle möglichen Instanziierungen aller Regelschemata gebildet, die die Argumenttyprasterbedingungen der höheren Konzepte erfüllen. Diese Zusammenstellung aller Hypothesen erfolgt unabhängig vom aktuellen Wissenszustand des Systems und beinhaltet sowohl Hypothesen, die schon in vorangegangenen Lernschritten bestätigt oder verworfen wurden, als auch Hypothesen, die aufgrund einer zu geringen Anzahl von Assertionen in der Wissensbasis gar nicht bestätigt werden können.

Um den Aufwand der Hypothesenüberprüfung auf das Notwendige zu beschränken, wird deshalb in einem zweiten Schritt der Hypothesengenerierung in METAXA.2 eine Auswahl vorgenommen. Aus der Hypothesenmenge werden die Hypothesen selektiert, die bis dahin noch nicht bestätigt werden konnten. Jede der verbleibenden Hypothesen wird anschließend einer Abschätzung der Wahrscheinlichkeit unterzogen, mit der sie im folgenden Überprüfungsschritt bestätigt werden kann. Die Bewertung wird berechnet aus der Anzahl der Assertionen, die zu den Prämissen und der Konklusion der Regel in der Wissensbasis gespeichert sind, der Anzahl der Prämissen der Regel und der Evidenz, die mit Hilfe von Metaregeln für die Hypothese abgeleitet werden kann bzw. schon aus vorangegangenen Versuchen, die Hypothese zu bestätigen, vorliegt. Die abschätzende Bewertung wird verwendet, um

- die Hypothesen auszusondern, die aufgrund einer zu geringen Anzahl entsprechender Assertionen in der Wissensbasis nicht zu bestätigten sind, und

- bei der Hypothesenüberprüfung die Hypothesen vorrangig zu behandeln, die wahrscheinlich am ehesten bestätigt werden können, damit die dadurch gewonnene Regel bei den folgenden Hypothesentests möglichst frühzeitig genutzt werden kann.

Zur Realisierung der geordneten Abarbeitung der Hypothesen wird in METAXA.2 ein einfacher Agenda-Mechanismus mit zwei Aufgabentypen („teste Hypothese" und „behandle Widerspruch" (s. Abschnitt 5.2.2)) verwendet, in dem allen Aufgaben eine numerische Prioritätsbewertung zugeordnet ist. Als Prioritätsbewertung von „teste Hypothese"-Aufgaben wird die Bewertung der Erfolgsaussichten der Hypothesen verwendet.

Hypothesenüberprüfung Auf diese Weise werden die Hypothesen, die den doppelten Auswahlprozeß überstanden haben, sequentiell geordnet der Hypothesenüberprüfung zugeführt. Die Überprüfung erfolgt zum einen mittels der den höheren Konzepten zugeordneten Schemata für charakteristische Situationen und zum anderen durch die Anwendung der Metaregeln.

Durch Ersetzung der Prädikatsvariablen in den Schemata charakteristischer Situationen werden Beschreibungen *charakteristischer Situationen* (c.S.) für eine konkrete Hypothese gebildet. Diese Beschreibungen sind nichts anderes als Muster, mit denen in der Wissensbasis nach positiven und negativen Beispielen für eine Regel gesucht wird. Mit Beschreibungen positiver c.S. wird nach positiven Beispielen gesucht, mit Beschreibungen negativer c.S. nach negativen Beispielen. Beispielsweise ist

$$\text{preis(x,n) \& preis(y,m) \& n > m \& teurer(x,y)}$$

die Beschreibung einer positiven c.S. für die Regel

$$\text{preis(x,n) \& preis(y,m) \& n > m} \rightarrow \text{teurer(x,y)}.$$

Ein positives Beispiel für die Regel wird durch folgende Assertionen gebildet:

    preis(doppel_spalt_n,545)
    preis(benuron,450)
    teurer(doppel_spalt_n,benuron).[6]

Das Generalisierungsverfahren von METAXA.2 beruht auf der Annahme, daß ein einziges negatives Beispiel ausreicht, um eine Hypothese zu widerlegen (s. Abschnitt 5.2.2). Dem gegenüber wird ein einzelnes positives Beispiel als nicht ausreichend zur Bestätigung einer Hypothese betrachtet. Daher beschränkt sich die Hypothesenüberprüfung darauf, ein einziges negatives Beispiel zu finden, während nach allen positiven Beispielen in der Wissensbasis gesucht wird. Sowohl bei der Suche nach Assertionen, die positive Beispiele bilden, als auch bei der Suche nach Assertionen, die ein negatives Beispiel für eine Hypothese bilden, werden auch die in vorangegangenen Schritten induzierten Regeln angewendet. Dabei ist die Inferenztiefe (z.B. auf eine Obergrenze von 5) beschränkt. Anschließend werden Metaregeln angewendet, um evtl. die mit dem Wissen über die Beziehung zwischen höheren Konzepten implizit in der Wissensbasis enthaltene positive oder negative Evidenz für die Hypothese zu ermitteln.

In der nachfolgenden *Hypothesenbewertung* wird der Hypothese ein Evidenzpunkt zugeordnet. Die Hypothesenbewertung weist der Hypothese eine negative Evidenz von 1000 zu, wenn bei der Hypothesenüberprüfung ein negatives Beispiel gefunden wurde. Nur wenn dies nicht der Fall ist, wird jedes positive Beispiel als positive Evidenz (z.B. mit

---

[6]Ein ausführliches Beispiel zur Überprüfung von Hypothesen mittels Schemata charakteristischer Situationen findet sich in (Habel, Rollinger 1984).

dem Wert 200) gewertet. Die gesamte positive Evidenz zu einer Hypothese wird durch Addition der Einzelevidenzen aus den positiven Beispielen berechnet und durch Maximumbildung (disjunktiv) mit der positiven Evidenz aus der Anwendung von Metaregeln verknüpft. Die resultierende zweidimensionale Evidenzbewertung wird zusammen mit einer deklarativen Beschreibung der untersuchten Regel in der Wissensbasis als *Metafaktum* gespeichert. Wurden beispielsweise zur oben beschriebenen Hypothese über die Beziehung der Prädikate „preis"und „teuer" vier positive Belege gefunden, steht anschließend das Metafaktum

$$\text{komparativ(teuer,preis)} - \text{ep: } [800, 0]$$

Inferenzprozessen mit Metaregeln zur Auswahl und Überprüfung von Hypothesen zur Verfügung. Überschreitet die positive Evidenz einen bestimmten Schwellwert (z.B. 799) und wurde keine negatives Beispiel ermittelt (negative Evidenz ist gleich 0), dann gilt die Regel als bestätigt und wird in die Wissensbasis eingetragen.

5.2.2 Wissensrevision

Bei der Entwicklung des Generalisierungsverfahrens von METAXA.2 wurde von der Annahme ausgegangen, daß sich fehlerhafte Regeln sehr schnell durch Widersprüche im Wissen des Systems bemerkbar machen. Dies begründet die Aussonderung bestätigter Hypothesen im Hypothesenauswahlprozeß (Abschnitt 5.2.1). Wissensrevisionsprozesse werden in METAXA.2 ausschließlich durch das Auftreten von Widersprüchen im assertionellen Wissen angestoßen und dienen nur der Beseitigung oder Modifikation fehlerhafter Generalisierungen.

Ein Widerspruch im assertionellen Wissen kann entstehen durch ein neues Datum oder durch mehrere hintereinander ablaufende Inferenzprozesse, wenn bei einer Hypothesenüberprüfung aufgrund der tiefenbeschränkten Anwendung von Inferenzregeln ein negatives Beispiel für eine Hypothese „übersehen wurde". In beiden Fällen können verschiedene Regeln am Zustandekommen des Widerspruchs beteiligt sein. Damit müssen Revisionsprozesse beim inkrementellen Lernen durch METAXA.2 sowohl die Identifikation fehlerhafter Wissenselemente als auch deren Korrektur bzw. Beseitigung umfassen (s. Abschnitt 2.1.2).

Jeder Widerspruch führt zu einer „beseitige Widerspruch"-Aufgabe in der Agenda, wobei diesen Aufgaben eine feste Prioritätsbewertung zugeordnet ist, die höher ist als die maximale Priorität von „teste Hypothese"-Aufgaben, d.h. der Beseitigung eines Widerspruchs ist immer Priorität vor weiteren Generalisierungsprozessen eingeräumt.[7]

Die Identifikation fehlerhafter Wissenselemente wird in METAXA.2 durch die Annahme bestimmt, daß weder die Daten noch evtl. manuell eingegebene Regeln als fehlerhaft angesehen werden sollten. Ausgehend von der widersprüchlichen Assertion wird die Menge der an der Ableitung des Widerspruchs direkt beteiligten induzierten Regeln bestimmt. Aus dieser Menge wird nach dem Zufallsprinzip eine Regel als „fehlerhaft" ausgewählt.

---

[7]Durch die feste Prioritätsbewertung von Widerspruchsbehandlungsaufgaben wird, bedingt durch die Implementierung des Agenda-Mechanismus, der zuletzt aufgetretene Widerspruch zuerst behandelt.

Die eigentliche Beseitigung des Widerspruch basiert auf der Idee, daß eine Regel, die die Hypothesenüberprüfung überstanden hat und auch durch spätere Daten bestätigt wurde, möglicherweise nicht grundlegend falsch ist, sondern nur deshalb zur Ableitung eines oder mehrerer Widersprüche geführt hat, weil sie auf Beschreibungen von Objekten angewendet wurde, die der Regularität aus irgendwelchen Gründen nicht unterliegen. Deshalb wird geprüft, ob eine „plausible Einschränkung" der Stützmenge (s. Abschnitt 4.3.2) der Regel möglich ist, die alle aktuell in der Wissensbasis vorliegenden negativen Beispiele für die Regel ausschließt. Erst wenn dies nicht gelingt, wird die Regel als „in dieser Form nicht haltbar" betrachtet und gelöscht.[8]

Als „plausibel" wird eine Einschränkung gewertet, wenn es gelingt, die Menge der Objekte, bei denen die Regelanwendung nicht zur Ableitung von Widersprüchen führt, durch eine intensionale Beschreibung zu charakterisieren. Zur Illustration wollen wir annehmen, daß METAXA.2 folgende Regel induziert hat:

```
x :: monopräparat(x) --> therapeutisch_zweckmässig(x)
```

und diese Regel an der Ableitung von widersprüchlichen Assertionen über die Zweckmäßigkeit bestimmter Medikamente beteiligt war. Wenn sich die Widersprüche dadurch auszeichnen, daß sie nur Medikamente betreffen, die die Substanz Metamizol enthalten, könnte eine plausible Einschränkung der Regel folgendermaßen aussehen:

```
x elem (all excl metamizolpräparat) :: monopräparat(x) -->
     therapeutisch_zweckmässig(x).
```

Nun ist eine solche Einschränkung ohne zusätzliches Wissen (z.B. über die Nebenwirkungen von Metamizol) nur durch eine größere Anzahl entsprechender Daten vom Makel der Willkürlichkeit zu befreien. Es wäre kaum gerechtfertigt, diese Einschränkung auf der Basis eines einzigen Datums (z.B. zur Nicht-Zweckmäßigkeit des Metamizolpräparates Novalgin) vorzunehmen. Deshalb wird der Versuch, eine geeignete intensionale Stützmengeneinschränkung zu finden, solange hinausgeschoben, bis die Menge der Ausnahmen einen bestimmten Umfang (3) überschreitet. Bis dahin wird die Stützmenge der Regel extensional eingeschränkt, im letzten Beispiel folgendermaßen:

```
x elem (all excl set(novalgin)) :: monopräparat(x)-->
     therapeutisch_zweckmässig(x).
```

Erst wenn die Menge der Ausnahmen grösser als 3 ist, sucht METAXA.2 nach einer intensionalen Beschreibung. Ergeben sich bei dieser Suche verschiedene Möglichkeiten, die positiven Beispiele zu charakterisieren, dann wird diejenige ausgewählt, die die wenigsten positiven Beispiele für die Regel ausschließt.

Auf die Beschreibung des konkreten in METAXA.2 implementierten Verfahrens zur Aufdeckung intensionaler Beschreibungen soll hier verzichtet werden, weil dies zum Verständnis der folgenden Ausführungen entbehrlich ist und weil das Verfahren inzwischen durch eine allgemeinere Konkretisierung der Strategie und Ergänzung um ein Konzeptbildungsverfahren für den MODELER überholt ist ((Wrobel 1988), s.a. Abschnitt 4.3.2).

---

[8]Statt eine Verfeinerungen der Regel durch Spezialisierung der Prämissen oder Abschwächung der Regel vornehmen zu lassen, wurde vereinfachend davon ausgegangen, daß eine solche Regel durch eine andere Instanziierung des Regelschemas mit spezielleren Prädikaten oder mit Hilfe eines anderen höheren Konzeptes mit dem Generalisierungsverfahren aufgedeckt wird (oder schon wurde).

5.2.3 Diskussion

METAXA.2 wurde im Rahmen von Arbeiten implementiert, die der Identifikation und ersten ansatzweisen Lösung von Problemen beim inkrementellen Lernen im geschlossenen Kreislauf auf der Basis höherer Konzepte gewidmet waren. Abschließend sollen die in METAXA.2 implementierten Generalisierungs- und Revisionsverfahren hinsichtlich des Lernszenarios untersucht werden, das im 3. Kapitel beschrieben wurde.

METAXA.2 ist nicht auf ein Lernen aus verrauschten Daten ausgerichtet. Ein einziges negatives Beispiel führt bei dem beschriebenen Generalisierungsverfahren zum Verwerfen einer Hypothese. Das Revisionsverfahren behandelt (abwartend) einzelne Gegenbeispiele für eine Regel durch eine extensionale Einschränkung der Stützmenge, bis genügend viele Ausnahmen zu einer Regel vorliegen, die eine Entscheidung ermöglichen, ob die Ausnahmen einer Gesetzmäßigkeit unterliegen. Neue Daten werden immer akzeptiert, auch wenn sie zu Widersprüchen im assertionellen Wissen des Systems führen.

Der Beseitigung von Widersprüchen ist Vorrang vor weiteren Regelbildungsprozessen eingeräumt. Sieht man von der sehr einfachen zufallsabhängigen „Bestimmung" fehlerhafter Regeln ab, werden konservative Revisionen bevorzugt: Werden mehrere Möglichkeiten der intensionalen Einschränkung der Stützmenge einer Regel gefunden, wird die kleinste Einschränkung vorgenommen. Durch die zufallsbedingte Bestimmung fehlerhafter Regeln und die Bevorzugung kleiner Änderungen können unter Umständen viele Daten notwendig sein, bis METAXA.2 wirklich fehlerhafte Regeln aus der Wissensbasis beseitigt.

Damit ist das Lernergebnis von METAXA.2 sehr stark von der Korrektheit und Reihenfolge der Daten abhängig. Werden die Daten in einer Reihenfolge präsentiert, die die Bildung falscher Regeln verhindert und die die Revisionskomponente beim Aufdecken eingeschränkter Gültigkeitsbereiche unterstützt, dann lernt METAXA.2 sehr schnell aus wenigen Daten viele korrekte Regeln.

In bestimmten Fällen führt jede mögliche Datensequenz zur Induktion fehlerhafter Regeln, weil durch die vorrangige Überprüfung einfacher Hypothesen (mit wenigen Prämissen) und das sofortige Eintragen der bestätigten Regeln komplexeren Hypothesen mit einem höheren Erklärungsgehalt keine Chance eingeräumt wird. Erst wenn eine einfache Regeln durch genügend viele Daten, die zu Widersprüchen geführt haben, verworfen wird und die mit ihnen abgeleiteten Assertionen aus der Wissensbasis entfernt wurden, können Alternativen (Regeln mit der gleichen Konklusion aber längeren Prämissenlisten) bestätigt werden. Die gleiche Auswirkung kann die zufallsbedingte Reihenfolge der Überprüfung von Hypothesen haben, denen bei der Hypothesengenerierung die gleiche Bestätigungswahrscheinlichkeit eingeräumt wurde (durch die gleiche Anzahl von Prämissen und eine ähnliche Anzahl von Assertionen, die zur Überprüfung der Hypothesen in der Wissensbasis vorliegen). Weder auf der Ebene einzelner Hypothesen noch auf der Ebene zusammengehöriger Hypothesen werden von METAXA.2 Alternativen erwogen.

Lernen in komplexen Sachbereichen (mit vielen Objekten, vielen Relationen zwischen den Objekten und vielen verschiedenen regelhaften Beziehungen zwischen den Relationen) aus verrauschten Daten ist mit METAXA.2 nicht möglich. Dies liegt schon allein darin begründet, daß die Hypothesengenerierung nach dem „generiere-und-teste" (*generate-and-test*) Prinzip funktioniert und schon im ersten Schritt der Hypothesengenerierung sehr leicht Ressourcenbegrenzungen überschritten werden können.[9] Aber selbst mit einer Integration der Hypothesenauswahl und -ordnung in die Hypothesenaufstellung, wie sie im MODELER realisiert wurde (Wrobel 1988), lassen sich nur beschränkte Verbesserungen erzielen, wenn das Lernverfahren weiterhin auf einen einstufigen Lernprozeß ausgerichtet ist, bei dem alle Phänomene des Weltausschnittes gleichzeitig erklärt werden sollen.

5.3 Strategien zur Realisierung kumulativen Lernens

In diesem Abschnitt werden Möglichkeiten der Fokussierung des Lernens auf die Ausarbeitung einzelner Aspekte von Weltausschnitten untersucht, die mit der Entwicklung eingeschränkter Sichtweisen verbunden sind.

5.3.1 Datenbewertung

Bei der Induktion von Modellen auf der Basis von Daten aus der realen Welt, muß damit gerechnet werden, daß einzelne Daten fehlerhaft sind. Beim nicht-inkrementellen Lernen können fehlerhafte Daten sowohl negative Beispiele für korrekte Regeln als auch positive Beispiele für falsche Regeln bilden und damit die fehlerhafte Bestätigung bzw. Verwerfung von korrekten Hypothesen verursachen. Beim inkrementellen Lernen im geschlossenen Kreislauf können fehlerhafte Daten außerdem zur Ableitung falscher Assertionen oder Widersprüchen führen (s. Abschnitt 2.1.2). Ferner können fehlerhafte Daten eine falsche Bewertung der Vollständigkeit eines Modells zur Folge haben und ein System dazu verleiten, sein Wissen zu revidieren, weil es fehlerhafte Daten (die nicht im Widerspruch zum Modell stehen!) als „korrekt" akzeptiert hat und daher auch erklären will.

Fehlerhafte Daten können verschiedene Ursachen haben.[10] Eine häufige Fehlerquelle bei der Anwendung von Computersystemen stellt die Dateneingabe (bzw. Datenübermittlung) dar. So können:

- irrtümlich falsche Prädikate zur Beschreibung eines Sachverhalts verwendet worden sein, die den wahren Sachverhalt in ihr Gegenteil verkehren (**enthält** statt **ist_bestandteil_von**), die spezifischer (oder allgemeiner) sind als beabsichtigt (**stark_abzuraten** statt **abzuraten**) oder einfach zur Beschreibung von Sachverhalten führen, die nicht stimmen (**kontraindikation** statt **indikation**),

- Bezeichner von Objekten und Zahlenangaben können falsch geschrieben sein (**asprin** statt **aspirin**, **aspirin** statt **aspro** oder 100 statt 1000),

- Negationen fehlen oder fälschlicherweise verwendet worden sein und

- Argumente von Prädikaten irrtümlich innerhalb eines Datums oder zwischen verschiedenen Daten vertauscht worden sein.

---

[9]Bei 40 höheren Konzepten und 50 Prädikaten sind (ohne Einbeziehung von Argumenttyprasterbedingungen) über 100.000 Hypothesen aufstellbar! (Wrobel 1988).

[10]Wir konzentrieren uns in den folgenden Betrachtungen auf Probleme, die in direktem Zusammenhang mit der Notwendigkeit mehrstufiger Lernprozesse stehen, und klammern zur Vereinfachung z.B. Probleme der Behandlung von Widersprüchen in Daten, die aus der Verwendung vager Beschreibungskonzepte entstehen, von unserer Untersuchung aus (vgl. (Manago, Kodratoff 1987)).

Eine weitere Fehlerquelle stellen Meßinstrumente und ihre falsche Verwendung dar. Im Unterschied zu Eingabefehlern können Fehler aus der Verwendung von Meßinstrumenten eine Systematik aufweisen, z.B. deshalb, weil das Meßinstrument für mehrere Messungen falsch kalibriert wurde (Brazdil, Clark 1988).[11] Eine Sonderstellung nehmen Daten aus Messungen ein, weil sie aus verschiedenen Gründen eine Quelle von Ungenauigkeiten sein können. Ein Meßdatum, das nicht exakt mit einem Wert übereinstimmt, der aus einem Modell des Weltausschnittes abgeleitet werden kann, muß nicht unbedingt auf einen Fehler des Modells hinweisen, sondern kann auch als Bestätigung des Modells interpretiert werden, wenn sich die Abweichung in einem bestimmten Rahmen hält (s. (Manago, Kodratoff 1987)). Gleiches gilt auch für Daten, die aus Zählungen, Abschätzungen etc. stammen.

Eine weitere Ursache falscher Daten können menschliche Fehlinterpretationen sein. Beispielsweise können Symptome wie Magenschmerzen als Nebenwirkungen eines Medikamentes gedeutet werden, obwohl sie eigentlich auf Krankheiten zurückzuführen sind. Ähnliche Fehler sind durch falsche Beurteilungen eines anderen Systems oder Menschen in Folge eines falschen (veralteten) Weltmodells möglich. Beispielsweise könnte ein Datum, das die Zweckmäßigkeit eines bestimmten Kombinationspräparates beschreibt, aus einer Zeit stammen, als noch die Meinung vorherrschte, daß Kombinationspräparate aufgrund der niedrigeren Dosierung der Einzelsubstanzen weniger Nebenwirkungen verursachen. Auch solche Fehler können systematisch sein.

Verschiedene Ansätze, mit verrauschten Daten beim Lernen umzugehen, sind von Brazdil und Clark zusammenfassend dargestellt worden (Brazdil, Clark 1988).[12] Sie unterteilen die gegenwärtigen Ansätze in solche, die die verrauschten Daten transformieren, so daß Lernverfahren eingesetzt werden können, die für unverrauschte Daten geeignet sind, und solche, die eine Veränderung der Lernverfahren beinhalten. Zur ersten Kategorie gehören Ansätze zur Auswahl „repräsentativer" (nicht-verrauschter) Beispiele für Konzeptinstanzen und Ansätze, die durch eine Veränderung der Granularität der Repräsentationssprache Ungenauigkeiten aus den Daten beseitigen. Die überwiegende Mehrzahl von Ansätzen zum Lernen aus verrauschten Daten beinhaltet aber eine Anpassung der Lernverfahren und gehören damit zur zweiten Kategorie. Typischerweise werden bei diesen Lernverfahren statistik-basierte Bewertungsfunktionen in den Lernprozeß einbezogen, um während oder nach Generalisierungsprozessen unzuverlässige Daten bzw. unglaubwürdige Elemente des induzierten Modells zu identifizieren und auszusondern oder Bewertungen der Vorhersagekraft induzierter Konzeptbeschreibungen zu ermitteln, die als Bestandteil des Lernergebnisses an Problemlösungskomponenten weitergeleitet werden können.

Bis auf wenige Ausnahmen behandeln diese Ansätze ausschließlich Probleme des nicht-inkrementellen Lernens aus verrauschten Daten, d.h. sie liefern keine Antworten auf die Frage, wie ein Lernverfahren auf neue Daten reagieren soll, das früheren Lernresultaten widerspricht. Als Unterkategorie von Lernverfahren, die an die Behandlung verrauschter Daten angepaßt sind und auch das inkrementelle Lernen unterstützen, werden von Brazdil und Clark „ausnahmen-speichernde Lernverfahren" (*exception-based approaches*) beschrieben. Diese reagieren auf neue Daten, die vorangegangenen Lernergebnissen widersprechen, durch Tolerieren eines Widerspruchs bzw. die Aussonderung der neuen Daten, solange nicht die Menge der Ausnahmen eine bestimmte Größe überschreitet. Als Beispiele

---

[11] Von daher ist die Definition „verrauschter Daten" als Daten, die nicht-systematische Fehler aufweisen (Quinlan 1986), unbefriedigend.

[12] s.a. (Clark, Niblett 1987)

für Systeme, die nach dieser Strategie vorgehen, werden UNIMEM (s. Abschnitt 2.1.2) und METAXA.3 genannt. UNIMEM schließt „unpassende" Beispiele von Generalisierungen aus, solange nicht eine numerische Bewertung der Aussagekraft eines Attributwertes für eine Konzeptbeschreibung einen bestimmten Schwellwert unterschreitet. Dabei bleiben die Objektbeschreibungen (für andere Generalisierungen) unverändert. Einen Sonderfall, der von der Kategorisierung nicht erfaßt wird, stellt das nicht-generalisierende System STAHLp dar, das auch aufgrund einzelner neuer Beschreibungen (chemischer Reaktionen), die dem Modell des Systems widersprechen, Revisionen nach einer konservativen Strategie vornimmt (s. Abschnitt 2.1.2).

Im folgenden sollen nun einige Ideen zur Behandlung (verrauschter) Daten beim inkrementellen Lernen im geschlossenen Kreislauf erläutert werden, die das kumulative Lernen unterstützen. Basierend auf der Annahme über die Notwendigkeit mehrstufiger Modellbildungsprozesse in komplexen Sachbereichen kann davon ausgegangen werden, daß es bei der Modellierung komplexer Weltausschnitte weder möglich noch unbedingt zweckmäßig ist, eine vollständige und fehlerfreie Identifikation fehlerhafter Daten vorzunehmen.

Auf jeder (kumulativen) Lernstufe eines mehrstufigen Modellbildungsprozesses müssen bestimmte Daten des Weltausschnittes unerklärt bleiben. Diese Daten sind von wirklich fehlerhaften Daten nicht unterscheidbar, es sei denn, dem lernenden System steht irgendein Metawissen über die Eingabedaten zur Verfügung, das bestimmte Daten als fehlerfrei ausweist. Das bedeutet, daß ein Ausschluß unpassender Daten, die die Ausarbeitung bestimmter Aspekte eines Weltmodells behindern könnten, in vielen Fällen automatisch beim Versuch der Aussonderung fehlerhafter Daten vorgenommen wird. Es soll also eine Datenbehandlung angestrebt werden, die dort, wo es hilfreich ist, eine korrekte Identifikation fehlerhafter Daten vornimmt, und dort, wo die richtige Bewertung der Daten das Lernen behindert, auch korrekte Daten als „fehlerhaft" und fehlerhafte Daten als „korrekt" bewertet.[13]

Zur Illustration dieses Punktes sollen zwei Beispiele dienen. Angenommen ein lernendes System soll aus einer Menge von Medikamentenbeschreibungen Regeln induzieren, die die Vorhersage von Nebenwirkungen eines neuen Medikamentes auf der Grundlage von Informationen über seine Zusammensetzung ermöglichen. Eine allgemeine Modellierung, die dies leistet, muß das Konzept der Wirkungsverstärkung von Einzelsubstanzen enthalten, da bestimmte Substanzen, die einzeln verabreicht, sehr hilfreich sind, zusammen zu schweren Nebenwirkungen führen können. Statt nun im ersten Anlauf einer Modellierung die sehr schwierige Aufgabe anzugehen, alle möglichen Nebenwirkungen der beschriebenen Medikamente erklären zu wollen, könnte ein lernendes System die Daten über Nebenwirkungen, die aus der Wirkungsverstärkung von Einzelsubstanzen herrühren, als „fehlerhaft" klassifizieren, um z.B. zuerst den grundlegenden Einfluß der Dosierungshöhe der Bestandteile von Medikamenten auf die Nebenwirkungen der Medikamente zu klären.

Ein anderes Beispiel stammt aus einem Weltausschnitt, der von METAXA.3 modelliert wurde: die Welt der schwimmenden und nicht-schwimmenden Körper. Ein System, das ein Gesetz zur Schwimmfähigkeit von Körpern aufdecken soll, steht vor dem Phänomen, daß einige Objekte manchmal aufgrund der Oberflächenspannung auf einer Flüssig-

---

[13]Ein solches Vorgehen würde sich mit den Ergebnissen psychologischer (s. z.B. (Tweney et al. 1981)) und wissenschafts-theoretischer (s. (Feyerabend 1976; Kuhn 1962)) Untersuchungen decken, nach denen Menschen Beobachtungen und Daten, die nicht mit ihrem Modell von einem Weltausschnitt übereinstimmen, als fehlerhaft übergehen.

keit schwimmen und manchmal aber auch untergehen. Dem steht eine gewisse Korrelation zwischen der Schwimmfähigkeit von Körpern und dem Gewicht und der Größe der Körper gegenüber. Die „Entdeckung" eines Konzeptes „spezifisches Gewicht" könnte in diesem Fall dadurch unterstützt werden, daß Daten über schwimmende Nadeln als „fehlerhaft" ausgesondert werden.

Nun ist die Aussortierung unpassender Daten als „fehlerhaft" nicht in jedem Fall plausibel. Wenn beispielsweise eine Aussage durch mehrere Experimente mit verschiedenen Versuchsanordnungen bestätigt wurde, kann ein entsprechendes Datum schlecht als Meßfehler behandelt werden. Trotzdem kann es aus dem oben genannten Grund sinnvoll sein, ein solches Datum von der Betrachtung auszuschließen. Von daher soll im folgenden unterschieden werden zwischen Daten, die vom lernenden System als fehlerhaft betrachtet werden, und solchen Daten, denen das lernende System eine gewisse Glaubwürdigkeit einräumt, aber trotzdem vom Modellierungsprozeß als „vernachlässigbar" ausschließt.

Die Bewertung eines Datums als „akzeptabel", „fehlerhaft" oder „vernachlässigbar" ist abhängig vom Wissenszustand des lernenden Systems. Die Eingabe eines Datums aus einer einzelnen Untersuchung kann „fehlerhaft" wirken, während das gleiche Datum als „vernachlässigbar" klassifiziert wird, wenn bekannt ist, daß verschiedene Untersuchungen zur gleichen Aussage gelangt sind. Ein „vernachlässigbares" Datum kann nach der Fortentwicklung des Modells erklärbar (und damit „akzeptabel") sein. Dies hat zur Konsequenz, daß das Löschen von Wissen über fehlerhafte und vernachlässigbare Daten einen Informationsverlust darstellen kann. „Fehlerhafte" oder „vernachlässigbare" Daten können später behilflich sein, z.B. bei einer konstruktiven nicht-konservativen Wissensrevision oder der daran anschließenden kumulativen Lernphase (s. Abschnitt 6.2.1). Wird ein vernachlässigbares Datum durch eine Weiterentwicklung eines Modells später akzeptabel, dann kann es möglicherweise noch bei weiteren Lernschritten als zusätzliches Datum behilflich sein, das die Ableitung anderer Assertionen erlaubt, die die Grundlage anderer Modellerweiterungen sein können. Aus diesem Grund sollte zumindest ein Teil der als „fehlerhaft" und „vernachlässigbar" klassifizierten Daten als spezielles Wissen im lernenden System gespeichert sein (s. (Emde 1986)). Dazu sollte angemerkt werden, daß es einen Unterschied macht, ob einem lernenden System zu jedem Zeitpunkt alle Rohdaten irgendwie zugänglich sind oder ob zum jeweiligen Entwicklungsstand des Modells genaue Informationen vorliegen, welche Daten zur Entwicklung des Modells beigetragen haben und welche Daten als „fehlerhaft" oder „vernachlässigbar" ausgesondert wurden.

Mit dem Repräsentationsformalismus von IM-2 können Daten, die als „fehlerhaft" oder „vernachlässigbar" klassifiziert wurden, in speziellen Welten isoliert von den akzeptierten Daten und inferierten Assertionen abgelegt werden. Darüber hinaus ist es möglich, eine Klassifizierung von Daten als „fehlerhaft" einem bestimmten Modell zu zuschreiben. Beispielsweise könnte ein mit einem Modell `modell_1` als fehlerhaft klassifiziertes Datum über die Schwimmfähigkeit einer Nadel in der IM-2 Welt `datenfehler(modell_1)` abgelegt werden und damit dem Modell zugeordnet werden, aus dessen Sicht das Datum fehlerhaft erscheint:

```
schwimmfähig(nadel3) --- w: datenfehler(modell_1)
```

Gegenüber einer Speicherung dieser Daten in irgendeiner internen Datenstruktur der Generalisierungskomponente des lernenden Systems bietet dies die Möglichkeit, Regularitäten in den fehlerhaften oder vernachlässigbaren Daten durch Ansetzen des Lernverfahrens auf diese isolierten Welten aufzudecken. Experimente mit einer Wissensorganisation (s. (Emde 1989)), die dies unterstützt, wurden im Rahmen dieser Arbeit mit dem BLIP System gemacht. Um die Vorteile einer separaten Speicherung als „fehlerhaft" klassifizierter Daten zu testen, wurden für den MODELER virtuelle Welten-Bezeichner eingeführt, die durch die Schnittstelle der Inferenzmaschine zum MODELER in IM-2 Welten-Bezeichner übersetzt werden. Mit Hilfe einer speziellen Operation wurden die Übersetzungstabellen mit der Zuordnung von virtuellen Weltenbezeichner zu IM-2 Welten ausgetauscht. Auf diese Weise konnte der MODELER ohne Eingriff in das Lernverfahren dazu verwendet werden, auch in fehlerhaften Daten nach Regularitäten zu suchen.[14] Ein Ziel der Suche nach Regularitäten in fehlerhaften und vernachlässigbaren Daten kann es sein, Ansatzpunkte für konstruktive nicht-konservative Revisionen zu ermitteln (s. Abschnitt 6.2.2).

Der Nutzen einer Aussonderung von Daten wäre sehr begrenzt, wenn nur einzelne Daten ausgeschlossen werden können. Ist z.B. eine Klassifikation von Daten als „verrauscht" oder „vernachlässigbar" beim Versuch, eine Regel zu bestätigen, nur möglich, wenn die Anzahl negativer Beispiele einen bestimmten Schwellwert (z.B. 3) unterschreitet, dann kann kaum damit gerechnet werden, daß dies die Ausarbeitung von Teilaspekten eines Weltausschnittes wesentlich unterstützt. Außerdem ist unwahrscheinlich, daß in einer kleinen Menge verrauschter oder vernachlässigbarer Daten wesentliche Regularitäten zur Unterstützung von Revisionen aufgedeckt werden können. Auf der anderen Seite wird eine beliebige Aussonderung aller Daten, die mit dem Modell eines lernenden Systems nicht vereinbar sind, die rasche Entwicklung vollkommen falscher Modelle zur Folge haben, die keinerlei Vorhersagekraft besitzen. Zur Realisierung eines Mittelweges zwischen beiden Extremen wird daher die Forderung aufgestellt, daß ein Ausschluß einer größeren Menge von Daten zu einer Hypothese nur dann gestattet sein soll, wenn sich diese Menge der Daten (bzw. der mit ihnen beschriebenen Objekte) durch eine bestimmte Eigenschaft charakterisieren läßt und keine alternative Hypothese bekannt ist, die ohne einen Ausschluß einer größeren Menge von Daten bestätigt werden kann. In der Welt der schwimmenden Körper könnte damit z.B. eine größere Menge „unpassender" Aussagen über die Schwimmfähigkeit bestimmter (kleiner) Körper ausgesondert worden sein, denen gemeinsam ist, daß sie Körper betreffen, die als Nadeln beschrieben wurden.

Die charakterisierende Eigenschaft kann sich aber auf die Herkunftsangabe der Daten beziehen. Beispielsweise sollen Daten ausgeschlossen werden können, die bei einem bestimmten Experiment gewonnen wurden, so daß z.B. in der Welt der schwimmenden Körper Daten ausgeschlossen werden können, die aus einem Experiment stammen, in dem (evtl. ohne daß dies dem lernenden System bekannt ist) statt Wasser als Flüssigkeit Öl verwendet wurde.

Das bedeutet, daß wir im folgenden davon ausgehen wollen, daß Daten ein Hinweis auf ihre Informationsquelle zugeordnet sein kann, die im Zusammenspiel mit allgemeinem oder spezifischem Wissen über Informationsquellen die Bewertung von Daten unterstützt. Dazu bietet sich im Repräsentationsformalismus von IM-2 das Konzept der Attributierung an. So könnte beispielweise Daten als „Herkunftsattributierung" h ein Verweis auf eine Literaturstelle zugeordnet sein:

```
therapeutisch_zweckmässig(aspirin) --- h: [BPI 79]
```

---

[14]Eine Nutzung von Lernresultaten für Wissensrevisionen wurde bei dieser Untersuchung nicht implementiert.

Die charakterisierende Eigenschaft einer Menge unpassender Daten könnte damit auch darin bestehen, daß sie alle einem bestimmten Buch oder Zeitabschnitt entstammen. Da eine solche Charakterisierungsmöglichkeit aber unter Umständen sehr leicht zu finden ist und damit wieder die Entwicklung vollkommen falscher Modelle begünstigt wird, sollte verlangt werden, daß die Menge der Charakterisierungen, die ein lernendes System zur „Rechtfertigung" des Ausschlusses verschiedener Daten in einer Modellierung verwendet, konsistent sein müssen. Wenn ein System z.B. Aussagen über die Zweckmäßigkeit bestimmter Medikamente ausschließt, die aus Quellen entstammen, die älter als 20 Jahre sind, dann sollte es nicht Aussagen über Nebenwirkungen von Medikamenten mit der Charakterisierung ausschließen können, daß sie Informationsquellen entstammen, die jünger als 10 Jahre sind.[15]

Die Zuordung mehrerer Literaturverweise könnte als Hinweis darauf gewertet werden, daß ein Datum das Ergebnis verschiedener, unabhängiger Untersuchungen war[16], und deshalb nicht als „fehlerhaft" (sondern höchstens als „vernachlässigbar") klassifiziert werden kann.

Wann sollte ein lernendes System eine Bewertung seiner Daten vornehmen? Verschiedene Möglichkeiten stehen offen: Es kann sofort bei der Eingabe versuchen, die Daten auszusondern, die fehlerhaft erscheinen oder vernachlässigbare Fälle beschreiben, es kann bei Hypothesenüberprüfung untersuchen, ob positive und negative Belege zu Generalisierungen auf Daten zurückzuführen sind, die besser ausgeschlossen werden sollten, oder es kann beim Auftreten von Widersprüchen im nachhinein Daten ausschließen. Da die Auswirkungen fehlerhafter Daten umso größer sind, je länger sie im System verwendet werden, sollte so früh wie möglich der Versuch unternommen werden, die fehlerhaften Daten zu identifizieren und auszuschließen. Weil aber die Fähigkeit zur korrekten bzw. hilfreichen Identifikation fehlerhafter oder vernachlässigbarer Daten vom jeweiligen Entwicklungsstand des Modells abhängig ist, muß dem lernenden System auch bei Generalisierungen und Widerspruchsbehandlungen die Möglichkeit gegeben sein, Daten nachträglich auszusondern. Damit nimmt die Bewertung von Daten durch ihren Einfluß auf die Behandlung von Eingabedaten, die Hypothesengenerierung und Wissensrevision eine zentrale Stellung beim kumulativen Lernen ein.

Vor der Abspeicherung eines Datums als Assertion in der Wissensbasis des Systems muß soweit wie möglich geprüft werden, ob das Datum konsistent zum bis dahin entwickelten Modell des Sachbereichs ist. Wenn mit dem Modell die Negation des Datums abgeleitet werden kann, muß in Abhängigkeit der zur Verfügung stehenden Ressourcen entschieden werden, wie mit dem Widerspruch zwischen dem Modell und dem Datum verfahren wird. Eine Möglichkeit besteht darin, daß geprüft wird, ob das neue oder ein früher akzeptiertes Datum, das als Assertion in die Ableitung der Negation eingegangen ist, fehlerhaft (bzw. vernachlässigbar) ist. Eine andere Möglichkeit besteht darin, das neue Datum in die Wissensbasis einzutragen und der Wissensrevisionskomponente die Entscheidung zu überlassen, was mit dem Widerspruch geschehen soll. Insbesondere bei numerischen Daten hat das lernende System außerdem die Möglichkeit, einen „geringen" Unterschied zwischen einem eingegebenen (Meß)-Wert und einem aus seinem Modell ab-

---

[15]zur Modellierung der Zuverlässigkeit von Informationsquellen s. Abschnitt 5.3.4

[16]Daß dies nicht zwangsläufig so ist, beweist das Märchen vom sehr hohen Eisengehalt von Spinat, das durch einen Meßfehler zustande kam und ungeprüft in viele Publikationen übernommen wurde.

geleiteten Wert, als Ungenauigkeit des neuen Datums zu interpretieren und die Eingabe zu korrigieren.

Bei der Überprüfung von Hypothesen sollte beim Vorliegen einzelner negativer Belege, die einer größeren Zahl positiver Belege gegenüberstehen, geprüft werden, ob die negativen Belege auf fehlerhafte Daten zurückführbar sind. Dies gilt insbesondere dann, wenn die negativen Belege mit Assertionen gebildet wurden, die mit dem bis dahin entwickelten Modell nicht (oder nur unzureichend) auf ihre Korrektheit getestet werden konnten. Das ist z.B. dann der Fall, wenn das Modell bisher noch keine Regeln zur Ableitung entsprechender Assertionen enthält und damit eine Identifikation und Zurückweisung zugehöriger Daten gar nicht möglich war. Wird beispielsweise eine Regel untersucht, die als erste Regel des Modells die Ableitung von Nebenwirkungen erlauben würde, dann muß davon ausgegangen werden, daß die Menge der Assertionen über Nebenwirkungen noch fehlerhafte Elemente enthält. In diesem Fall muß überprüft werden, ob die Assertionen angesichts der positiven Beispiele für die Hypothese als „fehlerhaft" oder „vernachlässigbar" klassifiziert werden können.

Wieviel Aufwand ein lernendes System in den Versuch der Erkennung und Behandlung eines unpassenden Datums steckt, ist vom Einzelfall abhängig. Faktoren, die dabei eine Rolle spielen sind:

- Wie wichtig ist die Regel (oder Menge von Regeln), der ein Datum widerspricht, für die intendierte Anwendung? Auf eine Regel, die die Ableitung von Dosierungsangaben zu Medikamenten ermöglicht, ist z.B. leicht zu verzichten, wenn das Modell dem Zweck dienen soll, zweckmäßige Medikamente von unzweckmäßigen Medikamenten zu unterscheiden.

- Wie relevant ist das Datum in der intendierten Anwendung?

- Gibt es alternative Modellierungsmöglichkeiten? Wenn ein System lange Zeit erfolglos versucht hat, Regularitäten in den Daten zu finden, sollte es großzügig sein, wenn eine gefundene Regel bzw. eine neue Hypothese in Gefahr gerät.

5.3.2 Datenauswahl

Im letzten Abschnitt wurden ausgehend von Betrachtungen zur *Qualität* von Daten bei der Modellierung komplexer Weltausschnitte Möglichkeiten der Fokussierung des Lernens durch Ausschluß „unpassender" Daten vorgeschlagen. Analog dazu werden in diesem Abschnitt Betrachtungen zur *Quantität* von Daten vorgenommen und Ideen zur Fokussierung des Lernens durch die Auswahl nicht-repräsentativer Daten skizziert.

Beim induktiven Lernen in komplexen Bereichen ergeben sich möglicherweise nicht nur dadurch Probleme, daß einzelne Daten fehlerhaft sind, vielmehr können sich auch Schwierigkeiten einstellen, wenn ein lernendes System mit einer sehr großen Datenmenge konfrontiert wird. So kann beispielsweise ein lernendes System, das mit dem in Abschnitt 5.2 dargestellten Lernverfahren arbeitet, sehr leicht an Ressourcengrenzen stoßen, weil der Aufwand der Überprüfung von Hypothesen mit der Anzahl der zu betrachtenden Assertionen steigt. Eine Möglichkeit, solchen Schwierigkeiten zu begegnen, besteht darin, nur eine Teilmenge der Daten für das Lernen auszuwählen und den Rest unberücksichtigt zu lassen bzw. später zur inkrementellen Verfeinerung des Lernergebnisses zu verwenden

(s. Abschnitt 2.1.1). Eine solche Datenauswahl vor dem Lernen kann verschiedenen Zielen zugrunde liegen:

1. Schonung von Ressourcen durch Auswahl einer repräsentativen Teilmenge der Daten,

2. Teilung der Lernaufgabe durch Trennung der Daten für sich einander ergänzende Modellierungsprozesse,

3. Annäherung an den Weltausschnitt durch Auswahl von Daten, die einer Systematisierung zugänglich erscheinen, wie z.B. Daten, die einfache Objekte oder eine Teilklasse von Objekten beschreiben, oder

4. Ausarbeitung einer vorhandenen Modellierungsidee durch Auswahl von Daten, die sich wahrscheinlich in Einklang mit der Modellierungsidee befinden.

zu 1.) Eine Datenauswahl mit dieser Zielsetzung kann auf der Annahme basieren, daß ein Mehr an Daten nicht unbedingt zu einem besseren Lernergebnis führen muß, wenn eine Teilmenge der Daten alle Phänomene des Weltausschnittes ausreichend (im Sinne von „für das lernende System systematisierbar") abdeckt. Die einfachste Realisierung dieser Zielsetzung könnte in einer zufallsgesteuerten Auswahl von Daten bestehen. Als Alternative bietet sich der Einsatz von Methoden zur Datenfilterung und Datentransformation an (s. Abschnitt 5.3.1), die zum Lernen aus verrauschten Daten entwickelt wurden.[17]

zu 2.) Einer Datenauswahl mit dieser Zielsetzung kann die Annahme zugrunde liegen, daß sich die Modellierung des Weltausschnittes in Teilaufgaben zerlegen läßt, deren Ergebnisse durch eine einfache Zusammenfassung eine Gesamtlösung der Lernaufgabe ergeben. In der Medikamentenwelt könnte beispielsweise der Versuch unternommen werden, getrennte Modelle zur Wirkung homöopatischer Medikamente und Medikamente der Schulmedizin zu entwickeln, um diese anschließend in einer Wissensbasis zusammen (als ein Modell) zu speichern.

zu 3.) Wenn es dem lernenden System nicht möglich ist, auf Anhieb ein allgemeines Modell eines Weltausschnittes zu konstruieren, kann es versuchen, einen ersten Einblick durch die Untersuchung nicht-repräsentativer Einzelfälle zu gewinnen. Dies könnte z.B. geschehen, wenn Versuche der Datenauswahl nach den ersten beiden Strategien erfolglos geblieben sind oder dem lernenden System kaum Hintergrundwissen zu dem Sachbereich zur Verfügung steht, das eine Unterscheidung relevanter Daten (Phänomene) von weniger relevanten Daten (Phänomene) ermöglicht.

So könnte das lernende System beispielsweise Daten auswählen, die einfach strukturierte Objekte beschreiben[18], oder es könnte Objekte zur Untersuchung auswählen, die durch Daten beschrieben werden, denen es eine gewisse Bedeutung zuordnen kann. In der Medikamentenwelt könnte es sich z.B. auf die Untersuchung der Wirkung und Nebenwirkung von Medikamenten beschränken, die nur einen Wirkstoff enthalten oder zum Teil aus Wirkstoffen zusammengesetzt sind, über die das System vorgegebene Informationen besitzt (z.B. die Wirkung bestimmter Vitamine oder Koffein). Mit dieser Zielsetzung kann

---

[17]Verweise auf Beschreibungen dieser Methoden finden sich in (Clark, Brazdil 1988) und (Clark 1988).

[18]zur Auswahl „einfacher" Fakten bei wissenschaftlichen Theoriebildungen s. (Poincare 1908)

das System nicht davon ausgehen, daß die Ergebnisse einer solchen Untersuchung durch die Gesamtheit aller Daten bestätigt werden. Vielmehr ist zu erwarten, daß die Ergebnisse später (z.B. durch eine konstruktive nicht-konservative Wissensrevision) überarbeitet werden müssen.

zu 4.) Eine andere Form der Auswahl einer nicht-repräsentativen Teilmenge der Daten ist möglich, wenn das System schon ein erstes Modell von dem Weltausschnitt konstruiert hat und dieses mit weiteren Daten erweitern oder verfeinern will. In diesem Fall kann das lernende System zusätzliche Daten auswählen, die mit dem bis dahin entwickelten Modell nicht abgeleitet werden können (ohne im Widerspruch zu dem Modell zu stehen).

Diese Form der Datenauswahl ist zu unterscheiden von einer Datenakquisition nach (oder bei) einer Modellbildung, die darauf ausgerichtet ist, ein Modell durch die gezielte Suche nach negativen Beispielen in neuen Daten zu überprüfen oder durch (weitere) negative Beispielen, zu verfeinern.[19] Stattdessen ist diese „subjektive Datenauswahl" auf die Bestätigung des in vorangegangenen Prozessen gebildeten Modells ausgerichtet und soll die Fortentwicklung eines Modells unter Beibehaltung einer möglicherweise vereinfachenden Sicht auf den Weltausschnitt im kumulativen Lernmodus unterstützen. Beispielsweise kann ein lernendes System, nachdem ihm die Induktion von Regeln gelungen ist, die (teilweise) die Vorhersage von Wirkungen von Medikamenten gestatten, weitere Daten über Nebenwirkungen von Medikamenten auswählen, die sich durch die gleichen Regularitäten erklären lassen, so daß es anschließend in der Lage ist, sowohl positive als auch negative Wirkungen von Medikamenten zu erklären.

Im Gegensatz zu den unter 1. und 2. angedeuteten Zielsetzungen, können die letztgenannten zur Entwicklung einer eingeschränkten (vereinfachenden) Sicht auf einen zu modellierenden Weltausschnitt führen bzw. seine Bewahrung sichern. Dabei muß das Resultat eines entsprechenden Vorgehens nicht unbedingt mit der eigentlichen Intention übereinstimmen. Ein System, das annimmt, eine repräsentative Datenauswahl vorgenommen zu haben, kann später feststellen, daß die Gesamtheit der Daten nicht mit dem induzierten Modell erklärt werden kann. Umgekehrt kann bei der Modellierung eines Weltausschnittes auch der Fall eintreten, daß sich Regeln, die aus der Betrachtung einfacher Objekte induziert wurden, ohne Probleme auch auf komplexe Objekte übertragen lassen.

5.3.3 Konfirmative Hypothesengenerierung

Die geschickte Auswahl von Daten beim kumulativen Lernen dient dem Ziel, die Suche nach Regularitäten in den Daten zu vereinfachen, indem sie einfachen Erklärungsmodellen durch Ausblendung komplexer Sachverhalte eine Chance auf Bestätigung einräumt. Was sie nicht leisten soll bzw. kann, ist eine Auswahl von Daten, die nur noch durch ein einziges einfaches Modell erklärt werden können. Das bedeutet, das lernende System wird zwar möglicherweise durch die nicht-repräsentative Auswahl von Daten von der Notwendigkeit befreit, komplexe Modelle in Erwägung zu ziehen, es steht aber weiter vor dem Problem, daß eine Vielzahl (einfacher) Modelle zur ausgewählten Datenmenge gebildet werden können. Daher muß die Frage beantwortet werden, wie ein kumulativ lernendes System mit alternativen Modellierungsmöglichkeiten umgehen soll.

---

[19]Diese Zielrichtung wird im Maschinellen Lernen u.a. mit Ansätzen zur automatischen Konstruktion von Experimenten verfolgt (s. z.B. (Rajamoney 1987)).

Zunächst erscheint es sinnvoll mindestens zwei Granularitätsebenen zu betrachten: die Ebene einzelner Hypothesen und die Ebene von Hypothesen- bzw. Regelmengen. Auf der Ebene einzelner Regeln kann es relativ einfach und damit sinnvoll sein, Alternativen gegeneinander abzuwägen. Beispielsweise könnten in der Medikamentenwelt folgende Hypothesen durch METAXA.2 in einem Hypothesengenerierungsschritt generiert worden sein:

```
x :: kombinationspräparat(x) --> abzuraten(x)
x :: monopräparat(x) --> abzuraten(x).
```

Wir wollen annehmen, daß keiner Hypothese auf der Grundlage des zur Verfügung stehenden Hintergrundwissens eine Präferenz eingeräumt werden kann und nur bekannt ist, daß beide Hypothesen sich gegeneinander ausschließen. Da eine Bestätigung einer dieser Hypothesen negative Konsequenzen auf den weiteren Lernprozeß haben kann, sollte ein lernendes System die relativ geringen Kosten (im Vergleich zu den Kosten, die eine Revision erfordern kann) einer unabhängigen Überprüfung unterziehen und anschließend entscheiden, welcher Hypothese sie auf der Grundlage der vorliegenden Daten den Vorzug geben soll. Wenn die erste Hypothese durch 5 positive Beispiel und die zweite durch 50 positive Beispiele gestützt wird, sollte es eher die zweite als die erste Hypothese als bestätigt betrachten.[20]

Problematischer ist die Bewertung alternativer Hypothesen, wenn sie Beziehungen zu vorher induzierten Regeln aufweisen. Wenn beispielsweise die erste Hypothese aus dem letzten Beispiel nicht nur durch positive Belege sondern zusätzlich zu einem gewissen Grad durch vorher induzierte Regeln gestützt wird und eine Bestätigung der zweiten Hypothese zu Inkohärenzen in der Regelmenge führen würde (d.h. ihre Bestätigung mit negativen Konsequenzen verbunden wäre), sollte eine Entscheidung für eine der beiden Hypothesen nicht mehr losgelöst vom bis dahin entwickelten Modell allein auf der Basis der Anzahl positiver (und negativer) Belege zu den einzelnen Hypothesen entschieden werden.

Stattdessen ist die Bewertung der alternativen Modelle erforderlich, die durch Bestätigung einer der beiden Hypothesen entstehen. Dies ist aber insbesondere deshalb problematisch, weil sich das Ausgangsmodell noch in der Entwicklung befindet und deshalb die Möglichkeit besteht, daß die schon induzierten Regeln nicht die Bestmöglichen (unter der eingeschränkten Sichtweise) sind. So könnte z.B. die zweite Hypothese die bessere sein und nur deshalb die Konsequenz nachsichziehen, daß die resultierende Regelmenge inkohärent wäre, weil die vorher induzierten Regeln teilweise fehlerhaft sind. Damit kann argumentiert werden, daß eine Abwägung zwischen beiden Alternativen eigentlich die Suche einer Alternative zu den vorher induzierten Regeln beinhalten muß, die die zweite Hypothese stützen, um anschließend zu entscheiden, welches Modell besser ist.

Aber selbst das Ergebnis eines solchen sehr aufwendigen Entscheidungsverfahrens wäre nicht sehr aussagekräftig. Angenommen zur zweiten Hypothese könnten zusätzlich Regeln induziert werden, die die Hypothese stützen, so daß das resultierende Modell besser bewertet werden müßte als das Alternativmodell mit der ersten Hypothese. Daraus kann

---

[20]METAXA.2 betrachtet eine Hypothese ungeachtet möglicher Alternativen sofort als bestätigt, wenn eine ausreichende Zahl positiver Beispiele vorliegt, und benutzt Metaregeln, die die Inkonsistenz von Hypothesen beschreiben zur Falsifizierung von Alternativen. Im daten-gesteuerten Lernprogramm BACON.6 (Langley et al. 1983) können alternative Hypothesen beim Lernen aus verrauschten Daten auftreten, von denen eine nach Betrachtung ihrer Komplexität als „bestätigt" ausgewählt wird.

nicht geschlossen werden, daß die Regelmenge, die die erste Hypothese stützt, von Grund auf falsch ist. Vielmehr besteht noch die Möglichkeit, daß auch diese Regeln weiter verbessert werden können, d.h. mit einer Verwerfung des Modells mit der ersten Hypothese würde sich das lernende System der Chance berauben, die ursprüngliche Modellierungsidee weiter zu verfolgen und auszuarbeiten.

Für die Behandlung von Alternativen auf der Ebene von Modellen beim Lernen in komplexen Weltausschnitten wird deshalb mit dieser Arbeit eine *Strategie der konfirmativen Ausrichtung* propagiert. Nach Tweney, Doherty und Mynatt ist eine konfirmative Ausrichtung bei Theoriebildungen durch Wissenschaftler dann gegeben, wenn mindestens gegen eine der folgenden Richtlinien „rationalen" Vorgehens verstoßen wird (Tweney et al. 1981, S. 115ff):

1. Suche nach negativer Evidenz (*disconfirmatory evidence*) zu vorliegenden Hypothesen,

2. Beachtung negativer Evidenz, wenn sie vorliegt,

3. Test alternativer Hypothesen,

4. Untersuchung, ob die Evidenz, die eine favorisierte Hypothese stützt, auch alternative Hypothesen untermauert.

Eine konfirmative Ausrichtung bei Modellierungsprozessen hat danach zuerst einmal Auswirkung auf das Vorgehen bei der Überprüfung von Hypothesen und die Behandlung der Ergebnisse solcher Überprüfungen (s. nächster Abschnitt). Auch das oben beschriebene Problem mit den zwei konkurrierenden Hypothesen betrifft die Hypothesenüberpruüfung. Es ging um die Frage, welche der beiden Hypothesen als „bestätigt" betrachtet werden sollten, *nachdem* sie getestet wurden: Mit einer konfirmativen Ausrichtung wird die Hypothese bevorzugt, die durch die vorliegenden Daten und das *aktuelle* Modell am besten bestätigt wird.

Wenn aber ein lernendes System mit einer konfirmativen Ausrichtung solchen Hypothesen keine Chance auf eine Bestätigung einräumt, die nicht „in Einklang" mit dem bis dahin entwickelten Modell stehen, erübrigt es sich, diese Hypothesen überhaupt zu generieren. Die Hypothesengenerierung sollte daher nur Hypothesen liefern, die nicht in direktem Widerspruch zu schon bestätigten Hypothesen befinden bzw. schon bei vorangegangenen Hypothesenüberprüfungen verworfen wurden. Wenn beispielsweise die Regel

```
x :: kombinationspräparat(x) --> abzuraten(x)
```

in einem Lernschritt einer kumulativen Lernphase bestätigt wurde, sollte in einem folgenden Lernschritt (der gleichen kumulativen Lernphase) nicht die Regel

```
x :: monopräparat(x) --> abzuraten(x)
```

als Hypothese aufgestellt werden, wenn das System aus seinem Modell (z.B. mit Hilfe von Metaregeln) ableiten kann, daß die beiden Regeln unverträglich sind.

Ferner sollte die Hypothesengenerierung keine Hypothesen vorschlagen, die Daten auf eine andere Weise systematisieren als die schon induzierten Regeln. Wenn das lernende System z.B. induziert hat, daß von Medikamenten abzuraten ist, die mehr als einen

Wirkstoff enthalten, und aus der Anzahl von Wirkstoffen nicht auf den Preis des Medikamentes (oder umgekehrt) geschlossen werden kann, sollte es nicht noch zusätzlich eine Regel als Hypothese aufstellen, mit der aus den Preisen von Medikamenten geschlossen werden kann, ob von ihnen abzuraten ist. Eine solche Regel wäre (mit eingeschränkter Stützmenge) nur als Notlösung zur Rettung des gesamten Modells in Erwägung zu ziehen, wenn mit der ersten Regel nur ein Teil der Daten über abzuratenden-Medikamente ableitbar sind und das Modell durch diese Unvollständigkeit in starken Mißkredit gerät.

Es dürfte klar sein, daß es für ein lernendes System sehr schwierig ist, zu entscheiden, ob Hypothesen in einer Alternativ- oder Ergänzungs-Relation zueinander stehen. Abgesehen von den Problemen mit der Berechenbarkeit von Subsumptionsbeziehungen (s. (von Luck, Owsnicki-Klewe 1987)), stellt sich in einem induktiv lernenden System das Problem, daß diese Entscheidungen während der Modellbildung auf der Basis unvollständiger Informationen getroffen werden müssen. Daher muß davon ausgegangen werden, daß sich eine Entscheidung darüber, ob sich zwei Hypothesen ergänzen und verträglich sind, später als fehlerhaft herausstellen kann.

5.3.4 Konfirmative Hypothesenüberprüfung

Bei der konfirmativen Hypothesen*überprüfung* soll das System (im kumulativen Lernmodus) von der Richtigkeit seines entwickelten Modells ausgehen, um die (implizit) zugrundeliegenden Modellierungsideen extensiv ausarbeiten zu können. Die konfirmative Ausrichtung zeigt sich sowohl

- beim Testen von Hypothesen als auch

- bei der Bewertung der Ergebnisse von Hypothesentests.

Auf beide Aspekte konfirmativer Hypothesenüberprüfung soll in diesem Abschnitt eingegangen werden.

Schon im Abschnitt zur Bewertung von Daten (5.3.1) war erläutert worden, daß es unter bestimmten Umständen sinnvoll ist, negative Beispiele zu Hypothesen nicht zu beachten und/oder stattdessen Unstimmigkeiten durch Manipulation der Daten zu beseitigen. Bei einer solchen Einstellung liegt es nahe, die Suche nach negativen Beispielen für Hypothesen in erster Linie darauf auszurichten, vollkommen falsche Hypothesen zu identifizieren, statt sehr viel Aufwand in die Suche nach Gegenbeispielen zu investieren, die anschließend sowieso von der Datenbewertung als „fehlerhaft" oder „vernachlässigbar" ausgeschlossen werden.

Eine eingeschränkte Suche nach negativen Belegen kann zum einen damit gerechtfertigt werden, daß der Ausschluß von Daten während einer Hypothesenüberprüfung sehr ressourcen-intensiv sein kann und damit evtl. Möglichkeiten der Suche nach anderen Regularitäten verlorengehen können, die sich elegant in die Modellierung einpassen und später zu einer einfachen Erklärung der Sonderfälle führen. Zum anderen ist zu vermuten, daß bei der Modellierung eines komplexen Sachbereichs, Gegenbeispiele erst dann aufschlußreich werden, wenn eine relativ gut etablierte Menge von Hypothesen vorhanden ist und die Menge der Ausnahmen groß genug ist und das Erkennen von Regularitäten ermöglicht (Poincare 1908). Insbesondere kann auf diese Weise eine Entscheidung verschoben werden, welche Assertionen von denen, die mit anderen Assertionen ein negatives Beispiel bilden, fehlerhaft sind.

Was bedeutet „beschränkte Suche nach negativer Evidenz"? Beim Menschen und maschinell lernenden Systemen, die über Möglichkeiten der aktiven Datengewinnung (z.B. durch die Durchführung von Experimenten) verfügen, kann sich eine konfirmative Hypothesenüberprüfung in den mangelnden Anstrengungen zur Gewinnung falsifizierender Daten bemerkbar machen.[21] Bei einem maschinell lernenden System, das eine Modellierung ausschließlich auf der Basis von außen zugeführter Daten vornimmt, muß sich die konfirmative Tendenz in der Art und Weise, wie Daten genutzt bzw. bewertet werden, oder in Inferenzprozessen zeigen.

Ein System, das vor der Modellbildung „einfache Daten" auswählt und daraus ein Modell konstruiert, verwendet noch keine konfirmative Strategie. Erst dann, wenn ausgehend von Unstimmigkeiten zwischen Daten und Modell bestimmte Daten ausgewählt werden, die vorliegende Hypothesen stützen, kommt eine konfirmative Tendenz ins Spiel. Ähnlich zeigt sich eine konfirmative Ausrichtung bei Hypothesenüberprüfungen nicht allein dadurch, daß einzelne Daten als „fehlerhaft" ausgeschlossen werden, wenn sie einer Hypothese widersprechen, vielmehr sollte eine Datenbewertung nur dann als konfirmativ ausgerichtet bezeichnet werden, wenn die Kriterien zum Datenausschluß von den Hypothesen beeinflußt werden.

Die Ausrichtung von Lernverfahren auf die Bestätigung und Weiterentwicklung des bestehenden Wissens kann unterschiedlich stark ausgeprägt sein. Je stärker die Ausrichtung auf die Bewahrung des bestehenden Wissens ist, desto früher entwickelt sich eine eingeschränkte oder fehlerhafte Sicht auf den zu modellierenden Weltausschnitt. Eine eingeschränkte Sichtweise ermöglicht die Ausarbeitung von korrekten Modellierungsideen auch unter widrigen Umständen: schlechte Datenqualität, ein komplexer Weltausschnitt im Verhältnis zur Qualität der Hypothesen und begrenzte Ressourcen (s.a Abschnitt 3.2). Je widriger die Umstände sind, desto stärker muß die Ausrichtung des Lernens auf kumulativen Wissenserwerb sein.

Um zu illustrieren, daß eine konfirmative Ausrichtung mehr oder weniger stark ausgeprägt sein kann, wollen wir auf ein Beispiel zurückkommen, das schon im Abschnitt zur Datenbewertung verwendet wurde. Angenommen, das System findet ein negatives Beispiel zu einer Hypothese, an dem ein Datum über die Zweckmäßigkeit des Medikamentes Novalgin beteiligt ist:

```
therapeutisch_zweckmässig(novalgin) --- h: [Blaubart 55].
```

Ein Ausschluß dieses Datums als „fehlerhaft" würde kaum eine besonders starke konfirmative Ausrichtung erfordern, wenn diesem Datum als Herkunftsangabe ein Verweis auf einen Autor zugeordnet ist, dessen Kompetenz dem lernenden System als sehr zweifelhaft beschrieben wurde. Demgegenüber muß das lernende System stärker konfirmativ ausgerichtet sein, wenn es zum Ausschluß von Daten selbstständig ad hoc-Hypothesen zur Fehlerhaftigkeit von Informationsquellen aufstellt. Wenn z.B. über den Autor einer Veröffentlichung, der das Datum enstammt, keine Informationen vorliegen, könnte ein stark konfirmativ ausgerichtetes System folgende Regel einführen, die Informationsquellen, die älter als 20 Jahre sind, eine gewisse Fehlerwahrscheinlichkeit einräumt:

---

[21]Beispiel einer psychologischen Untersuchung hierzu ist (Wason, Johnson-Laird 1972).

```
x,a1 :: alter_der_informationsquelle(x,a1) & gt(a1,20)
   --> möglicherweise_fehlerhaft(x).
```

In Inferenzprozessen kann sich eine konfirmative Hypothesenüberprüfung durch eine Anwendung ausgewählter Assertionen oder Inferenzregeln aus dem Hintergrundwissen oder dem Modell des Systems ergeben, von denen aus vorangegangenen Generalisierungsprozessen bekannt ist, daß ihre Verwendung keine Probleme in der kumulativen Lernphase verursacht hat. Ein einfache Möglichkeit der Realisierung einer konfirmativen Ausrichtung bei Inferenzprozessen besteht darin, die Ableitungstiefe bei der Suche nach negativer Evidenz für Hypothesen stärker zu beschränken als die Ableitungstiefe bei der Suche nach Bestätigung für Hypothesen.

Im Rahmen dieser Arbeit war es nicht möglich zu zeigen, ob bzw. wann eine konfirmative Ausrichtung eines lernenden Systems wirklich vorteilhaft ist. Hier kann nur auf eine Reihe psychologischer Untersuchungen verwiesen, die ergeben haben, daß bei bestimmten Experimenten (mit Wissenschaftler und Nicht-Wissenschaftlern) eine ausgeprägte Neigung des Menschen zur konfirmativen Modellbildung festgestellt wurde, die selbst durch eingehende Anweisungen nicht-konfirmativ vorzugehen, kaum zu durchbrechen war. Diese Untersuchungen geben Hinweise auf die Überlegenheit eines konfirmativen Vorgehens bei „schwierigen" Lernaufgaben gegenüber einem streng rationalen Vorgehen, bei dem zu jeder Zeit Alternativen erwogen werden und Hinweise auf die Fehlerhaftigkeit von Modellen sehr ernst genommen werden. Einen Überblick über diese Untersuchungen geben Tweney, Doherty und und Mynatt in (Tweney et al. 1981, S. 115-128).[22]. Sie äußern die Vermutung, daß eine konfirmative Lernstrategie besser ist, wenn die Daten- und Hypothesenqualität gering ist (s.a. Abschnitt 2.2.1 und Abschnitt 2.2.2)

5.3.5 Paradigmen

In den vorangegangen Abschnitten wurden verschiedene, sich ergänzende Strategien zum kumulativen Lernens untersucht, die die (partielle) Modellierung komplexer Weltausschnitte ermöglichen sollen, indem sie die Sichtweise lernender Systeme einschränken. Dabei bedeutet „eingeschränkte Sichtweise":

- korrekte Daten, die im Widerspruch zum Modell des Systems stehen, wurden als „fehlerhaft" klassifziert,

- korrekte Daten wurden an das Modell angepaßt und damit verfälscht,

- korrekte Daten, die im Widerspruch zum Modell stehen, wurden als „vernachlässigbar" klassifziert,

- fehlerhafte Daten wurden als „korrekt" akzeptiert,

- Regeln, die nur unter bestimmten Umständen richtige Ergebnisse liefern, wurde als allgemeingültig in die Wissensbasis eingetragen, und/oder

- aus fehlerhaften Daten oder nicht (ganz) korrekten Regeln wurden fehlerhafte Assertionen abgeleitet.

---

[22]Berichte über Einzeluntersuchungen finden sich im selben Band.

Die Modellierung eines Weltausschnittes unter einer eingeschränkten Sichtweise kann gleichzeitig verschiedenen Zielen dienen. Zum einen kann die Entwicklung des Modell darauf ausgerichtet sein, die Effizienz oder Effektivität der Lösung von Performanzaufgaben zu verbessern, wobei von der Annahme ausgegangen wird, daß ein Modell, das manchmal falsche Vorhersagen produziert, unter bestimmten Umständen besser ist als gar kein Modell.[23] Zum anderen kann die Modellierung auf einen mehrstufigen Lernprozeß ausgerichtet sein, weil die Konstruktion eines fehlerfreien Modells (in Bezug auf eine bestimmte intendierte Anwendung) aus dem Nichts nicht möglich war.

Dazu sollte an dieser Stelle darauf eingegangen werden, warum ein unter einer eingeschränkten Sichtweise (teilweise fehlerhafte) vorgenommene Modellierung eines Weltausschnittes die Entwicklung eines korrekten Modells unterstützen kann.

- Die Verwendung inkorrekter Teile eines Modells im weiteren Lernprozeß muß nicht unbedingt die Induktion weiterer fehlerhafter Regeln verursachen, vielmehr kann auch eine (teilweise) fehlerhafte Regel zur Ableitung (korrekter und fehlerhafte) Assertionen führen, die positive Evidenz für eine andere (korrekte) Regel liefern oder die Bildung (auch später hilfreicher) theoretischer Konzepte erleichtern. Genauso können fehlerhafte Regeln den Ausschluß von Daten verursachen, die die Bildung einer anderen (korrekten) Regel vereiteln würden.

- Falsche Regeln können zur vorteilhaften Zerlegung der Lernaufgabe führen, indem (korrekte) Daten, die auf ein bestimmtes Phänomen zurückzuführen sind, als fehlerhafte oder vernachlässigbare Daten zusammengefaßt werden.

- Nicht zuletzt kommt dem *hill-climbing* Effekt eine wichtige Bedeutung zu, weil die vorschnelle Verwerfung teilweise fehlerhafter Regeln verhindert wird und das lernenden System Gelegenheit hat, diese Regeln zu verfeinern.

Die mit der Entwicklung einer eingeschränkten Sichtweise (implizit) getroffenen Annahmen über den Weltausschnitt könnten in Anlehnung an die Arbeit von Kuhn mit dem Begriff „Paradigma" (s. Abschnitt 2.2.1) einer Modellierung bezeichnet werden.

Angenommen, ein lernendes System hat während einer kumulativen Lernphase folgende Regeln induziert:

```
x :: monopräparat(x) --> therapeutisch_zweckmässig(x)
x :: kombinationspräparat(x) --> abzuraten(x).
```

Dann kann die (implizite) Annahme, daß die Anzahl der Bestandteilen von Medikamenten entscheidend für Bewertung von Medikamenten ist, als „Paradigma" (bzw. Teil des „Paradigmas") der kumulativen Lernphase bezeichnet werden, wenn aufgrund der Bestätigung der Regeln keine alternative Hypothesen erwogen werden, die die Zweckmäßigkeit von Medikamenten auf andere Ursachen zurückführen (z.B. ihren Preis, die Darreichungsform oder Aussagen über Nebenwirkungen). Es muß jedoch betont werden, daß Paradigmen (im Sinne Kuhns) auch andere Funktionen haben, als nur den Suchraum möglicher Theorien einzuschränken (s. Abschnitt 2.2.1). Von daher soll im folgenden auf die Verwendung

---

[23]Dieses Problem ist bisher nur in wenigen Arbeiten zum Lernen aus verrauschten Daten behandelt worden (Brazdil, Clark 1987).

dieses vorbelegten Begriffs verzichtet werden. Stattdessen wird in dieser Arbeit auch weiterhin der neutralere (aber nicht weniger vage) Begriff „Modellierungsidee" verwendet, um auf die Grundlage eines Modells (bzw. eine höhere (abstraktere) Sicht auf eine Regelmenge) zu referieren.

5.4 Kumulatives Lernen in METAXA.3

Nach diesen allgemeinen Betrachtungen zum kumulativen Lernen, wird in diesem Abschnitt die konkrete Realisierung kumulativen Lernens im System METAXA.3 beschrieben. Diese Realisierung war in erster Linie darauf ausgerichtet, die Entwicklung fehlerhafter Modelle in einer Weise zu fördern, die es erlaubt nicht-konservative Revisionsstrategien zu testen. Den Möglichkeiten der Verfeinerung von Modellen im kumulativen Lernmodus wurde dagegen weniger Aufmerksamkeit geschenkt. Von daher ist das kumulative Lernverhalten von METAXA.3 nicht dazu geeignet, allgemeine Erkenntnisse über die Zweckmäßigkeit (oder Unzweckmäßigkeit) konfirmativer Modellierungsstrategien in maschinell lernenden Systemen zu gewinnen.

Da METAXA.3 eine Weiterentwicklung von METAXA.2 darstellt, beschränkt sich dieser Abschnitt auf die Darstellung der Erweiterungen bzw. Änderungen, die zur Realisierung des kumulativen Lernens in METAXA.3 vorgenommen wurden. Die grundlegenden Verfahren zur modell-gesteuerten Bildung und zur konservativen Revision von Regeln in METAXA.3 stimmen mit denen überein, die in Abschnitt 5.2 skizziert wurden.

Das (kumulative und nicht-kumulative) Lernverhalten von METAXA.3 wurde an einem einzigen Weltausschnitt, der Welt schwimmender und nicht-schwimmender Körper[24], untersucht.[25] Die Tafel 5.4 zeigt einige Beispiele für Daten, die in verschiedenen Lernpha-

Tafel 5.4. Beispiele für Eingabedaten für METAXA.3

```
is_block(block1)
weight(block1,151)
height(block1,60)
not(is_big(block1))
is_light(block2)
weight(needle1,128)
bigger_than(block3,needle2)
is_floating(block1)
not(is_floating(needle2))
material(block1,wood1)
material(needle1,iron)
```

sen eingegeben wurden. Die Aufgabe des Systems war es, Regeln zur Bestimmung der Schwimmfähigkeit von Objekten in dieser Welt zu bilden.

---

[24]vgl. (Inhelder, Piaget 1968)
[25]Ein ausführliches Protokoll eines Testlaufes findet sich in (Emde 1987).

5.4.1 Datenbewertung

Im Gegensatz zu METAXA.2 ist METAXA.3 in der Lage aus verrauschten Daten zu lernen. Bevor ein Eingabedatum als Assertion in die Wissensbasis eingetragen wird, erfolgt der Versuch der Ableitung der Negation der Eingabe aus den bis dahin akzeptierten Daten, induzierten Inferenzregeln und mit ihnen abgeleiteten Assertionen, wobei die Inferenztiefe (z.B. auf 2) beschränkt ist. Wenn die Ableitung der Negation gelingt, wird das Eingabedatum als „fehlerhaft" in einer internen Datenstruktur abgespeichert. Ansonsten wird das Datum als Assertion in die Wissensbasis eingetragen und steht damit für folgende Ableitungs-, Generalisierungs und Revisionsprozesse zur Verfügung.

Um zumindest auf eine sehr einfache Weise der Tatsache Rechnung zu tragen, daß der Ausschluß unpassender Daten als „fehlerhaft" nicht in jedem Fall gerechtfertigt werden kann, wird von der Klassifikation eines Datums als „fehlerhaft" geprüft, ob das gleiche Datum vorher schon einmal eingegeben und zurückgewiesen wurde. In diesem Fall wird die erneute Eingabe als nicht-verwerfbar interpretiert und in die Wissensbasis übernommen, d.h. die entsprechende Assertion wird in der Wissensbasis mit einem Evidenzpunkt [1000,1000] als „widersprüchlich" markiert.

5.4.2 Konfirmative Hypothesengenerierung

Hinsichtlich der Hypothesengenerierung wurde METAXA.3 in beschränkten Maße auf ein konfirmatives Lernen ausgerichtet. Bevor die Hypothesengenerierung eine Hypothese an die Hypothesenüberprüfung übergibt, wird geprüft, ob die Hypothese bei einer vorangegangenen Überprüfung schon einmal verworfen wurde. Gleichfalls wird durch Anwendung von Metaregeln auf induzierte Metafakten geprüft, ob die Hypothese im Widerspruch zu den bis dahin induzierten Regeln steht. In beiden Fällen erfolgt keine (erneute) Überprüfung der Hypothese.

Das Generalisierungsverfahren von METAXA.3 ist (wie sein Vorgänger) eher auf die Induktion von Inferenzregelmengen als auf die Bildung von Modellen ausgerichtet. Vereinfacht betrachtet, sucht es nach allen möglichen Regeln, mit denen sich vorliegende Fakten aus eingegebenen oder inferierten Fakten inferieren lassen. Dabei wird von dem Generalisierungsverfahren keine Rücksicht auf den *Zusammenhalt* der induzierten Inferenzregeln genommen. Jede Regel, die sich in Übereinstimmung mit dem assertionellen Wissen des Systems befindet und konsistent zum schon vorhandenen Regelwissen ist, wird in die Wissensbasis eingetragen. Dies kann zu Regelmengen führen, die die (mehrfache) Inferenz der gleichen (oder gleichartiger) Assertionen aus verschiedenartigen Prämissen erlauben.

Ein erster Ansatz zur Lösung dieses Problems wurde mit der Einführung spezieller Metaregeln unternommen, die die Ableitung negativer Evidenz zu einer Hypothese erlauben, wenn eine „Alternative" schon bestätigt wurde. Ein Beispiel für eine solche Metaregel ist:

```
p,q,r :: komparativ(p,q) & ne(p,r) --> not(komparativ(p,r)).
```

Diese Metaregel unterbindet z.B. die Generierung einer (hier als Metafaktum dargestellten) Hypothese wie:

```
komparativ(heavier,weight),
```

wenn in einem vorangegangenen Lernschritt die Hypothese:

```
komparativ(bigger,weight)
```

bestätigt wurde.

5.4.3 Konfirmative Hypothesenüberprüfung

Der Versuch der Realisierung einer konfirmativen Hypothesenüberprüfung wurde in ME-
TAXA.3 mit unterschiedlichen Inferenztiefenbeschränkungen bei der Suche nach positiven
und negativen Belegen zu charakteristischen Situationen unternommen. Während nach
Assertionen, die Bestandteil eines positiven Beleges für eine Hypothese sein könnten, mit
einem hohen Inferenztiefen-Grenzwert (z.B. 5) gesucht wird, erfolgt die Suche nach Assertionen zu negativen Belegen mit einem niedrigen Grenzwert (z.B. 1).

Mit einer Verfeinerung der Granularität von Aufgaben, die vom Agendamechnismus
verwaltet werden, wurde in METAXA.3 ein erster Schritt zur Behandlung von Alternativen auf der Regelebene gemacht. Statt wie in METAXA.2 sofort nach der Suche nach
positiver und negativer Evidenz für eine Hypothese im Falle ausreichender positiver Evidenz eine Inferenzregel zu generieren, wird eine entsprechende „generiere Regel"-Aufgabe
in die Agenda des Systems eingetragen. Diesen Aufgaben ist generell eine niedrigere Priorität zugeordnet als „teste Hypothese"-Aufgaben. Damit erfolgt die Eintragung bestätigter Hypothesen erst nachdem alle im gleichen Hypothesengenerierungssschritt erzeugten
Hypothesen überprüft wurden. Dies ermöglicht mit Hilfe der im letzten Abschnitt beschriebenen Metaregeln zum Ausschluß von Modellierungsalternativen, die Auswahl von
Alternativen auf der Regelebene.

Die Anwendung einer fehlerhaften Regeln bei der Überprüfung von Hypothesen kann
zur Konsequenz haben, daß eine eigentlich richtige Regel verworfen wird. Solche Fehlentscheidungen werden von METAXA.3 niemals selbstständig korrigiert, da vor der Hypothesenüberprüfung alle Hypothesen ausgesondert werden, die in vorangegangenen Schritten
bestätigt oder verworfen wurden, und Wissensrevisionsprozesse nur der Beseitigung von
Widersprüchen im assertionellen Wissen dienen, d.h. einmal verworfene Hypothesen bleiben für immer verworfen, solange nicht von außen in den Lernprozeß eingegriffen wird.

Eine naheliegende Verbesserung von METAXA.3 könnte darin bestehen, die Hypothesenauswahl dahingehend zu modifizieren, daß verworfene Hypothesen periodisch einer
erneuten Überprüfung unterzogen werden, so daß Hypothesen, die nur aufgrund einer
fehlerhaften Regel verworfen wurden, später noch einmal die Chance erhalten, bestätigt
zu werden.

Konservative Wissensrevisionen werden in METAXA.3 durch die gleichen Revisions-
prozeduren vorgenommen, die auch in METAXA.2 implementiert sind (s. Abschnitt 5.2.2).
Da METAXA.2 nicht auf ein Lernen aus verrauschten Daten ausgerichtet war, hat dies
zur Folge, daß METAXA.3 Widersprüche im assertionellen Wissen nur durch die Einschränkung der Stützmengen von Regeln beseitigen kann. Eine Beseitigung von Widersprüchen durch ein nachträgliches Re-Klassifizieren von Daten als „fehlerhaft" wird von
METAXA.3 nicht versucht.

Ein Beispiel einer Regelmenge, die von METAXA.3 im kumulativen Lernmodus gebildet wurde, wird am Ende des nächsten Abschnittes in Zusammenhang mit der Darstellung

eines nicht-konservativer Revisionsergebnisses von METAXA.3 gezeigt (s. Abschnitt 6.3, Tafel 6.5).

6. Nicht-kumulatives Lernen

Sowohl im ersten als auch dritten Kapitel wurde der Versuch unternommen, die Notwendigkeit mehrstufiger Lernprozesse zu begründen, bei denen sich Phasen des kumulativen Wissenserwerbs mit Phasen des nicht-kumulativen Wissenserwerbs ergänzen. Das letzte Kapitel galt der Darstellung von Heuristiken und Konsequenzen des kumulativen Lernens. In diesem Kapitel wird untersucht, wie fehlerhafte Ergebnisse des kumulativen Lernens durch ein nicht-kumulatives Lernen verbessert werden können. Dabei wird insbesondere auf Möglichkeiten zur Realisierung eines konstruktiven Revisionsverfahrens eingegangen, bei dem im Gegensatz zu einem destruktiven Revisionsverfahren fehlerhafter Bestandteile von Lernergebnissen durch die Ausnutzung im kumulativen Lernmodus gewonnener Informationen ersetzt werden.

6.1 Einleitung

Beim kumulativen Lernen sind die Bestandteile eines Modells, dessen Modifikation oder Verwerfung größere Veränderungen des empirischen Gehalt des Modells bedeuten würden, sowohl durch eine konservative Wissensrevisionsstrategie als auch durch eine konfirmative Ausrichtung der Hypothesengenerierung geschützt. Damit wird die Suche nach grundlegend anderen Modellierungsmöglichkeiten im kumulativen Lernmodus unterdrückt. Nichtübereinstimmungen von Konsequenzen des Modells mit Daten aus einem Sachbereich werden durch periphere (unwesentliche) Veränderungen des Modells oder ein Nicht-Akzeptieren der Daten beseitigt oder treten durch eine konfirmative Datenauswahl gar nicht in Erscheinung.

Verbesserungen eines Modells, die nicht-konservative Veränderungen erfordern, sind beim kumulativen Lernen nicht möglich. Der Suchraum bei der Verbesserung von Modellen beschränkt sich auf Erweiterungen, die in Einklang mit dem bis dahin gelernten Wissen stehen, und Modifikationen, die kleine Veränderungen am empirischen Gehalt der Modelle bedeuten. Der nicht-kumulative Lernmodus dient der Verbesserung von Modellen durch Beseitigung oder Ersetzung von Modellbestandteilen, die *wesentliche* Auswirkungen auf den empirischen Gehalt der Modelle haben. Mit der Annahme, daß im kumulativen Lernmodus das bestmögliche Modell (lokales Optimum) unter einer bestimmten Sichtweise (Paradigma) konstruiert wird, dient das nicht-kumulativen Lernen dem Wechsel auf eine andere (fortgeschrittene) Sichtweise auf den Weltausschnitt. Der Suchraum beim nicht-kumulativen Lernen kann daher auf nicht-konservative Modellveränderungen beschränkt werden.

Daraus folgt, daß es nicht zweckmäßig ist, nicht-kumulatives Lernen allein durch ein Aufgeben konfirmativer Strategien zur Datenauswahl, Datenbewertung, Hypothesengenerierung und Hypothesenüberprüfung und konservativer Revisionsstrategien zu realisieren. Stattdessen sollte zu einem Verfahren gewechselt werden, daß *ausschließlich* nicht-konservative Veränderungen des Wissens bewirkt. Der Grund für die Notwendigkeit eines speziellen Verfahrens und spezieller Heuristiken zur Realisierung nicht-kumulativen Lernens besteht darin, daß die Entwicklung einer neuen Sichtweise auf einen Weltausschnitt die Modifikation mehrerer Modellbestandteile erfordern kann. Die einzelnen Operationen am Modell sollten dabei aufeinander abgestimmt sein, was durch ein zufälliges Durcheinander konservativer und nicht-konservativer Änderungen nicht gewährleistet ist. Daneben ist in Betracht zu ziehen, daß sich die Zweckmäßigkeit einer nicht-konservativen Veränderung nicht unbedingt sofort, sondern erst nach einer gewissen Bewährungsfrist herausstellen kann, d.h. das Ergebnis einer nicht-konservativen Revision kann nur eine Modellierungsalternative sein, die ihren Wert gegenüber dem Ausgangsmodell beweisen muß.

Letzteres gilt insbesondere für destruktive Revisionen, bei denen das lernende System nur fehlerhafte Modellbestandteile löscht und in einer anschließenden Ausarbeitungsphase versucht, eine Alternative zu entwickeln. Es gilt aber auch für konstruktive Revisionen, die die Ersetzung fehlerhafter Modellbestandteile durch Alternativen beinhalten, da es möglich ist, daß die aus solchen Revisionen resultierenden Modelle einer Ausarbeitung bedürfen, bevor sie besser als das Ausgangsmodell sind. Ein Grund hierfür ergibt sich u.a. aus der Tatsache, daß der Suchraum nach Alternativen bei nicht-konservativen Modellveränderungen immens viel größer ist, als bei konservativen Modellveränderungen. Bei konservativen Revisionen, zumindestens denen, die der Beseitigung von Inkonsistenzen dienen sollen, kann mehr oder weniger genau lokalisiert werden kann, welche Modellbestandteile fehlerhaft sind. Zudem sind gewisse Restriktionen vorgegeben sind, auf welche Weise Fehler behoben (retuschiert) werden können. Im Gegensatz dazu ist bei einer Vermutung, daß grundlegende Bestandteile des Modells fehlerhaft sind, weder klar, wo sie zu suchen sind, noch ist der Suchraum nach Alternativen durch Restriktionen eingegrenzt. Die einzige Beschränkung ist dadurch gegeben, daß die Revision zu einem Ergebnis führen soll, das nicht durch ein kumulatives Weiterlernen erreichbar ist.

Für einen Betrachter, der ein Modell eines lernenden Systems im kumulativen Lernmodus unter Kenntnis der „wahren" Systematik des Weltausschnittes und unter Kenntnis der Lernverfahren des Systems zu bewerten hat, sind folgende Einschätzungen eines Lernresultates denkbar:

1. Das Modell ist korrekt.

2. Das Modell des Systems enthält Fehler, die mit „minimalen Änderungen" zu beseitigen sind und von daher innerhalb des kumulativen Lernmodus erfolgen können.

3. Das Modell ist fehlerhaft in Bezug zum gesamten Weltausschnitt, erlaubt aber die Ableitung aller Daten, die dem System zur Verfügung gestellt wurden, und ist dabei einfach und kohärent. Die Fehler im Modell sind allein darauf zurückzuführen, daß dem System nur eine nicht-repräsentative und fehlerhafte Menge von Daten zugänglich war.

4. Das Modell enthält fehlerhafte Bestandteile und die mit ihm ableitbaren Konsequenzen stehen im Widerspruch zu den Rohdaten. Diese Daten wurden von dem lernenden System an das Modell angepaßt. Eine Verbesserung des Modells erfordert Änderungen, die für das lernende System durch eine konstruktive nicht-konservative Revision möglich sind.

5. Das Modell enthält fehlerhafte Bestandteile, deren Korrektur Änderungen am Modell erfordert, die das System später, nach einer Weiterentwicklung des Modells im kumulativen Lernmodus, mit einer konstruktiven nicht-konservativen Revision durchführen kann.

6. Das Modell enthält fehlerhafte Bestandteile, die das lernende System mit seinen Heuristiken, die ihm konstruktive nicht-konservative Revisionen ermöglichen, nicht verbessern kann. Jede konstruktive nicht-konservative Revision, zu der das System in der Lage ist, ersetzt die fehlerhaften Modellbestandteile durch andere fehlerhafte Elemente. Trotzdem führt eine dieser Revisionen näher an eine korrekte Modellierung des Sachbereichs heran, weil das resultierende Modell nach einer kumulativen Ausarbeitung durch eine weitere konstruktive nicht-konservative Revision, zum richtigen Modell führt.

7. Das Modell ist fehlerhaft und das System verfügt über keine Heuristiken, die die Ersetzung der fehlerhaften Bestandteile bei einer konstruktiven nicht-konservative Wissensrevision in korrekte Modellbestandteile ermöglichen, noch in die Nähe einer korrekten Modellierung führen. Das lernende System kann nur durch Löschen (eines Teils) seiner Lernergebnisse und einen Neubeginn der Modellierung (destruktive nicht-konservative Wissensrevision) zu einer korrekten Modellierung gelangen.

Solche Bewertungen erfordern von dem externen Betrachter, daß er vollständiges und korrektes Wissen über den Weltausschnitt, das Wissen des lernenden Systems und seiner Lernverfahren besitzt und dieses Wissen ohne Ressourcenbeschränkungen anwenden kann. Verfügt der Betrachter außerdem über Kenntnisse, welchem Zweck das Modell dienen soll, kann er neben der Bewertung der Korrektheit des Modells unter einem pragmatischen Gesichtspunkt beurteilen, ob eine Weiterentwicklung eines Modell überhaupt notwendig ist.

In einem autonom lernenden System, das - wenn überhaupt - nur über einen Teil dieser Kenntnisse und auch nur über begrenzte Ressourcen verfügt, kann eine Entscheidung, ob und wann eine nicht-konservative Revision sinnvoll ist, nur mit Hilfe von Heuristiken gefällt werden. Ferner werden Heuristiken benötigt zur Identifikation fehlerhafter Modellbestandteile, Heuristiken zur Generierung von Alternativen und Heuristiken zur Auswahl von erfolgversprechenden Alternativen. Die Zweckmäßigkeit der Anwendung bestimmter Heuristiken in einer konkreten Situation kann von dem lernenden System zwar möglicherweise abgeschätzt werden, eine endgültige Bestätigung, ob eine Revision zu einem bestimmten Zeitpunkt zur Verbesserung des Modells führt, kann aber nur durch die Ausführung der Revision und Ausarbeitung des resultierenden Modells erfolgen.

Wenn die Funktionsfähigkeit eines neuen Verfahrens derart abhängig von der Verwendung heuristischen Wissens ist, muß die Frage nach dem Ursprung dieses Wissens gestellt werden. Die Beantwortung dieser Frage ist umso dringlicher, je allgemeiner der Einsatzbereiches des Lösungsansatzes sein soll. Bei einem Ansatz zur Lösung eines sachbereichs-spezifischen Problems, kann es akzeptabel sein, daß eine begrenzte Menge heuristischen Wissen manuell zusammengetragen werden muß. Nicht akzeptabel ist dies aber, wenn die Funktionsfähigkeit eines Ansatzes zur Lösung eines sachbereichs-übergreifenden Problems (Lernen, Verstehen natürlichsprachlicher Texte etc.) in jeweils einem bestimmten Sachbereich von der Verfügbarkeit sachbereichs-spezifischen Wissen abhängig ist.

Die einleitenden Worte dieses Kapitels zusammenfassend, gibt die Liste folgender Fragen einen Eindruck davon, welche Probleme mit der Entwicklung eines Ansatzes zur nicht-konservativen Wissensrevision behandelt werden müssen:

- Wann soll ein lernendes System eine nicht-konservative Wissensrevision versuchen?

- Wie kann das System konstruktiv revidieren, also Alternativen produzieren, die bestimmte Bestandteile seines Modells ersetzen, statt sie nur zu löschen? Wie sehen die Heuristiken aus, die die Konstruktion von Alternativen unterstützen? Welches Wissen kann die Bildung eines alternativen Modells unterstützen?

- Gibt es Möglichkeiten zu entscheiden, wann destruktiv und wann konstruktiv revidiert werden soll?

- Was geschieht mit den als nicht-akzeptabel klassifizierten Daten? Wie können die Daten identifiziert werden, die beim kumulativen Lernen akzeptiert und in die Wissensbasis übernommen wurden, obwohl sie fehlerhaft sind.

- Wie erfolgt eine Auswahl zwischen verschiedenen nicht-konservativen Revisionsalternativen?

- Woher kommen die Heuristiken zum nicht-kumulativen Lernen?

- Wie lange wird einem alternativen Modell eine Chance eingeräumt? Wann ersetzt eine Alternative das alte Modell?

In den folgenden Abschnitten wird der Versuch unternommen, erste Schritte in Richtung auf die Entwicklung eines allgemeinen Ansatzes zum nicht-kumulativen Lernen zu machen. An dieser Stelle sollte betont werden, daß diese Schritte nicht zu einem konkreten und allgemeinen Verfahren führen können, weil grundlegende Probleme der Modellbildung durch induktive Lernverfahren im Maschinellen Lernen noch nicht gelöst wurden und damit wichtige Voraussetzungen zur Entwicklung und Implementierung eines allgemeinen nicht-konservativen Revisionsverfahrens noch nicht erfüllt sind. Der Entwicklungsstand der Ansätze zur Modellbildung, konservativen Wissensrevision und Wissensrepräsentation im Maschinellen Lernen läßt sich dadurch charakterisieren, daß gegenwärtig noch kein System exisitiert, das in der Lage ist, durch ein inkrementelles Lernen im geschlossenen Kreislauf Modelle verschiedener Weltausschnitte zu bilden, die den Ausgangspunkt für eine nicht-konservative Revisionskomponente bilden könnten.

So nehmen die Systeme METAXA.2, METAXA.3 und BLIP's MODELER hinsichtlich ihrer Fähigkeiten zum inkrementellen Lernen im geschlossenen Kreislauf mit der Korrektur von Eingabedaten beim Lernen, der Behandlung verrauschter Daten und der Verwendung einer Datenabhängigkeitsverwaltung zur Unterstützung von Revisionsprozessen eine gewisse Vorreiterrolle im Maschinellen Lernen ein. Die „Systematisierungsleistung" dieser und anderer Systeme beschränkt sich auf die Induktion von Regelmengen, Konzepthierarchien (s. z.B (Lebowitz 1987)), Entscheidungsbäumen (s. (Quinlan 1986)) o.ä., wenn nicht gar auf die Induktion einzelner Konzeptbeschreibungen.[1] Eine „echte" Modellierung von Weltausschnitten unter Einbeziehung verschiedener Bewertungskriterien (Kohärenz, Einfachheit, Effizienz, Sicherheit) mit der Möglichkeit veränderbare Modellierungsziele vorgeben zu können, wird zur Zeit von keinem (sachbereichs-unabhängigen) System vorgenommen.[2] Wie das letzte Kapitel gezeigt hat, sind auch noch sehr viele Fragen zum Thema „konservative Wissensrevision" unbeantwortet. Beispielsweise stehen bisher noch Untersuchungen aus, wann welche Arten von Modifikationen an induziertem Wissen vorgenommen werden sollten. Unklar ist insbesonders, wann eine möglicherweise fehlerhafte Regel in eine unsichere Regel oder in eine Defaultregel überführt oder unter welchen Umständen sie (z.B. durch Stützmengeneinschränkungen) auf andere Weise modifiziert oder gelöscht werden sollte.

Die Ersetzung eines Modells durch ein alternatives Modell erfolgt im nicht-kumulativen Lernmodus in zwei Schritten. In einem ersten Schritt wird durch eine nicht-konservative Revision und den Versuch der Ausarbeitung des Ergebnisses ein alternatives Modell konstruiert. Dabei bleibt das Ausgangsmodell unverändert. Im zweiten Schritt wird das Ausgangsmodell mit dem resultierenden Modell verglichen und (sofern dies sinnvoll) ein Modell als Ausgangspunkt weiterer Lernprozesse ausgewählt, wobei der Vergleich der Modelle auch einen Wettstreit beinhalten kann, der als Nebeneffekt zur weiteren Verbesserung beider Modelle führt.

Der zweite Abschnitt dieses Kapitels behandelt auf allgemeiner Ebene den Fragenkomplex, wann und wie alternative Modelle zu einem im kumulativen Lernmodus entwickelten Modell konstruiert werden können. Im dritten Abschnitt wird die konkrete Realisierung nicht-konservativer Wissensrevisionen im System METAXA.3 beschrieben.

6.2 Entwicklung alternativer Modelle

Ein erster Schritt zur Untersuchung, wie alternative Modelle konstruiert werden, besteht darin, eine Zerlegung der Aufgabe in Teilaufgaben vorzunehmen. Wir wollen davon ausgehen, daß die Entwicklung eines alternativen Modells, das später mit seinem Ausgangsmodell verglichen werden kann, durch einen Prozeß realisiert werden kann, der folgende Phasen beinhaltet:

- Identifikation der Situation, in der der Versuch der Entwicklung eines alternativen Modells vorgenommen werden soll,

- falls durch den ersten Schritt noch keine Hypothesen vorliegen, die Bestandteile des Ausgangsmodells ersetzen könnten:

---

[1]Als Ausnahme kann das induktive System von Brown (Brown 1973) betrachtet werden, das Regeln mit dem Ziel der Komprimierung von Wissensbasen induziert. Allerdings ändert diese Ausnahme nichts an der Gesamteinschätzung, da auch die Systematisierungsleistung dieses Systems sehr beschränkt ist.

[2]Erste Schritte zur Einbeziehung von Wissen über Modellierungsziele beim induktiven Lernen sind mit dem Topologie-Konzept in BLIP (Emde et al. 1989, S. 62f) und den Zielabhängigkeitsnetzwerken in CLUSTER/S (Stepp, Michalski 1986) gemacht wurden.

- Suche nach Hypothesen, die im kumulativen Lernmodus geschützte Modellbestandteile ersetzen könnten,

- falls keine solchen Hypothesen gefunden wurden (destruktive nicht-konservativen Wissensrevision):

  - Bestimmung und Löschung der fehlerhaften Teile des Ausgangsmodells,

  sonst (konstruktive nicht-konservative Wissensrevision):

  - Übernahme von Teilen aus der Wissensbasis des Ausgangsmodells, die konsistent zu den Hypothesen sind,

- Übernahme der Daten, die mit dem Ausgangsmodell nicht-akzeptiert werden konnten, aber konsistent zum neuen Modell sind,

- Ausarbeitung des neuen Modells

Auf jede dieser Phasen wird in den folgenden Unterabschnitten eingegangen.

6.2.1 Entscheidung zur nicht-konservativen Wissensrevision

Bevor wir darauf zu sprechen kommen, wodurch in maschinell lernenden Systemen nicht konservative Wissensrevisionen ausgelöst werden sollten, ist es sinnvoll, die Standpunkte von Kuhn und Feyerabend über das auslösende Moment von „Paradigmenwechseln" in der Wissenschaft zu rekapitulieren. Kuhn geht davon aus, daß sich die Grenze eines Paradigmas durch eine „Krise" der Wissenschaft offenbart (s. Abschnitt 2.2.1) und diese Krise einen Paradigmenwechsel verursacht. Demgegenüber vertritt Feyerabend die Ansicht, daß die grundlegenden Fehler in einer wissenschaftlichen Theorie nie offen zutage treten, weil auftretende Inkonsistenzen durch die Korrektur peripherer Hypothesen, die Einführung zusätzlicher (ad-hoc) Hypothesen und durch Anpassung der Daten an die Theorie aufgelöst werden (s. Abschnitt 2.2.2). Feyerabend geht davon aus, daß alternative Theorien notwendig sind, um die Unzulänglichkeiten bzw. Grenzen von Theorien aufzudecken. Er propagiert daher ein kontrainduktives Vorgehen, bei dem alternative Theorien auch dann entwickelt werden, wenn die aktuelle Theorie gut bestätigt zu sein scheint.

Wann sollte ein maschinell lernendes System den Versuch der nicht-konservativen Revision seines Wissens unternehmen? Mit dem letzten Kapitel wurde die Hypothese gerechtfertigt, daß nicht-konservative Wissensrevisionen auch in maschinell lernenden Systemen notwendig sein können, wenn es um die Bildung Modellen geht, die im Vergleich zu wissenschaftlichen Theorien relativ einfach sind. Je weniger komplex ein Wissenssystem ist, desto größer wird die Wahrscheinlichkeit, daß dessen Fehler und Grenzen an (mehr oder weniger) unzweifelbaren Anzeichen sichtbar werden. So kann, wie das Beispiel von Samuels CHECKERS PLAYER zeigt, unter Umständen sogar ein relativ eindeutiges Entscheidungskriterium angegeben werden, wann ein lokales Maximum beim Lernen mit einer hill-climbing Strategie erreicht ist (s. Abschnitt 2.1.4).

Daraus kann aber nicht der Schluß gezogen werden, daß beim maschinellen Lernen auf ein kontrainduktives Vorgehen verzichtet werden kann. Zum einen können die konfirmativen und konservativen Strategien des kumulativen Lernens dazu führen, daß auch bei eng umgrenzten Weltausschnitten, die keine besonders tiefe Modellierung erfordern, Unzulänglichkeiten eines Modells verborgen bleiben. Zum anderen sollte ein „kontrainduktives Vorgehen" (s. Abschnitt 2.2.2) auch deshalb in Betracht gezogen werden, weil die Bildung und Überprüfung eines Modells, das einem aktuellen „gut bestätigten" Modell widerspricht, als Abkürzung des Weges über ein degeneriertes Modell sinnvoll sein kann. Gerät ein lernendes System beispielsweise in eine Situation, die Ähnlichkeiten zu einer früheren Lernsituation aufweist, die später zu einer erfolgreichen nicht-kumulativen Lernphase führte, sollte unter Umständen untersucht werden, ob die nicht-konservative Wissensrevision nicht auf die neue Situation durch Analogie-Schluß übertragbar ist.

Wir wollen also für das Maschinelle Lernen im folgenden zwischen solchen nicht-konservativen Revisionen unterscheiden, die durch ein Anwachsen von Schwierigkeiten im kumulativen Lernmodus verursacht werden, und solchen, die „kontrainduktiv" vorgenommen werden, ohne daß die Grenzen einer kumulativen Lernphase offensichtlich werden.

Der Ausgangspunkt für die Betrachtung von Unzulänglichkeiten eines Modells als Auslöser für nicht-konservative Wissensrevisionen soll eine bestimmte Lernsituon sein. Wir wollen annehmen, daß ein lernendes System mit einer Menge von Daten über leichte schmerzbetäubende und fiebersenkende Arzneimittel (Analgetika), versorgt wird und mit Hilfe von vorgegebenem Hintergrundwissen (z.B. über die Bedeutung bestimmter Körperfunktionsstörungen und Beschwerden) ein Modell konstruieren soll, das die Beurteilung der Zweckmäßigkeit von Medikamenten erlaubt.

Das lernende System befindet sich im kumulativen Lernmodus und hat folgende Entwicklung vollzogen (die in Klammern angegebenen Bezeichner verweisen auf Regeln auf Tafel 6.1): Durch einen fehlgeschlagenen Versuch der Bildung eines Modells unter Betrachtung aller Daten, hat das System Medikamente zur Untersuchung ausgewählt, die nur einen Bestandteil enthalten. Beim Vergleich der Medikamente wurde aufgedeckt, daß Medikamente, die über den gleichen Inhaltsstoff verfügen, nahezu gleiche Angaben über Anwendungsgebiet (Indikation), Nebenwirkungen und Situationen, in denen das Medikament nicht verordnet werden sollte (Kontraindikation), zu finden sind. Nicht übereinstimmende Angaben wurden auf die Unvollständigkeit der Daten zurückgeführt. Entsprechende Regeln zur Ableitung von Angaben über Indikationen, Nebenwirkungen und Kontraindikationen wurden zur Ableitung fehlender Angaben verwendet. Dann wurde aufgedeckt, daß die Nebenwirkungen eines Medikamentes abhängig von der Menge ist, in der ein Wirkstoff in einem Medikament zu finden ist. Je größer die Menge ist, desto schwerer ist tendenziell die Nebenwirkung des Medikamentes (r14).

Anschließend wurde mit Beschreibungen von Testmedikamenten aufgedeckt, daß die positiven Wirkungen von Wirkstoffen in Medikamenten nur dann auftreten, wenn die Menge des Wirkstoffs einen Schwellwert überschreitet, der von der Art des Wirkstoffs abhängig ist. Damit wurde ein (theoretisches) Konzept „Indikation von Substanzen" (substanz_indikation1) mit einer Reihe entsprechender Assertionen eingeführt. Sie beschreiben die Mindestmengen (m) von Substanzen (s), die verabreicht werden müssen, um eine bestimmte Wirkung (i) zu verursachen. Die Regel r19 dient mit diesen Assertionen dazu, die Wirkung von Substanzen konkreter Medikamente anzuleiten. Die ebenfalls induzierte Regel r21 wurde verwendet, um fehlende Angaben über Indikationen aus den Angaben über Wirkstoffe und die Menge der Wirkstoffe abzuleiten. Damit konnte zur Vereinfachung des Modells die vorher gebildete Regel zur Ableitung von Angaben über Indikationen gelöscht werden, weil diese nur dann anwendbar war, wenn die Bestandteilangaben verschiedener Medikamente identisch waren. Auf entsprechende Weise wurden die Konzepte „Nebenwirkungen von Substanzen" (r20) und „Kontraindikationen von Substanzen" und die zugehörigen Regeln zur Ableitung von Nebenwirkungen (r23) und Kontraindikationen von Medikamenten eingeführt.

Anschließend wurde der Versuch der Erweiterung dieses Modells auf Medikamente unternommen, die mehr als eine Substanz enthalten. Es stellte sich heraus, daß die Regeln zur Ableitung von Angaben über Indikationen, Nebenwirkungen und Kontraindikationen übertragbar waren, allerdings mit einer Einschränkung. Das Konzept „Indikationen von Substanzen" war in der Form, wie es für Monopräparate gültig schien, nicht verwendbar. Bei Kombinationspräparaten war die Wirkung von Substanzen auch dann schon angegeben, wenn die kritische Schwellwert für die Mindestdosierung bei Monopräparaten noch nicht erreicht war (r27). Deshalb wurde ein Teil der betreffenden Schwellwerte verändert (d.h. die Assertionen zu „substanz_indikation1"). Mit dieser Information und dem schon zu Beginn der Modellierung bemerkten Phänomen, daß Nebenwirkungen von Substanzen mit der Höhe ihrer Dosierung steigen, wurde die Regel (r29) induziert, die besagt, daß Kombinationspräparate therapeutisch zweckmäßig sind, während von Monopräparaten abzuraten ist, weil sie höhere Dosierungen von Einzelsubstanzen erfordern (r30).[3]

Zur Illustration ist ein Teil des Modells in Form von Regeln der Inferenzmaschine IM-2 auf Tafel 6.1 aufgeführt. Die Variablennamen wurden so gewählt, daß aus ihnen ersichtlich ist, auf welche Objekte die Argumente der Prädikate bzw. Operatoren verweisen (a: Arzneimittel, sts: Störungsschwerebewertung, max_sts: maximale Störungsbewertung, i: Indikation, m: Mengenangabe, n: Nebenwirkung, s: Substanz). Wir wollen annehmen, daß die Regeln r10 und r11 entweder vorgeben wurden oder vom System (neben anderen, die z.B. Minimalwerte berechnen) automatisch eingeführt wurden. Die Regeln r22 und r24 repräsentieren die Annahme des Systems, daß jede Wirkung und Nebenwirkung eines Medikamentes auf die Wirkung einzelner Wirkstoffe zurückzuführen ist, d.h. das System verfügt nicht über ein Konzept „gegenseitige Wirkungsverstärkung von Einzelsubstanzen".

Die Regeln r14 und r27 stellen den qualitativen Teil des Modells dar. Diese Regeln dienen nicht der Ableitung von Objektbeschreibungen, sondern der Unterstützung des Modellierungsprozesses. Zum Beispiel repräsentiert die Regel r27 die Regularität, daß Wirkstoffe in Monopräparaten meist eine höhere Dosierung aufweisen als in Kombinationspräparaten. Hat ein lernendes System eine solche qualitative Regularität aufgedeckt, kann es nach charakteristischen Grenzwerten, quantitativen Gesetzmäßigkeiten oder (heuristischen) Re-

---

[3]Aufgrund der in der Einleitung des Kapitels gemachten Einschätzungen zum Stand der Kunst im Maschinellen Lernen sollte klar sein, daß es im Rahmen dieser Arbeit nicht möglich war, ein System zu implementieren, das eine solche Folge induktiver Schlußfolgerungen realisiert. Ferner ist an dieser Stelle nicht einmal relevant, ob die Schlußfolgerungen auf der Basis von Daten aus der realen Welt in allen Einzelheiten plausibel wären, vielmehr soll es hier reichen, daß ein in seinen Konsequenzen ähnliches Modell lange Zeit in der Arzneimittelkunde vertreten wurde (s. (Langbein et al. 1983, S. 41)). Tatsächlich vereinfachen die angegebenen Schlußfolgerungen die wahren Zusammenhängen. Beispielsweise müßte unterschieden werden zwischen den Wirkstoffmengen, die in einer Tablette zu finden sind, und denen, die mit einer Einzel- bzw. Tagesdosis verordnet werden.

Tafel 6.1. Regeln eines zu revidierenden Modells

```
a,n,sts :: nebenwirkung(a,n) & störungsschwere(n,sts)
            --> störungsschwere_einer_nebenwirkung(a,sts)  (r10)
sts,a,max_sts ::
    max_of(sts,
        störungsschwere_einer_nebenwirkung(a,sts),
        max_sts)
            --> max_störungsschwere(a,max_sts)             (r11)
a1,a2,s,m1,m2,max_sts1,max_sts2 ::
    one_part_object(a1) & one_part_object(a2) &
    bestandteil(a1,s,m1) & bestandteil(a2,s,m2) &
    gt(m1,m2) &
    max_störungsschwere(a1,max_sts1) &
    max_störungsschwere(a2,max_sts2)
            --> ge(max_sts1,max_sts2)                       (r14)
s,i,m,m1 :: substanz_indikation1(s,i,m1) &
    ge(m,m1) --> substanz_indikation(s,i,m)                 (r19)
s,n,m,m1 :: substanz_nebenwirkung1(s,n,m1) &
    ge(m,m1) --> substanz_nebenwirkung(s,n,m)               (r20)
a,s,m,i :: bestandteil(a,s,m) &
    substanz_indikation(s,m,i)
            --> indikation(a,i)                             (r21)
a,i :: unknown(indikation(a,i) --> not(indikation(a,i))     (r22)
a,s,m,n :: bestandteil(a,s,m) &
    substanz_nebenwirkung(s,m,n) --> nebenwirkung(a,n)      (r23)
a,i :: unknown(nebenwirkung(a,i))
    --> not(nebenwirkung(a,i))                              (r24)
a1,a2,s,m1,m2 ::
    one_part_object(a1) & multi_part_object(a2) &
    bestandteil(a1,s,m1) & bestandteil(a2,s,m2) &
            --> ge(m1,m2)                                   (r27)
a :: multi_part_object(a)
            --> therapeutisch_zweckmässig(a)                (r29)
a :: one_part_object(a) --> abzuraten(a)                    (r30)
```

geln (wie z.B. Regel r29) suchen und mit entsprechenden Metaregeln über diesem Wissen räsonieren (s. Abschnitt 4.3.2).[4]

Das Modell spiegelt die Realität nur teilweise korrekt wider. Nur ansatzweise korrekt modelliert wird die positive Wirkungsverstärkung, die sich zwischen verschiedenen Substanzen ergeben kann. Das Modell sagt überhaupt nichts über das Phänomen aus, daß verschiedene Substanzen, die einzeln verabreicht als relativ sicher gelten, zusammen zu schweren Nebenwirkungen führen können (z.B. Paracetamol und Salicylamid (Langbein et al. 1983, S. 41)). Ferner ist es nach dem heutigen Wissensstand falsch zu behaupten, daß Kombinationspräparate therapeutisch zweckmäßig sind, vielmehr ist das Gegenteil der Fall.

Trotzdem erlaubt das Modell korrekte Schlußfolgerungen. Beispielsweise ist das Monopräparat Novalgin, wie mit dem Modell ableitbar, nicht therapeutisch zweckmäßig. Allerdings gilt dies deswegen nicht, weil es die Substanz Metamizol in einer hohen Dosis enthält, sondern weil die in ihm enthaltene Substanz Metamizol alleine schon schwere Nebenwirkungen verursachen kann. Das Kombinationspräparat Aspirin Plus C wird mit dem Modell korrekt als therapeutisch zweckmäßig bewertet. Nur gilt dies in der Arzneimittelkunde nicht deshalb, weil die Kombination des Wirkstoffs ASS mit Vitamin C ermöglicht, ASS in einer geringeren Menge zu verabreichen, als dies möglich ist, wenn ASS als Monopräparat verwendet wird. Vielmehr ist ausschlaggebend, daß Aspirin plus C keine Kombination mehrerer Schmerzhemmer darstellt. Außerdem lassen sich mit dem Modell sehr viele positive Wirkungen und negative Wirkungen von Medikamenten ableiten, wenn bekannt ist, aus welchen Bestandteilen sie zusammengesetzt sind.

Wie kann das lernende System mit diesem Modell im kumulativen Lernmodus mit neuen bzw. noch nicht betrachteten Daten (konfirmative Datenauswahl) weiterlernen, wenn sich diese teilweise nicht mit dem Modell vereinbaren lassen?

- Es kann sich darauf beschränken, Daten für das Weiterlernen auszuwählen, die sich mit Modell vereinbaren lassen (s. Abschnitt 5.3.2).

- Das System kann Beschreibungen von Nebenwirkungen, die auf Interaktionen verschiedener Substanzen zurückzuführen sind, als fehlerhaft klassifizieren.

- Zur Erklärung solcher Nebenwirkungen, kann es aber auch postulieren, daß die Medikamente neben den bekannten Substanzen noch andere (unbekannte) Substanzen enthält, die die beschriebenen Nebenwirkungen erklären.[5] Oder es kann den in Tabletten verwendeten Füllstoff für die Nebenwirkungen verantwortlich machen.

- Es kann die Mengenangaben in der Beschreibung der Bestandteile von Medikamenten als fehlerhaft bewerten und „korrigieren".

---

[4]Bei einem (insgesamt fehlgeschlagenen) Versuch durch eine Erweiterung des MODELERs die oben beschriebene Modellierung durch ein System zu realisieren, konnten qualitative Regeln, wie die Gezeigten, durch das regelschema-basierte Generalisierungsverfahren mit speziellen Regelschemta induziert werden. Im Gegensatz zu normalen Regelschemata enthielten diese Schemata *built-in* Vergleichfunktionen der Inferenzmaschine in der Konklusion. Ein anderer Ansatz zur Induktion qualitativer Gesetze ist in (Nordhausen, Langley 1987) beschrieben.

[5]zur Modellierung solcher Schlußfolgerungen im System STAHLp s. (Rose, Langley 1986) (Abschnitt 2.1.2)

Weitere Möglichkeiten des Umgangs mit unpassenden Daten wurden im letzten Kapitel beschrieben.

Welches sind die zentralen, durch die Strategien des kumulativen Lernmodus vor Veränderungen „geschützten" Teile des Modells? Diese Frage kann nur in Kenntnis der Strategien beantwortet werden. Es ist möglich, daß die konfirmative bzw. konservative Ausrichtung schwach ist, so daß alle Regeln des Modells mehr oder weniger schnell Anfechtungen durch Daten unterliegen können. Es ist aber auch möglich, daß die konservative Ausrichtung stark ist und das System zwingen, alle Alternativen zu prüfen, die durch minimale Veränderungen erreichbar sind. Wir wollen hier annehmen, daß die Regeln zur Bewertung von Medikamenten (therapeutisch zweckmäßig vs. abzuraten) „weniger geschützt" sind (Regel r29 und Regel r30), weil sie das letzte Element einer Kette induktiver Schlußfolgerungen sind und ihre Verwerfung nicht ein Verwerfen der anderen Regeln des Modells einschließen muß. Diese anderen Regeln wollen wir als „relativ geschützt" betrachten, so daß die Aufgabe einer nicht-kumulativen Lernphase darin besteht, Alternativen zu diesen Regeln zu konstruieren.

Damit können wir nun endlich zum Problem des Erkennens von Lernsituationen kommen, in denen es nicht mehr möglich ist, durch ein kumulatives Lernen eine Verbesserung des Modells zu erreichen und die daher den Wechsel zum nicht-kumulativen Lernen erfordern. Wir suchen nach Anzeichen, die möglichst frühzeitig auf das Erreichen einer solchen Situation hindeuten, ohne daß der *Beweis* des Erreichens dieser Situation erbracht wurde, indem alle im kumulativen Lernmodus möglichen Verbesserungen probiert wurden.[6]

Unser lernendes System in der Medikamentenwelt muß mit der Betrachtung neuer Daten auf immer mehr Inkonsistenzen zwischen den Vorhersagen seines Modells und den (Roh-)Daten stoßen. Als Anzeichen für die Notwendigkeit einer nicht-kumlativen Lernphase könnte damit eine „große Zahl" nicht akzeptierter Daten gewertet werden. Was aber bedeutet „große Zahl"? Da es keinen Sinn macht, einen Absolutwert zur Spezifikation anzugeben, da dies die Kenntnis der Fehlerhaftigkeit der Daten bedingt, müssen zusätzlich andere Informationen zur Relativierung herangezogen werden. Wichtig ist das Verhältnis der Anzahl nicht-akzeptierter Daten zur Anzahl akzeptierter Daten. Dabei muß allerdings berücksichtigt werden, daß bestimmte Daten dem Modell angepaßt wurden. Auch in Betracht gezogen werden muß die Anzahl der Widersprüche, die schon im Wissen des Systems vorliegen. Als „krisenhaft" sollte eine Lernsituation spätestens dann gewertet werden, wenn die Anzahl der Daten, die ein Modell nicht „erklärt", größer ist als die Anzahl der „erklärten" Daten und sich das Mißverhältnis mit neuen Daten immer weiter zu Ungunsten der Anzahl „erklärter" Daten verschiebt.

Als ein weiteres Anzeichen für ein im kumulativen Lernmodus nicht weiter verbesserbares Modell könnte der Umstand gewertet werden, daß die konfirmative Datenauswahl keine weiteren Daten findet, die ohne Inkonsistenzen hervorzurufen, akzeptiert werden können. Bei dem Medikamentenmodell wird beispielsweise sehr schnell die Situation eintreten, daß keine Beschreibungen von Kombinationspräparaten zu finden sind, denen eine „therapeutisch zweckmäßig"-Bewertung zugeordnet ist. So ist z.B. die Anzahl der „Kombinationspräparate" relativ klein, die neben einem Schmerzhemmer nur einen Vitaminzusatz enthalten und daher als zweckmäßig zu beurteilen sind.

---

[6]Zur Erinnerung: Im Rahmen dieser Arbeit interessieren uns Lernaufgaben, bei denen es nicht möglich ist, eine vollständige Suche durchzuführen.

Bei näherer Betrachtung ist die Formulierung des Kriteriums „keine weiteren Daten..." allerdings unbefriedigend. Bei der Modellierung von Bereichen, in denen die Menge der Objekte zwar sehr groß ist, die Objekte sich aber nur unwesentlich in Bezug auf das Modellierungsziel (z.B. durch verschiedene Bezeichner) voneinander unterscheiden, stehen dem System möglicherweise immer (oder sehr lange) neue Daten zur Verfügung, die mit dem Modell zu vereinbaren sind. Beispielsweise gibt es sehr viele Medikamente, die sich nur durch ihren Hersteller und ihren Preis voneinander unterscheiden. Daher muß das Kriterium folgendermaßen lauten: Das System befindet sich an einem Punkt, wo es zum nicht-kumulativen Lernmodus wechseln muß, wenn die konfirmative Datenauswahl keine Daten mehr findet, die konsistent zum Modell sind *und* zu kumulativen Modellveränderungen genutzt werden können, aber noch eine große Zahl von Daten vorhanden ist, die sich mit dem Modell nicht ohne Anpassung erklären lassen.

Die beiden bisher behandelten Anzeichen für die Notwendigkeit einer nicht-konservativen Revision beziehen sich ausschließlich auf die Konsistenz der aus einem Modell ableitbaren Vorhersagen zu den Daten. Weil ein lernendes System aber die Übereinstimmung seines Modells mit den Daten möglicherweise durch Modifikationen verbessern kann, wenn es die Verschlechterung seines Modells hinsichtlich anderer Bewertungskriterien in Kauf nimmt, soll noch ein andersartiges Indiz behandelt werden. In unserer Medikamentenwelt könnte das lernende System die Konsistenz des Modells möglicherweise verbessern, indem es die Regel r29 und r30 zur Zweckmäßigkeitsbewertung von Medikamenten ersetzt. Als Alternative bieten sich Regeln an, die auf die mit r11 ableitbare (maximale) Störungsschwere von Medikamenten Bezug nimmt, z.B.:

```
a,max_sts :: max_störungsschwere(a,max_sts) &
    lt(max_sts,20)
        --> therapeutisch_zweckmässig(a) (r32).
```

Damit würden Kombinationspräparate nur dann als zweckmäßig bewertet, wenn die Schwere der Störungen, die sie verursachen, gering ist. Mit der Einführung einer solchen Regel muß das System aber gleichzeitig sicherstellen, daß sie nur dann zur Ableitung von Bewertungen von Medikamente angewendet wird, wenn es sicher ist, alle Nebenwirkungen der in den Medikamenten enthaltenen Substanzen zu kennen. Andernfalls würde z.B. jedes Medikament, dessen Wirkstoffe für das System neu (unbekannt) sind, als zweckmäßig bewertet. In Folge der Einführung der Regel wird es bei der großen Vielfalt von Wirkstoffen zu wesentlich weniger Beurteilungen der Zweckmäßigkeit von Medikamenten kommen, d.h. die verbesserte Konsistenz des Modells zu den Daten wird mit einer geringeren Vollständigkeit erkauft.

Als ein weiteres Indiz, das für die Notwendigkeit einer nicht-konservativen Revision spricht, sollte daher eine Folge von Revisionen gewertet werden, die durch die Einbeziehung immer mehr Daten erforderlich wurden und mit der Zeit zu einer immer schlechteren Gesamtbewertungen des Modells (hinsichtlich Konsistenz, Einfachheit und Vollständigkeit etc.) führten.

An dieser Stelle sollte intuitiv klar sein, welche Bedeutung solche Kriterien zum Erkennen der Notwendigkeit nicht-kumulativer Lernphasen haben und wie solche Kriterien aussehen. Sicherlich gibt es noch andere Kriterien, die die Notwendigkeit einer nicht-kumulativen Lernphase anzeigen. Ferner steht eine Operationalisierung der Kriterien für die Realisierung eines allgemeinen nicht-kumulativen Ansatzes aus. Die Untersuchung soll aber hier abgebrochen werden, um auf Möglichkeiten des kontrainduktiven Übergangs zum nicht-kumulativen Lernen zu sprechen zu kommen.

Die obengenannten Kriterien (und erst recht operationale Formen dieser Kriterien) sind fehlbar. Erstens können sie die Notwendigkeit einer kumulativen Lernphase anzeigen, obwohl noch Verbesserungen des Modells im kumulativen Lernmodus möglich sind. Zweitens ist möglich, daß das Erreichen eines „lokalen Maximums" nicht erkannt wird. Letzteres war schon zu Beginn dieses Abschnittes als ein Grund für Zweckmäßigkeit kontrainduktiver Vorgehensweisen in maschinell lernenden Systemen genannt worden. Als weiterer Grund war genannt worden, daß lernende Systeme mit einem kontrainduktiven Vorgehen die Ausbildung eines lokalen Maximums nach Möglichkeit umgehen sollten, indem sie schon vor dem Erreichen eines lokalen Maximums zu einer „fortschrittlicheren Sichtweise" auf den Weltausschnitt wechseln. Im Rest dieses Abschnittes soll untersucht werden, unter welchen Umständen ein lernendes System versuchen soll, zu einem nicht-kumulativen Lernen überzugehen, ohne daß Hinweise auf die Nichtverbesserbarkeit eines Modells im kumulativen Lernmodus vorliegen.

Grundsätzlich sollte der Versuch einer nicht-konservativen Revision unternommen werden, wenn sich eine alternative Modellierungsmöglichkeit andeutet, die Verbesserungen verspricht, und das System über freie Ressourcen verfügt (z.B. momentan keine Daten mehr vorliegen, die noch nicht in die Modellierung eingeflossen sind). Alternative Modellierungsmöglichkeiten können sich andeuten sowohl in einzelnen Lernresultaten beim kumulativen Lernen als auch in Ähnlichkeiten einer vorliegenden Lernsituation zu einer früheren Lernsituation, die später zu einer erfolgreichen nicht-konservativen Revision geführt haben. Zur Illustration soll weiterhin das Modell zur Medikamentenwelt dienen.

Die Verwendung einer konfirmativen Hypothesengenerierungsstrategie zur Verbesserung des Modells im kumulativen Lernmodus schließt nicht aus, daß die mit Regel r27:

```
a1,a2,s,m1,m2 ::
     one_part_object(a1) & multi_part_object(a2) &
     bestandteil(a1,s,m1) & bestandteil(a2,s,m2) &
         --> ge(m1,m2)
```

gefundene Regularität näher untersucht wird. Eine solche Untersuchung könnte in der Entdeckung der Regularität resultieren, daß die einzelnen Substanzen in Kombinationspräparaten genau dann geringer dosiert sind als in Monopräparaten, wenn in ihnen mindestens zwei Substanzen kombiniert sind, die beide nicht als Vitamin beschrieben sind.[7] Mit dieser Entdeckung könnte die Regel r27 verfeinert werden zu:

```
a1,a2,s,m1,m2 ::
     one_part_object(a1) &
     enthält_interferierende_substanzen(a2) &
     bestandteil(a1,s,m1) & bestandteil(a2,s,m2) &
         --> gt(m1,m2)
```

---

[7]Zur Vereinfachung der Darstellung soll auf die unterschiedlichen Effekte der Kombination verschiedartiger Wirkstoffe nicht näher eingegangen werden. In der Realität ergeben sich gegenseitige Wirkungsverstärkungen bei der Kombination verschiedener Schmerzhemmer und bei der Kombination einiger Schmerzhemmer mit Coffein. Bei der Kombination von beruhigenden Wirkstoffen mit aufputschenden Wirkstoffen besteht die Gefahr, daß sich als Nebenwirkung eine Medikamentenabhängigkeit herausbildet (Langbein 1983).

mit veränderter Konklusion und mit einem Bezug auf ein neues Konzept „enthält-interferierende-substanzen“[8], das z.B. folgendermaßen definiert wird:

```
a,s1,s2,m1,m2 ::
    bestandteil(a,s1,m1) & bestandteil(a,s2,m2) &
    ne(s1,s2) &
    not(vitamin(s1)) &
    not(vitamin(s2)) &
    --> enthält-interferierende-substanzen(a) (r34).
```

Dieses Konzept erlaubt nun die (nicht-konservative) Verbesserung der Regeln zur Ableitung von Angaben über die Indikation von Medikamenten und ihren Nebenwirkungen. Um eine nicht-konservative Revision zu initiieren, benötigt das lernende System aber einen Hinweis darauf, daß mit der verbesserten Repräsentationssprache zentrale Bestandteile des Modells verbessert werden können. In unserem Beispiel könnte dieser Hinweis durch die Charakterisierbarkeit nicht-akzeptierter Daten mit dem neuen Konzept gegeben sein.[9] Wurden beispielsweise verschiedene Daten über Nebenwirkungen von Medikamenten nicht akzeptiert, die gemeinsam Instanzen des neuen Konzeptes sind, soll dies als ausreichender Grund für den Versuch einer nicht-konservativen Revision betrachtet werden.

Durch Verallgemeinerung ergibt sich folgende Heuristik zur Einleitung nicht-kumulativer Lernphasen: Wenn ein neugebildetes Konzept nicht nur zur Verbesserung peripherer Bestandteile des Modells, sondern auch zur Charakterisierung widersprüchlicher oder nicht-akzeptierter Daten verwendet werden kann, die nicht in engem Zusammenhang zur Konzeptbildung stehen, ist ein gutes Indiz dafür gegeben, daß eine nicht-kumulative Lernphase zu einem besseren Modell führt.

Auf ähnliche Weise läßt sich folgende Heuristik rechtfertigen: Wenn die Extension eines neugebildeten Konzeptes „Ähnlickeiten“ zur Extension eines Konzeptes aufweist, das zu Beginn der Modellierung (oder zu Beginn der kumulativen Lernphase) gebildet wurde, sollte der Versuch unternommen werden, zentrale Bestandteile des Modells mit dem neuen Konzept zu reformulieren.

Bisher wurde die Idee, Analogien zu früheren Lernsituationen als Auslöser für nicht-konservative Revisionen zuzulassen, noch nicht näher untersucht. Trotzdem soll auf diese Idee kurz eingegangen werden, da sie zum einen nicht sehr abwegig und realisierbar erscheint, zum anderen weil sie für die Allgemeingültigkeit des Ansatzes von entscheidender Bedeutung sein könnte. Bisher ist noch nicht absehbar, wie allgemein die Heuristiken sein können, die nicht-kumulative Lernphasen einleiten. Sollte sich herausstellen, daß lernende Systeme relativ spezielle Heuristiken benötigen, dann muß die Frage gestellt werden, woher diese Heuristiken kommen. Daher sollte untersucht werden, ob solche Heuristiken zur Unterstützung von Revisionsprozessen nicht aus erfolgreichen (konstruktiven oder destruktiven) Wissensrevisionen generalisiert werden können. Mit dem Erwerb solcher Heuristiken würde ein „Lernen zu Revidieren“ realisiert. Ein Beispiel für eine Heuristik, die durch Generalisierung aus einer vorangegangenen Revision gelernt worden sein könnte, wird in Abschnitt 6.3 beschrieben.

---

[8]Beim Lernen ohne Eingriffe durch einen Lehrer würden natürlich „nicht-sprechende“ Namen generiert und verwendet“.

[9]In Abschnitt 5.3.1 wird auf die Möglichkeit der Suche nach Regularitäten in nicht-akzeptierten Daten eingegangen. Auf entsprechende Weise läßt sich die Charakterisierbarkeit der Daten mit einer neuen Regel testen.

6.2.2 Suche nach alternativen Hypothesen

Hat ein System die Notwendigkeit oder Zweckmäßigkeit erkannt, einen Versuch der nicht-konservativen Wissensrevision durchzuführen, muß nach alternativen Hypothesen gesucht werden, die geschützte Bestandteile des Modells ersetzen können, sofern der Auslöser einer nicht-konservativen Revision nicht schon in einer bestimmten Hypothese besteht. Mit alternativen Hypothesen ist eine konstruktive nicht-konservative Revision möglich, ohne Alternativen bleibt dem System nichts anderes übrig als potentiell fehlerhafte Bestandteile zu löschen, d.h. destruktiv zu revidieren.

Keine alternative Hypothese liegt nach der Entscheidung zur nicht-konservativen Revision vor, wenn der Wechsel zum nicht-kumulativen Lernmodus aufgrund von Hinweisen vorgenommen wurde, daß eine Verbesserung des Modells im kumulativen Lernmodus nicht mehr möglich ist. Aber auch in diesem Fall gibt es noch verschiedene Möglichkeiten, eine alternative Hypothese zu finden.

In den Ausführungen zu konfirmativen Strategien bei der Hypothesengenerierung (Abschnitt 5.3.3) wurde auf das Problem der Betrachtung von Alternativen beim kumulativen Lernen eingegangen. Es wurde erläutert, daß es sinnvoll ist, sich einander gegenseitig ausschließende Alternativen auf der Ebene einzelner Hypothesen zu betrachten, solange sie nicht im Widerspruch zur bisherigen Modellierung stehen. Die Auswahl einer dieser Hypothesen erfolgt nach der Hypothesenüberprüfung auf der Grundlage der positiven und negativen Evidenz, die für die einzelnen Hypothesen ermittelt wurden. Dies muß nicht bedeuten, daß die Hypothesen, die zugunsten einer besser erscheinenden Hypothese verworfen wurden, vergessen werden müssen. Vielmehr scheint es sinnvoll, solche Hypothese, die einen gewissen Bestätigungsgrad erreicht haben (bzw. solche, die weder eindeutig bestätigt noch verworfen wurden), heranzuziehen, um eine Hypothese zu ermitteln, die den Ausgangspunkt einer konstruktiven Revision bilden kann.[10]

Die wichtigste Voraussetzung, die eine im früheren Lernprozeß verworfene Hypothese mitbringen muß, um sie für die Realisierung einer konstruktiven nicht-konservativen Revision nutzen zu können, besteht darin, daß sie zu Beginn der nicht-kumulativen Lernphase unvereinbar mit den geschützten Teilen des Modells sein muß. Sonst ist nicht gewährleistet, daß sie zu einer nicht-konservativen Revision führt. In METAXA.3 wird deshalb beispielsweise mit Hilfe von Metaregeln geprüft, ob eine alternative Hypothese inkonsistent zum Ausgangsmodell ist (s. Abschnitt 6.2.2). Bleiben nach Anwendung dieses Auswahlkriteriums noch potentielle Kandidaten zurück, sollte überprüft werden, wie gut jede dieser Hypothesen zur Erklärung nicht-akzeptierter Assertionen und Widersprüche im Wissen des Systems geeignet ist. Auf der Grundlage des Ergebnisses dieser Untersuchung muß anschließend entschieden werden, ob eine dieser Hypothesen zum Aufbau eines alternativen Modells verwendet werden sollte. Ein Beispiel zu dieser Möglichkeit, die Bildung eines alternativen Modells ein neues Modell zu unterstützen, wird in Abschnitt 6.3 zum nicht-kumulativen Lernen in METAXA.3 folgen.

Anhand des Modells zu Arzneinebenwirkungen soll nun eine Strategie zur Konstruktion alternativer Hypothesen für den Fall entwickelt werden, daß die nicht-kumulative Lernphase aufgrund einer Konzeptbildung angestoßen wird. Wir wollen dazu annehmen,

---

[10]Natürlich braucht sich sich die Betrachtung früherer Hypothesen nicht auf solche zu beschränken, die in einem kumulativen Lernmodus erwogen wurden, genauso sinnvoll ist die Einbeziehung von Alternativen, die im Rahmen einer nicht-kumulativen Lernphase betrachtet wurden.

daß die Bildung des Konzeptes „enthält_interferierende_substanzen" den Wechsel zum nicht-kumulativen Lernen verursacht hat. Wie lassen sich in diesem Fall Hinweise darauf erhalten, daß die grundlegende Annahme der Modellierung falsch ist, nach der ausschließlich die Wirkungen und Nebenwirkungen einzelner in einem Medikament enthaltener Wirkstoffe, die Wirkungen und Nebenwirkungen eines Medikamentes bestimmen? Wie kann das System darin unterstützt werden, Regeln zur Ableitung von Nebenwirkungen zu induzieren, die auf sich gegenseitig verstärkende Wirkstoffe zurückführbar sind?

Zwei Gründe sind dafür ausschlaggebend, daß das System die Folgen der Kombination verschiedener Wirkstoffe nicht korrekt modelliert hat. Erstens erfordert die Einbeziehung von Wirkungsverstärkungen ein relativ komplexes Modell. Zweitens ist die Anzahl von Daten relativ klein, die direkt auf die Folgen der Kombination verschiedener Wirkstoffe hindeuten.

Das Konzept „enthält_interferierende_substanzen" kann aber zur Selektion von Daten verwendet werden, die es erlauben, die Regeln zu induzieren, mit denen die bisher nicht „erklärbaren" Nebenwirkungen ableitbar sind. Der Erwerb dieser Regeln bedeutet einen großen Fortschritt auf dem Weg zu einem Modell, das die Wechselwirkungen zwischen Substanzen in die Bewertung von Medikamenten mit einbezieht. Welche Daten müssen aber ausgewählt werden, damit die Regularitäten aufgedeckt werden können? Es sind die Beschreibungen von Medikamenten, deren Einnahme mit der Gefahr des Abhängigwerdens verbunden ist, weil sie sowohl beruhigende als auch aufputschende Wirkstoffe enthalten. Ferner sind es Beschreibungen von Medikamenten, die laut der aufgeführten Nebenwirkungen Organschäden verursachen, obwohl sie eigentlich nur „sichere" Wirkstoffe beinhalten. Es sind also genau die Daten von Medikamenten, denen mit dem bisherigen Modell nicht „erklärbare" Nebenwirkungen zugeordnet waren.

Daraus läßt sich folgern, daß ein Teil dieser Daten von der Datenbewertung als „fehlerhaft" ausgesondert worden sein muß. Um die gewünschten Regeln zur Ableitung von Nebenwirkungen zu gewinnen, ist das System aber darauf angewiesen, möglichst unverfälschte Daten zu untersuchen. Das heißt, das System muß u.a. die Daten zu Medikamenten untersuchen, die vom System ausgesondert oder „korrigiert" wurden. Es liegt nun nahe, daß ein einfaches Untersuchen *aller* Daten, die nicht akzeptiert wurden, nicht zum gewünschten Resultat führt. Zum einen werden diese Daten auch Medikamente beschreiben, die nichts mit Wechselwirkungen zwischen Wirkstoffen zu tun haben, zum anderen wird ein Teil dieser Daten wirklich fehlerhaft sein.

Was liegt also näher, als das neue Konzept „enthält_interferierende_substanzen" zur Auswahl der potentiell interessanten Medikamentbeschreibungen heranzuziehen. Schließlich hat dieses neue Konzept gerade deshalb auch zum Versuch der nicht-konservativen Revision geführt, weil mit ihm viele Daten charakterisierbar waren, die mit dem Modell vorher als nicht akzeptabel ausgesondert wurden (s. letzter Abschnitt). Im ersten Schritt faßt das System daher alle irgendwie zugänglichen Rohdaten zu Medikamenten zusammen, zu denen abgeleitet werden kann, daß sie „interferierende Substanzen" enthalten. Dann wird diese Menge der Daten mit Hilfe des aktuellen Modells auf Korrektheit geprüft. Im dritten Schritt wird das Lernverfahren ausschließlich auf die Original-Daten zu Medikamenten angesetzt, deren Beschreibung im Schritt zuvor insgesamt (oder teilweise) als nicht-akzeptabel bewertet wurden.

Mit einer solchen Datenauswahl steigt die Wahrscheinlichkeit, daß bisher vernachläßigte Daten besser gewürdigt werden und Regularitäten gefunden werden, die bis dahin in der Masse der Daten untergingen. Dabei kann sich die Induktionskomponente unter Umständen auf die Suche nach Regeln beschränken, die die Ableitung von Daten erlauben, die mit dem alten Modell nicht ableitbar waren. Beispielsweise könnte in der Arzneimittelwelt gezielt nach Prämissen für Regeln gesucht werden, die als Nebenwirkung von Medikamenten Abhängigkeit und Nierenschaden ableiten:

```
a,... ::
...            --> nebenwirkung(a,abhängigkeit)
a,... ::
...            --> nebenwirkung(a,nierenschaden),
```

weil gerade diese Nebenwirkungen mit dem aktuellen Modell häufig nicht erklärt werden konnten. Auf Tafel 6.2 sind Beispiele für Regeln aufgeführt, die das Resultat einer solchen Untersuchung und den Ausgangspunkt für die Entwicklung eines neuen Modells bilden könnten.

Tafel 6.2. Alternative Hypothesen für eine konstruktive Revision

```
a,s,m :: beruhigend(s) & bestandteil(a,s,m)
            --> enthält_einen_beruhigenden_wirkstoff(a)      (r35)
a,s,m :: stimulierend(s) & bestandteil(a,s,m)
            --> enthält_einen_stimulierenden_wirkstoff(a)   (r36)
a :: enthält_einen_beruhigenden_wirkstoff(a) &
     enthält_einen_stimulierenden_wirkstoff(a)
            --> nebenwirkung(a,abhängigkeit)                 (r37)
a :: bestandteil(a,paracetamol,m1) &
     bestandteil(a,salicylamid,m2)
            --> nebenwirkung(a,nierenschaden)                (r38)
beruhigend(phenobarbital)
beruhigend(butalbital)
beruhigend(pyrithyldion)
stimulierend(coffein)
```

Das Resultat beinhaltet Beschreibungen bestimmter Wirkstoffe als beruhigend bzw. stimulierend und darauf aufbauend eine Regel, die besagt, das Medikamente zur Abhängigkeit führen, wenn sie gleichzeitig einen stimulierenden und beruhigenden Wirkstoff enthalten. Die Beschreibung der stimulierenden Wirkung von Koffein könnte aus dem Hintergrundwissen stammen, während das Prädikat zur Beschreibung von Wirkstoffen als beruhigend neu eingeführt sein könnte.[11]

Dieses (zuletzt beschriebene) Vorgehen zur Entwicklung einer Menge von alternativen Hypothesen zum Aufbau eines alternativen Modells kann nun verallgemeinert werden und in dieser verallgemeinerten Form als Heuristik auch bei der Modellierung anderer

---

[11]In diesem Fall wäre „beruhigend" natürlich als „gensym" zu lesen.

Weltausschnitte verwendet werden. Wir wollen annehmen, daß sich durch ähnliche Betrachtungen weitere Heuristiken gewinnen lassen. Dabei muß natürlich klar sein, daß die Anwendung dieser Heuristiken nicht unbedingt zu einem Ergebnis führen muß, das für eine nicht-konservative Revision des Modells nützlich ist. Insbesondere bei einem kontrainduktiven Vorgehen, das ohne sichtbare Anzeichen eines nicht weiter verbesserbaren Modells im kumulativen Lernmodus begonnen wurde, sollte deshalb das Ergebnis dieses Schrittes besonders kritisch beleuchtet werden und unter Umständen zum Abbruch der nicht-kumulativen Lernphase führen.

Nachzutragen bleibt, daß bei der Auswahl alternativer Hypothese sichergestellt werden muß, daß das lernende System keine alternativen Hypothesen auswählt, die bei einer vorangegangenen nicht-kumulativen Lernphase schon einmal verworfen wurden oder bei einer nicht-kumulativen Lernphase schon einmal als Alternativen eingeführt wurden.

6.2.3 Destruktive Wissensrevision

Wenn keine alternativen Hypothesen gefunden wurde, die einen Ausgangspunkt für die Konstruktion eines neuen Modells liefert, eine nicht-konservative Revision aber trotzdem durchgeführt werden soll (z.B. weil sich beim kumulativen Lernen unzweifelhaft eine schwere Krise eingestellt hat), dann bleibt dem lernenden System nichts anderes übrig, als destruktiv nicht-konservativ zu revidieren, d.h. ohne Hinweise auf alternative Modellierungsmöglichkeiten zentrale Teile des Modells zu löschen. Die Bildung verbesserter Regeln und Konzepte bleibt dann dem normalen Lernverfahren vorbehalten, das auch beim kumulativen Lernen verwendet wird.

Mit der Entwicklung eines Verfahrens zur destruktiven nicht-konservativen Revision, muß die Frage beantwortet werden, wie inkorrekte Bestandteile eines Modells identifiziert werden können. Dabei darf folgendes Problem nicht übersehen werden: Wurde ein inkorrektes Ergebnis eines frühen Induktionsprozesses entdeckt, muß gezweifelt werden, ob spätere Lernresultate korrekt sind, da die Anwendung inkorrekter Lernergebnisse zur Ableitung inkorrekter Assertionen geführt haben kann.

Im Rahmen dieser Arbeit wurde darauf verzichtet, nähere Untersuchungen zum Thema „destruktive nicht-konservative Revision" anzustellen. Allerdings kann darauf verwiesen werden, daß auch im Rahmen der Entwicklung eines konstruktiven Verfahrens nicht auf die Behandlung von Abhängigkeitsbeziehungen zwischen verschiedenen Lernresultaten verzichtet werden kann (s. nächster Abschnitt).

6.2.4 Konstruktive Wissensrevision

Alternative Hypothesen bedeuten einen teilweisen Ersatz für inkorrekte Bestandteile eines Modells. Die Aufgabe eines konstruktiven nicht-konservativen Revisionsverfahrens besteht darin, die inkorrekten und zweifelhaften Bestandteile eines Modells zu identifizieren, die inkorrekten Teile zu entfernen, zweifelhafte Bestandteile einer erneuten Überprüfung zu unterziehen und die alternativen Hypothesen in das Modell zu integrieren. Eine nicht-konservative Revision darf sich nicht nur auf eine Korrektur des inferentiellen Teils des Modells beschränken, vielmehr muß auch der assertionelle Teil des Modells revidiert werden, da ein inkorrektes Modell zur Verfälschung von Daten führen kann und mit einem inkorrekten Modell fehlerhafte Daten als korrekt akzeptiert werden können. Außerdem müssen die mit gelöschten Regeln ausgeführten Inferenzen zurückgenommen werden.[12]

Wie lassen sich die inkorrekten inferentiellen Bestandteile des Modells identifizieren? Da die alternativen Hypothesen einen Ersatz für Bestandteile des Ausgangsmodells darstellen, sollten zumindest die Regeln des Modells als inkorrekt betrachtet werden, die zur Erklärung der gleichen Datenmenge wie die alternativen Hypothesen dienen sollen, d.h. die Regeln, die über die gleiche Konklusion wie die alternativen Regeln verfügen und auf die gleichen Objekte anwendbar sind. Ferner sind die Regeln des alten Modells zu eliminieren, die inkonsistent zu den alternativen Hypothesen sind (s. Abschnitt 6.3).

Übertragen auf unser Medikamentenwelt bedeutet dies, daß mit den auf Tafel 6.2 gezeigten alternativen Hypothesen die beiden folgenden Regeln zur Ableitung von Nebenwirkungen gelöscht werden müssen:

```
a,s,m,n :: bestandteil(a,s,m) & substanz_nebenwirkung(s,m,n)
          --> nebenwirkung(a,n) (r23)
a,i :: unknown(nebenwirkung(a,i))
          --> not(nebenwirkung(a,i)) (r24)
```

Mit dem Wissen, daß sich die alternativen Hypothesen:

```
a :: enthält_einen_beruhigenden_wirkstoff(a) &
     enthält_einen_stimulierenden_wirkstoff(a)
          --> nebenwirkung(a,abhängigkeit) (r37)
a :: bestandteil(a,paracetamol,m1) &
     bestandteil(a,salicylamid,m2)
          --> nebenwirkung(a,nierenschaden) (r38)
```

zu denen die alten Regeln im Widerspruch stehen: nur auf Kombinationspräparate anwendbar sind, könnte erwogen werden, ob die beiden Regel (r23 und r24) nicht auf Monopräparate eingeschränkt werden sollten, statt sie zu löschen. Dabei besteht aber die Gefahr, daß das Konzept „substanz_nebenwirkung", das im kumulativen Lernmodus gebildet wurde, auf eine Anwendung der Regeln auf Monopräparate *und* Kombinationspräparate ausgerichtet ist. Von daher scheint es ratsam, solche Möglichkeiten der Übernahme modifizierter Regeln erst im Rahmen der Ausarbeitung des Modells zu untersuchen, wenn nach der Revision des assertionellen Wissens die Überprüfung solcher Hypothese anhand der Assertionen möglich ist.

Neben diesen Bestandteilen des alten Modells, die mit der alternativen Hypothesen als „fehlerhaft" ermittelt wurden, muß damit gerechnet werden, daß durch Inferenzen mit den inkorrekten Regeln andere Regeln bestätigt wurden, die nicht korrekt sind. In dem Medikamentenbeispiel hatte beispielsweise die Annahme, daß sich die Nebenwirkungen von Medikamenten ausschließlich aus dem Wissen über die Nebenwirkungen einzelner

---

[12]Hier sollte nochmals angemerkt werden, daß eine nicht-kumulative Lernphase zu einem alternativen Modell führt und erst nach einem Vergleich der Modelle eine Entscheidung getroffen werden sollte, ob das neue Modell das Ausgangsmodell ersetzen soll. Wenn also in diesem Abschnitt von Löschen, Hinzufügen etc. gesprochen wird, sind damit Operationen auf einer Kopie des Ausgangsmodells gemeint. Um nicht-konservative Wissensrevisionen mit der Inferenzmaschine IM-2 unterstützen zu können, wurde daher das Konzept der IM-2-Welten entwickelt (s. (Emde 1987)).

Wirkstoffe berechnen lassen, zur Folge, daß die Regel zur Unzweckmäßigkeit von Kombinationspräparaten induziert wurde (r30). Wie kann ein lernendes System solche Abhängigkeitsbeziehungen erkennen oder verwalten, damit abhängige Regeln nicht ungeprüft in das neue Modell übernommen werden?

Naheliegend ist die Verwendung eines *truth maintenance* Systems (TMS) oder einer Datenabhängigkeitsverwaltung, wie sie in der Inferenzmaschine IM-2 integriert ist: Jeder Assertion werden Verweise auf die Regeln zugeordnet, zu deren Induktion sie positive Evidenz beigetragen haben. Wird eine dieser Assertionen gelöscht, dann sorgt die Datenabhängigkeitsverwaltung (bzw. das TMS) automatisch dafür, daß auch die induzierte Regel zurückgenommen wird.

Diese Lösung birgt allerdings eine Reihe von Schwierigkeiten in sich:

- Erstens muß das Ungültigwerden einer Assertion, die in die Induktion einer Regel eingeflossen ist, nicht unbedingt bedeuten, daß für die Regel keine ausreichende Bestätigung mehr vorliegt oder durch eine erneute Suche gefunden werden kann. Die automatische Löschung von Regeln wäre deshalb wenig sinnvoll, zumal dies die Löschung weiterer abhängiger Regeln zur Folge haben könnte.

- Zweitens wäre es auch wenig ratsam, jeder Assertion Verweise auf alle Regel zuzuordnen, die durch sie gestützt werden, und eine Löschung einer Regel dann vorzunehmen, wenn die Anzahl der sie stützenden Assertionen einen bestimmten Schwellwert unterschreitet. Dies würde zu einem sehr viel Speicherplatz kosten, weil unter Umständen die gesamte inferentielle Hülle des Modells gebildet und gespeichert werden muß, zum anderen müßte dann bei jedem neuen Datum geprüft werden, ob es eine oder mehrere schon früher induzierte Regeln stützt.

- Drittens ist es mit dieser Lösung nicht möglich, die Abhängigkeiten zwischen induzierten Wissensentitäten zu erfassen, die auf qualitative Schlußfolgerungen beruhen oder die theoretische Konzepte beinhalten (s.u.).

Zur Unterstützung nicht-konservativer Revisionen besteht eine Alternative zu dieser Lösung darin,

- Erstens keine Verweise von Assertionen auf Regeln zu verwenden, sondern Verweise von induzierten Regeln auf induzierte Regeln, d.h. die Gültigkeit induzierter Regeln nicht abhängig zu machen von der Gültigkeit einzelner Assertionen, sondern abhängig zu machen von der Gültigkeit der Regeln, die zur Ableitung der Assertionen verwendet wurden, und

- zweitens die Verweise nur bei Revisionsprozessen zur Ermittlung abhängiger Regeln zu verwenden und der Lernkomponente die Entscheidung zu überlassen, was mit einer Regel geschehen soll, wenn eine andere Regel, die zur ihrer Bestätigung verwendet wurde, gelöscht wird.

Diese Lösung erfordert eine leichte Erweiterung des Generalisierungsverfahrens. Nach der Bestätigung einer Regel muß untersucht werden, ob sie mit Hilfe vorher induzierter Regeln zustandegekommen ist. Wenn ein Teil oder die gesamte positive Evidenz für den induktiven Schritt aus Assertionen stammt, die mit induzierten Regeln abgeleitet wurde, oder die positive Evidenz aus Schlußfolgerungen über induziertes qualitatives Regelwissen stammt[13], dann muß den verwendeten induzierten Regeln ein Verweis auf die neue Regel zugeordnet werden.

Zu den auf Tafel 6.3 aufgeführten Regeln könnte sich damit eine Verweisstruktur ergeben, wie sie auf Tafel 6.4 dargestellt ist.[14]

Nach dieser Beschreibung von Abhängigkeitsbeziehungen wurde z.B. das Konzept, das mit Regel r10 definiert wird, zur Konzeptdefinition in Regel r11 verwendet.[15] Die mit dieser Regel abgeleiteten Assertionen waren bei der Generalisierung von Regel r32 zur Bestätigung notwendig. Mit den qualitativen Regeln r14 und r27 wurde Regel r30 postuliert.

Solche Verweise zwischen Regeln erlauben nun bei nicht-konservativen Revisionen die Bestimmung abhängiger Regeln. Wird eine Regel des Ausgangsmodells mit Hilfe einer alternativen Hypothese als „inkorrekt" verworfen, müssen die von dieser Regel abhängigen Regeln einer erneuten Prüfung unterzogen werden. Ausgenommen von dieser erneuten Überprüfung sind nur definitorische Regeln.

Zur Erläuterung des letzten Punktes soll angenommen, daß nicht alle Einträge zum Prädikat „störungsschwere" mit dem Hintergrundwissen vorgegeben wurden, wie dies bisher vorausgesetzt wurde, sondern teilweise mit Hilfe einer induzierten Regel wie

```
st :: irreparable_störung(st) --> störungsschwere(st,70)
```

abgeleitet wurden. Wenn nun diese Regel bei einer nicht-konservativen Revision gelöscht wird, muß nicht die definitorischen Regel r10 überprüft werden, sondern nur die Menge der von dieser Regel indirekt abhängigen nicht-definitorischen Regeln (r32), da deren Bestätigung von nicht mehr gültigen Assertionen über die Störungsschwere von Nebenwirkungen abhängen kann.

Solange nach inkorrekten Regeln des Ausgangsmodells gesucht wird, ist es nicht möglich, eine aussagekräftige Überprüfung abhängiger Induktionsergebnisse vorzunehmen, da das assertionelle Wissen noch nicht den Veränderungen am inferentiellen Teil des Modell angepaßt ist. Die Suche nach Ersatz für möglicherweise verlorengegangener bestätigende Evidenz zu abhängigen Regeln muß daher verschoben werden, bis das assertionelle Wissen bereinigt wurde. Die Beseitigung von Fehlern im assertionellen Wissen ist der nächste Schritt bei der nicht-konservativen Wissensrevision, nachdem die fehlerhaften Bestandteile des inferentiellen Wissens beseitigt wurde und eine Datenabhängigkeitsverwaltung, wie sie in IM-2 bereitgestellt wird, alle mit bis dahin gelöschten Regeln inferierten Assertionen zurückgenommen hat.

Im assertionellen Wissen der zum Ausgangsmodell gehörenden Wissensbasis befinden sich möglicherweise inkorrekte Assertionen durch das Akzeptieren fehlerhafter Daten. Daneben hat das lernende System mit dem Ausgangsmodell möglicherweise korrekte Daten als fehlerhaft oder vernachlässigbar klassifiziert.

Wie kann ein lernendes System die fehlerhaften Assertionen identifizieren? Wenn das lernende System auf alle Rohdaten zugreifen kann, besteht das einfachste Verfahren zur

---

[13]Beispielsweise wurde r29 auf Tafel 6.1 über qualitative Schlußfolgerungen hergeleitet.

[14]In einer experimentellen Erweiterung des MODELERs zum Test dieser Idee wurden die Abhängigkeitsbeziehungen mit Hilfe einer speziellen Attributierung von Regeln repräsentiert, d.h. induzierten Regeln wurde als ein zusätzliches Attribut eine Liste von Verweisen auf abhängige Regeln zugeordnet.

[15]Wir wollen davon ausgehen, das die konzeptdefinierende Eigenschaft von Regeln aus speziellen Beschreibungen, z.B. in Form von Attributierungen (s. Abschnitt 4.3.3), hervorgeht.

Tafel 6.3. Modell zur Verdeutlichung von Regel-Abhängigkeiten

```
a,n,sts :: nebenwirkung(a,n) & störungsschwere(n,sts)
            --> störungsschwere_einer_nebenwirkung(a,sts)  (r10)
sts,a,max_sts ::
    max_of(sts,
       störungsschwere_einer_nebenwirkung(a,sts),
       max_sts)
            --> max_störungsschwere(a,max_sts)             (r11)
a1,a2,s,m1,m2,max_sts1,max_sts2 ::
    one_part_object(a1) & one_part_object(a2) &
    bestandteil(a1,s,m1) & bestandteil(a2,s,m2) &
    gt(m1,m2) &
    max_störungsschwere(a1,max_sts1) &
    max_störungsschwere(a2,max_sts2)
            --> ge(max_sts1,max_sts2)                      (r14)
s,i,m,m1 :: substanz_indikation1(s,i,m1) &
    ge(m,m1) --> substanz_indikation(s,i,m)                (r19)
s,n,m,m1 :: substanz_nebenwirkung1(s,n,m1) &
    ge(m,m1) --> substanz_nebenwirkung(s,n,m)              (r20)
a,s,m,i :: bestandteil(a,s,m) &
    substanz_indikation(s,m,i)
            --> indikation(a,i)                            (r21)
a,i :: unknown(indikation(a,i) --> not(indikation(a,i))    (r22)
a,s,m,n :: bestandteil(a,s,m) &
    substanz_nebenwirkung(s,m,n) --> nebenwirkung(a,n)     (r23)
a,i :: unknown(nebenwirkung(a,i))
    --> not(nebenwirkung(a,i))                             (r24)
a1,a2,s,m1,m2 ::
    one_part_object(a1) & multi_part_object(a2) &
    bestandteil(a1,s,m1) & bestandteil(a2,s,m2) &
            --> ge(m1,m2)                                  (r27)
a :: one_part_object(a) --> abzuraten(a)                   (r30)
a,max_sts,y,z :: max_störungsschwere(a,max_sts) &
    lt(max_sts,20) --> therapeutisch_zweckmässig(a)        (r32)
a,nk :: nebenwirkung(a,nk) &
        --> kontraindikation(a,nk)                         (r33)
```

Tafel 6.4. Abhängigkeitsbeziehungen zwischen Regeln

induzierte Regel/ Konzept	unterstützt/ wird verwendet in	induzierte Regel
r10		r11
r19		r21
r20		r23
r14,r27		r30
r11		r32
r23		r33

Revision darin, die Assertionen in der Wissensbasis mit den Rohdaten zu vergleichen, und alle Assertionen zu löschen, die nicht durch die Rohdaten bestätigt werden (mit Ausnahme derer, die bei einer Konzeptbildung vom lernenden System selber generiert wurden). Dieses Verfahren hat den Nachteil, daß möglicherweise viele Assertionen gelöscht werden, die auch mit dem neuen Modell aus den Daten ableitbar wären, und beim kumulativen Weiterlernen entsprechend viele Inferenzen nochmals ausgeführt werden müssen.

Stehen die Rohdaten nicht mehr zur Verfügung, die zur Bildung des Ausgangsmodells geführt haben, kann das System die Regeln des neuen Modells zur Bestimmung fehlerhafter Assertionen nutzen, d.h. mit dem neuen Modell eine erneute Re-Klassifizierung der Daten durchführen. Unter der Voraussetzung, daß die Datenabhängigkeitsverwaltung keine Wissensspuren „vergißt" und allen Wissenspuren bei der Verwaltung des assertionellen Wissens nachgeht, kann sich das lernende System auf eine Untersuchung der Assertionen beschränken, deren Wissenspur auf „Eingabe" verweist. Assertionen, die nur durch Inferenzen gebildet wurden, müssen in diesem Fall nicht untersucht werden. Ein Datum kann bei einer Re-Klassifizierung mit dem neuen Modell nur dann als fehlerhaft beurteilt werden, wenn sich sein Gegenteil mit Hilfe der neuen Regeln des Modells ableiten läßt. Daher müssen nur solche Daten einer Re-Klassifikation unterzogen werden, deren Gegenteil potentiell mit Hilfe der neuen Regeln ableitbar ist.

Ersetzt im Medikamentenmodell beispielsweise eine Regel zur Ableitung von Assertionen über Nebenwirkungen von Medikamenten die entsprechenden Regeln des Ausgangsmodells, dann kann ein fehlerhaftes Datum über das Nichtauftreten einer bestimmten Nebenwirkung wie

```
not(nebenwirkung(dolviran,abhängigkeit)),
```

das mit den alten Regeln akzeptiert wurde, möglicherweise mit der neuen Regel als fehlerhaft erkannt werden. Wurden alle Regeln, die zur Ableitung von Assertionen über Nebenwirkungen im Ausgangsmodell verwendet werden konnten, ohne Ergänzung und unverändert in das neue Modell übernommen, dann erübrigt sich eine Re-Klassifikation der Daten über Nebenwirkungen, da sie zum gleichen Ergebnis führen wird.

Die Daten, die mit dem alten Modell als nicht-akzeptabel klassifiziert wurden, sollten ebenfalls mit den neuen Modell re-klassifiziert werden. Eine unterschiedliche Bewertung kann sich dabei nur zu solchen Daten ergeben, die mit den gelöschten Regeln des alten Modells ableitbar waren und die mit den Regeln des neuen Modells nicht mehr ableitbar sind.

Wurde beispielsweise eine Regel zur Ableitung von Assertionen über die Zweckmäßigkeit von Medikamenten gelöscht, mit der die Ableitung einer Assertion wie

```
not(therapeutisch_zweckmässig(aspirin))
```

möglich war, dann kann eine erneute Klassifikation des gegenteiligen Datums dazu führen, daß dieses Datum im nachhinein akzeptiert wird.

Nach der Bereinigung des assertionellen Wissens müssen die Regeln des Modells einer erneuten Überprüfung unterzogen werden, deren Bestätigung von den gelöschten Regeln des alten Modells abhängig war. Mit einer Abhängigkeitsstruktur, wie sie auf Tafel 6.4 beschrieben ist, müßte z.B. überprüft werden, ob die Regel r33 auch ohne r23 bestätigt werden kann, wenn diese Regel durch die nicht-konservative Revision gelöscht oder ersetzt wurde.

Wird bei dieser Überprüfung eine abhängige Regel entdeckt, die nicht mehr mit einer ausreichenden Evidenz bestätigt werden kann, muß das assertionelle Wissen nochmals nach fehlerhaften Bestandteilen untersucht werden.

Damit ist dann die nicht-konservative Wissensrevision beendet. Als Resultat kann ein Modell erwartet werden, daß den Weltausschnitt anders modelliert. Es kann kaum erwartet werden, daß das neue Modell auf Anhieb besser ist als das Ausgangsmodell. Insbesondere kann nicht davon ausgegangen werden, daß das Modell nicht weiter verbessert werden kann. Eher ist davon auszugehen, daß das Modell durch die Ersetzung einger Regeln mit den alternativen Hypothesen, um bis dahin vernachläßigten Regularitäten des Weltausschnittes gerecht zu werden, unvollständig ist. Ferner kann angenommen werden, daß das System nicht alle Regeln und Assertionen gelöscht hat, die fehlerhaft sind.

6.2.5 Ausarbeitung des neuen Modells

Deshalb sollte das Modell ausgearbeitet werden, bevor ein Versuch unternommen wird, zu entscheiden welches Modell besser ist. Eine solche Ausarbeitung kann mit den im letzten Kapitel beschriebenen Heuristiken zum kumulativen Lernen erfolgen. Allerdings sollten sowohl Gegenbeispiele bei der Überprüfung von Hypothesen als auch auftretende Widersprüche im assertionellen Wissen immer in Hinblick auf die vorher erfolgte nicht-konservative Wissensrevision bewertet und behandelt werden, d.h. Gegenbeispiele und Widersprüche sollten dahingehend untersucht werden, ob sie ihren Ursprung in fehlerhaften Daten oder Regeln haben könnten, die bei der nicht-konservativen Wissensrevision nicht erkannt wurden.

Bei der Ausarbeitung eines nicht-konservativ revidierten Modells können auch Modifikationen ersetzter Regeln zur Ergänzung des Modells in Betracht gezogen werden, wie sie am Anfang von Abschnitt 6.2.4 beschrieben wurden.

Problematisch ist die Bestimmung des Zeitpunktes, wann die Ausarbeitung eines Modells als soweit abgeschlossen betrachtet werden kann, daß es sinnvoll ist, eine Entscheidung zu treffen, ob das neue Modell beibehalten oder verworfen werden soll. Wenn das neue Modell insgesamt oder hinsichtlich irgendeines (bezüglich der Modellierung) relevanten Aspektes (Vollständigkeit, Effizienz, etc.) besser ist, dürfte die Entscheidung nicht schwer fallen, die neue Modellierung weiter zu verfolgen. Eine andere Frage ist dann „nur", ob das Ausgangsmodell trotzdem (z.B. für andere Anwendungen beibehalten werden soll. Was aber, wenn das neue Modell schlechter als das Ausgangsmodell ist? Wie lange soll

dem neuen Modell eine Chance auf Verbesserung eingeräumt werden? Eine Antwort auf
diese Frage wird die vorliegende Arbeit schuldig bleiben. Hier kann nur gesagt werden,
daß bei einer solchen Entscheidung berücksichtigt werden muß, aus welchem Grund die
nicht-konservative Wissensrevision durchgeführt wurde und ob andere Revisionsmöglichkeiten mehr Erfolg versprechen.

6.2.6 Wettbewerb

Einen wichtigen Faktor im wissenschaftlichen Wissenserwerb stellen die Auseinandersetzungen von Wissenschaftlern mit den Theorien und den Arbeitsergebnissen anderer
Wissenschaftler dar. Sie umfassen sowohl das Studium und die Kritik der Arbeiten von
Wissenschaftlern, die sich ähnlichen oder den gleichen Fragestellungen unter dem selben
Paradigma widmen, als auch die eingehende Untersuchung von Arbeiten, die einem anderen Paradigma zuzuordnen sind. In vielen Fällen haben sich auch interdisziplinäre Ansätze
bewährt, bei denen Ergebnisse aus verschiedenen Wissensgebieten zusammenfließen. Dabei kann zwischen zwei Formen wissenschaftlicher Auseinandersetzungen unterschieden
werden: eine auf Ergänzung ausgerichtete Zusammenarbeit und eine konkurrierende Zusammenarbeit.

Die auf Ergänzung ausgerichtete Zusammenarbeit führt oft zur Übertragung von Ergebnissen einer Disziplin in eine andere Diziplin. Dafür lassen sich z.B. viele Beispiele
aus der Beziehung zwischen der KI und der kognitiven Psychlogie nennen.[16] Aber auch
innerhalb einer Disziplin spielt diese Form der Auseinandersetzung eine wichtige Rolle.
Sie führt dann häufig zu einer Verallgemeinerung verschiedener spezieller Ansätze zu einem allgemeineren Ansatz oder zu einer analogen Deutung unterschiedlicher Phänomene.
Beispiele dazu finden sich in der Rekonstruktion der Entdeckung des Ohmschen Gesetzes
von Heidelberger (Heidelberger 1983).

Konkurrierende Auseinandersetzungen in der Wissenschaft haben ihre Ursache sowohl
in den praktischen Schwierigkeiten des Testens von Theorien, als auch in der prinzipiellen
Unbestimmbarkeit der Wahrheit wissenschaftlicher Theorien. Wissenschaftliche Erkenntnis ist immer anfechtbar und vorläufig, weil Wissenschaft nie den Zustand der Vollständigkeit bzw. Abgeschlossenheit erreicht (Rescher 1984, S. 151ff). Dadurch entstehen Situationen, in denen neue Theorien alten Theorien gegenüber stehen, ohne daß entschieden
werden kann, welche Theorie „richtiger" ist.

Nun ist die Existenz eines alternativer Erklärungsmodells ist nicht unbedingt immer
als ein Nachteil zu sehen, die nur einen zusätzlichen Entscheidungsaufwand erfordert, ohne
einen relevanten Erkenntnissgewinn zu hinterlassen. Vielmehr kann eine Konkurrenzsi-
tuation auch als zusätzliche Möglichkeit zur Verbesserung alternativer Theorien begriffen
werden. Eine alternative Theorie kann eine neue Sichtweise mit sich bringen, die auch
zur Verbesserung der alten Theorie, z.B. durch ein Aufzeigen bestimmter Schwachstellen,
ausgenutzt werden kann. Dies ist eine Intention, die Feyerabend mit der Propagierung
seiner „anarchistischen Wissenschaftstheorie" im Auge hat.

---

[16]Die Übertragung von Erklärungsmodellen von einem Bereich in einen anderen ist natürlich nicht
nur Bestandteil des wissenschaftlichen Wissenserwerb, sonderen findet sich genauso in intrapersonalen
Lernprozessen.

Im Maschinellen Lernen wird die Möglichkeit der Übertragung von Modellen und Problemlösungen von einem Sachgebiet auf ein anderes Sachgebiet oder von einer Situation auf eine andere Situation unter der Bezeichnung *„Lernen durch Analogiebildung"* untersucht (s. z.B. (Carbonell 1983)). Der erste (und bis jetzt letzte) Ansatz zur Nutzung konkurrierender Auseinandersetzungen zur Unterstützung von Lernprozessen im Maschinellen Lernen wurde von Samuel mit seinem CHECKERS PLAYER entwickelt (s. Abschnitt 2.1.4). Die Nutzung konkurrierender Auseinandersetzungen muß sich aber nicht (wie in CHECKERS PLAYER) auf die Optimierung eines numerischen Bewertungspolynoms beschränken. Auch ein Wettstreit zwischen Modellen ist möglich und zumindest nach nicht-konservativen Revisionen sinnvoll. Die grundlegende Annahme hier ist, daß im Rahmen eines maschinell lernenden Systems ein Wettbewerb zwischen alternativen Modellen zum einen notwendig ist, um in bestimmten Situationen eine Entscheidung zwischen verschiedenen Modellen zu unterstützen, und zum anderen sinnvoll ist, um den Wettbewerb zur Verbesserung der einzelnen Modelle auszunutzen.

Wenn ein lernendes System den Versuch unternommen hat, das Modell von einem Weltausschnitt radikal zu verändern, ist nicht garantiert, daß wirklich eine Verbesserung des Modells erreicht wurde. Es ist möglich, daß das neue Modell sofort eine Verbesserung darstellt oder daß die radikale Änderung eine naheliegende Möglichkeit der Verbesserung seines Wissens eröffnet. Genauso ist es aber auch möglich, daß das neue Modell nur eine Ergänzung bildet und bestimmten Aspekte des Weltausschnittes besser abdeckt oder bei bestimmte Anwendungen bessere Ergebnisse liefert. Oder es ist möglich, daß die Revision eine Verschlechterung des Modells bewirkt. Als Konsequenz ergibt sich, daß das Ergebnis einer radikalen Modifikation bewertet und mit dem vorhergehenden Modell verglichen werden muß, um eine Entscheidungsgrundlage zu haben, was mit dem neuen Modell geschehen soll, ob es z.B. sinnvoll ist, das alte Modell durch das neue Modell zu ersetzen.[17]

Mit einer getrennten Betrachtung der einzelnen Modelle, bei der beispielsweise die Konsistenz, die Kohärenz und die Vollständigkeit der Modelle unabhängig voneinander bewertet wird, ist es nicht möglich festzustellen, ob eines der Modelle bestimmte Aspekte des Weltausschnittes besser widerspiegelt oder effizienter ist und damit z.B. für einige Anwendungen besser geeignet ist. Dies ist nur durch einen Vergleich der Anwendungsergebnisse der Modelle möglich (evtl. auch hinsichtlich einer bestimmten Anwendung).

Wichtiger ist ein Vergleich der Anwendungsergebnisse von Modellen aber noch aus einem anderen Grund: Beim „Lernen aus Beobachtungen" besteht eine Schwierigkeit darin, daß Informationen darüber fehlen, was bei einer konkreten Modellierung eines Weltausschnittes erreichbar ist, z.B. wie genau und sicher Vorhersagen sein können und welche Phänomene überhaupt erklärbar sind. Genau solche Informationen können aus einem Wettstreit verschiedener Modelle gewonnenen werden.

Ein alternatives Modell, das auf einer anderen Sichtweise auf den Weltausschnitt beruht, kann „Lücken" in einem Modell aufzeigen, wenn sich mit dem alternativen Modell Daten vorhersagen lassen, für die sich in dem anderen Modell keine Erklärungen ableiten lassen. Ferner kann ein Wettstreit konkurrierender Modelle Hinweise auf eine verbesserbare Genauigkeit von Vorhersagen oder Effizienz ergeben. Auch Hilfestellung bei Revisionsprozessen ist durch ein konkurrierendes Modell möglich, indem es Informationen darüber zur Verfügung stellt, welche Daten aus seiner Sicht fehlerhaft sind. Unter diesem

---

[17]zur Bewertung von Modellen siehe Abschnitt 3.4.2

Aspekt hat ein Wettbewerb weniger die Funktion, eine Entscheidungsgrundlage für die Auswahl des „besseren" Modells zu liefern, vielmehr dient er dem Ziel weitere Verbesserungen der einzelnen Modelle zu unterstützen. Erste Betrachtungen, wie ein Wettstreit zwischen verschiedenen Modellen in einem maschinell lernenden System aussehen kann, wurden in (Emde 1988) angestellt. Weitergehende Untersuchungen, die die Realisierung eines Wettstreits in einem lernenden System ermöglichen, stehen bisher aus.

Zu beantworten ist auch noch die Frage, wann ein Wettstreit entschieden ist, d.h. wann eine Einstellung der parallelen Behandlung erfolgen kann. Solange ein Wettstreit zwischen zwei Modellen Verbesserungen der beider Modelle bewirkt, sollte der Wettstreit fortgeführt werden. Sobald nur noch ein Modell durch den Wettstreit verbessert wird, oder gar keine Verbesserungen der Modelle mehr durch eine Fortführung des Wettstreites zu erwarten sind, sollte entschiedenen werden, ob nicht ein Modell gänzlich verworfen werden kann.

Eine relativ einfache Entscheidung ist möglich, wenn ein Modell definitiv besser ist oder ein Modell als Spezialfall aus dem anderen abgeleitet werden kann.[18] Ein Ende des Wettstreits wäre auch mit der Entdeckung gegeben, daß beide Modelle zu einem Modell vereinigt werden können. Wie werden aber solche Fälle behandelt, in denen sich keine klare Entscheidung treffen läßt, wenn ein Modell z.B. allgemeiner ist, auf der anderen Seite dafür aber weniger genaue Vorhersagen zuläßt? Ist es in diesem Fall sinnvoll, zwei Modelle parallel weiterzuentwickeln? Wie geht man mit dem Ergebnis einer weiteren nicht-kumulativen Lernphase um, sollen dann drei Modelle weiterentwickelt werden?

6.3 Nicht-konservative Wissensrevision in METAXA.3

Nach diesen eher allgemeinen Betrachtungen soll nun die konkrete Realisierung nicht-konservativer Revisionen im System METAXA.3 beschrieben werden. Das Ziel dieser Implementierung war es, Hinweise auf Fragen zu gewinnen, die zur Entwicklung eines allgemeinen Verfahrens beantwortet werden müssen. Die Position dieses Abschnittes in dieser Arbeit darf nicht dahingehend mißverstanden werden, daß diese Implementierung auf der Grundlage der vorausgegangenen Ausführungen erfolgt ist. METAXA.3 wurde zu Beginn der Untersuchungen zum Thema nicht-konservative Wissensrevision implementiert und viele der vorangegangenen Betrachtungen haben ihren Ursprung in den Erfahrungen, die mit der Implementierung gesammelt wurden.

Daraus ergibt sich fast zwangsläufig, daß das Lernverhalten von METAXA.3 kein Beleg für die Richtigkeit der in dieser Arbeit aufgestellten Behauptungen sein kann. Die Implementierung beinhaltet in erster Linie ad-hoc Lösungen, die sich kaum verallgemeinern lassen. Bevor eine aussagekräftige Implementierung eines allgemeinen Verfahrens in Angriff genommen werden kann, müssen erst konkrete Antworten auf viele der in diesem und im letzten Kapitel aufgeworfenen Fragen gefunden werden. Dies schließt natürlich nicht aus, daß dabei eine Re-Implementierung von METAXA.3 (z.B. auf der Basis der Inferenzmaschine IM-2 und dem MODELER) hilfreich sein kann. Eine solche Re-Implementierung wäre aber wahrscheinlich nicht viel aussagekräftiger in Hinblick auf die Praktibilität der in dieser Arbeit vorgestellten Ideen. Daher wurde von einer Re-Implementierung von METAXA.3 im Rahmen dieser Arbeit abgesehen.

---

[18]s. (Rott 1988)

Die folgenden Abschnitte beschränken sich auf die Beschreibung der Realisierung nicht-konservativer Revisionen in METAXA.3 im Weltausschnitt „schwimmende und nicht-schwimmende Körper" (s. Abschnitt 5.4). Eine Darstellung des gesamten Lernprozesses zur Bildung eines Modells in diesem Weltausschnitt, der zu insgesamt zwei nicht-konservativen Revisionen führte, findet sich in (Emde 1986).[19]

6.3.1 Entscheidung zur nicht-konservativen Wissensrevision

METAXA.3 verwendet ein sehr einfaches Kriterium zur Identifikation von Situationen, in denen es notwendig ist, eine nicht-konservative Wissensrevision durchzuführen. Überschreitet die Anzahl der als fehlerhaft klassifizierten Daten einen bestimmten Schwellwert (z.B. 5), wird dies als hinreichendes Anzeichen für die Notwendigkeit einer nicht-konservativen Wissensrevision betrachtet. Diese Bedingung wird im kumulativen Lernmodus jeweils beim Eintragen eines fehlerhaften Datums in die schon im Abschnitt 5.4 erwähnte interne Datenstruktur „fehlerhafte Daten" geprüft. Wenn der Schwellwert überschritten ist, wird eine Aufgabe „versuche eine nicht-konservative Wissensrevision" (try_shift) in die Agenda von METAXA.3 eingetragen.

Eine kontrainduktive nicht-konservative Wissensrevision wird in METAXA.3 durch das Aufdecken bestimmter Regularitäten angestoßen. Das System verfügt über eine Heuristik, die natürlich-sprachlich wie folgt beschrieben werden kann: „Wenn die Werte numerischer Attribute verschiedener Objekte in einem konstanten Verhältnis zueinander stehen, das abhängig von einer bestimmten Eigenschaft der Objekte ist, dann suche nach einem Verhältnis, mit dem als Schwellwert eine Eigenschaft der Objekte bestimmt werden kann, die bisher mit dem Modell auf andere Weise bestimmt wurde und nehme damit eine konstruktive nicht-konservative Revision vor".

In dem Weltausschnitt „schwimmende und nicht-schwimmende Körper", wurde die Bedingung mit der Bildung folgender Regel erfüllt:

```
x,x_w,x_v,xy_m,z,y,y_w,y_v :: weight(x,x_w) &
    volume(x,x_v) & material(x,xy_m) &
    div(x_w,x_v,z) & material(y,xy_m) &
    weight(y,y_w) & div(y_w,z,y_v)
        --> volume(y,y_v)
```

Die Regel ermöglicht die Ableitung von Volumenangaben eines Objektes, sofern das Gewicht und das Volumen eines anderen Objektes bekannt ist, das aus dem gleichen Material aufgebaut ist. Sie beinhaltet implizit das Konzept „spezifisches Gewicht". Durch die automatische Anwendung einer speziellen Metaregel[20]:

```
o,p,q,supset,r,s :: const_ratio(o,p,q,supset)
    eval(treat(try_shift(thresh_ratio(p,q,r,s, all))))
```

führt die Aufdeckung solcher Regularitäten zum Versuch einer nicht-konservativen Wissensrevision.

---

[19]Ein Protokoll des Lernprozesses bildet den Anhang von (Emde 1987).

[20]Im Unterschied zu IM-2 wird in IM-1 eine Regel auch dann zu Vorwärtsinferenzen verwendet, wenn die Konklusion Variablen enthält, die bei der Verifikation von Prämissen nicht gebunden werden, wie bei dieser Regel die Variablen r und s.

Die Prämisse dieser Regel wird z.B. mit dem Metafaktum erfüllt, das mit oben gezeigten Regel zur Ableitung von Volumenangaben in die Wissensbasis eingetragen wird:

```
const_ratio(material,weight,volume,all),
```

Der Hauptoperator der Konklusion (`eval`) weist die Inferenzmaschine an, die Konklusion nicht in die Wissensbasis einzutragen, sondern sein Argument als Prozeduraufruf zu interpretieren. Das Programm „`treat`" trägt eine neue Aufgabe in die Agenda von METAXA.3 ein. Als Prioritätsbewertung erhält die Aufgabe dabei einen im Programm spezifizierten Wert („0001"). Wenn keine Aufgaben auf der Agenda abgelegt sind, die eine höhere Priorität besitzen, wird die Aufgabe „`try_shift`" ausgeführt. Dabei wird dem Programm, das für nicht-konservative Revisionen zuständig ist, ein Hinweis übergeben, nach welchen alternativen Hypothesen es suchen soll. Dieser Hinweis (z.B. „suche nach einem Extremwert der Konstanten, der zum Ersetzen von Regeln verwendet werden kann") hat die Form eines Metafaktums, dessen Argumente teilweise Variablen sind.[21]

Das Eintragen des oben gezeigten Metafaktums führt damit zu folgendem Eintrag in der Agenda von METAXA.3:

```
try_shift(thresh_ratio(weight,volume,_,_,all))
```

6.3.2 Suche nach alternativen Hypothesen

Wenn eine nicht-konservative Revision durch ein Überschreiten des Schwellwertes für die Anzahl fehlerhafter Daten angestoßen wird, liegt keine alternative Hypothese vor. In diesem Fall sucht METAXA.3 nach einer Regel, die bei einer Hypothesenüberprüfung nur deshalb nicht als „bestätigt" in die Wissensbasis übernommen wurde, weil eine andere Regel im gleichen Überprüfungsschritt vorgezogen wurde (s. Abschnitt 5.3.3). Zu diesem Zweck verfügt METAXA.3 über eine interne Datenstruktur, in der auf diese Weise verworfene Regeln (zeitlich geordnet) gespeichert sind.

Um als alternative Hypothese bei einer konstruktiven nicht-konservativen Revision in Frage zu kommen, muß eine verworfene Regel die Bedingung erfüllen, auch noch zum Zeitpunkt der nicht-konservativen Revision inkonsistent zum Ausgangsmodell zu sein. Diese Bedingung wird mit Hilfe von Metaregeln geprüft, die die Unverträglichkeit verschiedener Metafakten beschreiben. Wenn diese Bedingung von mehreren Regeln erfüllt wird, wählt METAXA.3 den ältesten Eintrag als alternative Hypothese aus, um radikalere Änderungen des Modells zu begünstigen. Wenn keine Regel diese Bedingung erfüllt, wird der Versuch eine nicht-konservative Revision durchzuführen abgebrochen und das lernende System kehrt zum kumulativen Lernmodus zurück, d.h. destruktive nicht-konservative Revisionen werden von METAXA.3 nicht vorgenommen.

Wenn die nicht-konservative Wissensrevision über die im letzten Abschnitt beschriebene Metaregel angestoßen wird, erfolgt die Suche nach einer alternativen Hypothese mit dem durch die Anwendung der Metaregel teilweise instanziierten Metafaktum:

```
thresh_ratio(weight,volume,_,_,all)[22],
```

---

[21]In METAXA.3 muß diese Regel vorgegeben sein. Es ist aber denkbar, daß solche Regeln aus gelungenen nicht-konservativen Wissensrevisionen generalisiert werden können.

[22]Nicht instanziierte Argumente sind durch '_' gekennzeichnet

d.h. METAXA.3 beschränkt sich in seiner Suche nach einer alternativen Hypothese darauf, geeignete Prädikate zu finden, mit denen das Metafaktum vervollständigt werden kann. Die Suche wird durch eine Prozedur vorgenommen, die speziell auf die Vervollständigung von `thresh_ratio`-Metafakten zugeschnitten ist. Da dem Metaprädikat `thresh_ratio` folgendes Regelschema zugeordnet ist:

```
o,p,q,r,supset :: thresh_ratio(o,p,q,r,all)
    --> (x,x_n,x_m,y,y_n,y_m,z1,z2 ::
        o(x,x_n) & p(x,x_m) & q(y) & ne(x,y) &
        o(y,y_n) & p(y,y_m) &
        div(x_n,x_m,z1) & div(y_n,y_m,z2) & le(z1,z2)
            --> r(x)),
```

kommen für die Instanziierung der Variablen nur einstellige Prädikate in Frage. Als erstes sucht METAXA.3 nach einem einstelligen Prädikat, das die Konklusion der alternativen Hypothese bilden könnte.

Da mit der alternativen Hypothese eine Regel des Ausgangsmodells ersetzt werden soll, ist die in METAXA.3 implementierte kontrainduktive Heuristik auf Fälle zugeschnitten, in denen das Modell eine fehlerhafte Regel mit einer einstelligen Konklusion aufweist. Als potentiell fehlerhaft betrachtet METAXA.3 Regeln, die Prädikate als (fast) bedeutungsgleich beschreiben. Im Hintergrund steht dabei die Annahme, daß ein lernendes System im Anfangsstadium der Modellierung eines komplexen Weltausschnittes nicht in der Lage ist, alle Bedeutungsunterschiede der Prädikate einer Datenbeschreibungssprache zu erfassen, durch ein Gleichsetzen von Prädikaten aber in bestimmten Fällen die Handlungsfähigkeit eines Performanzsystems, das das Modell auch schon in einem frühen Entwicklungsstadium nutzen soll, wesentlich erhöhen kann.[23]

Enthält das Ausgangsmodell eine Regel, die zwei Prädikate als synonym beschreibt und zudem noch eine Stützmengeneinschränkung aufweist, also schon bei einer konservativen Revision als Lieferant fehlerhafter Ableitungsergebnisse betrachtet wurde, wählt METAXA.3 eines dieser Prädikate nach dem Zufallsprinzip für die Konklusion der alternativen Regel aus. Wenn keine Regel des Ausgangsmodells diese Bedingung erfüllt, dann wird der Versuch, eine nicht-konservative Revision vorzunehmen, abgebrochen.

Zur Bestimmung des letzten fehlenden Prädikates setzt METAXA.3 anschließend nacheinander alle einstelligen Prädikate in das `thresh_ratio`-Metafaktum ein und übergibt das Resultat an die Hypothesenüberprüfung. Sobald die Hypothesenüberprüfung eine gewisse Evidenz für ein so gebildetes Metafaktum ergibt (die auch geringer sein kann, als dies zur Bestätigung einer Hypothese im kumulativen Lernmodus notwendig ist), wird das Metafaktum als alternative Hypothese für eine nicht-konservative Revision verwendet. Wenn kein Prädikat zur Vervollständigung des Metafaktums gefunden werden kann, wird ein anderes „Synonym-Prädikat" für die Konklusion ausgewählt, das die oben genannte Bedingung erfüllt.

Im Weltausschnitt der schwimmenden und nicht-schwimmenden Körper wird von ME-TAXA.3 bei der Anwendung der kontrainduktiven Heuristik das Prädikat „`is_floating`" (zur Beschreibung der Schwimmfähigkeit von Objekten) als Konklusionsprädikat ausgewählt. Das Prädikat zur Vervollständigung der Prämissenliste wird in „`is_ice_object`"

---

[23]Als Beleg hierfür mögen Erkenntnisse aus der Entwicklungspsychologie dienen (s. z.B. (Carey 1978); Inhelder, Piaget 1968)).

gefunden. Die Auswahlbedingungen werden durch diese Prädikate erfüllt, weil das Ausgangsmodell folgende Regeln beinhaltet:

```
x elem (all excl block3) :: is_light(x) --> is_floating(x)
x elem (all excl block3) :: is_floating(x) --> is_light(x),
```

sowie eine hinreichend große Evidenz für das Metafaktum:

```
thresh_ratio(weight,volume,is_ice_object,is_floating,all)
```

ermittelt wird. Damit ist eine alternative Hypothese für eine konstruktive nicht-konservative Revision gebildet worden, deren Bedeutung aus der zugehörigen Inferenzregel hervorgeht:

```
x,x_n,x_m,y,y_n,y_m,z1,z2 ::
    weight(x,x_n) & volume(x,x_m) &
    is_ice_object(y) & ne(x,y) &
    weight(y,y_n) & volume(y,y_m) &
    div(x_n,x_m,z1) & div(y_n,y_m,z2) & le(z1,z2)
    --> is_floating(x).
```

Natürlich-sprachlich formuliert, besagt die Regel angenähert: „Wenn ein Objekt aus einem Material besteht, das ein geringeres spezifisches Gewicht hat als Objekte aus Eis, dann ist das Objekt schwimmfähig". Über die Anwendung von Metaregeln wird beim Eintragen des Metafaktums eine weitere Regel generiert, mit der die Schwimmunfähigkeit eines Objektes inferiert wird, wenn sein spezifisches Gewicht größer als das von Eis ist (s. Regel r129 auf Tafel 6.6).

6.3.3 Konstruktive Revision

Am Beispiel dieser alternativen Hypothese soll nun gezeigt werden, wie die eigentliche konstruktive nicht-konservative Revision in METAXA.3 vorgenommen wird. Auf Tafel 6.5 ist dazu der inferentielle Teil des Ausgangsmodells dargestellt. Die Regeln dieses Modells beschreiben in erster Linie (hier weniger interessante) Bedeutungsbeziehungen zwischen Prädikaten zur Beschreibung der Größe, des Gewichtes und des Volumens von Objekten. Relevant an dieser Stelle sind die Regeln r123-r126 , die die Ableitung von Assertionen über die Schwimmfähigkeit von Objekten erlauben bzw. aus Assertionen über die Schwimmfähigkeit von Objekten irgendwelche andere Schlußfolgerungen erlauben.

Im letzten Kapitel war schon darauf hingewiesen worden, daß METAXA.3 mit der Inferenzmaschine IM-1 als Wissensrepräsentationssystem implementiert wurde. Da diese Inferenzmaschine keine Repräsentation verschiedener „Welten" erlaubt, wird bei einer nicht-konservativen Wissensrevision direkt das Ausgangsmodell modifiziert.

Die ersten Modifikationen am Modell betreffen die Regeln des Modells, in denen das Prädikat der Konklusion der alternativen Regel in der Prämissenliste vorkommt. Da METAXA.3 keine Abhängigkeitsbeziehungen zwischen induzierten Regeln verwaltet und von daher nicht in der Lage ist, Regel zu identifizieren, die nur mit Hilfe induzierter Regeln bestätigt werden konnten, wurde eine sehr behelfsmäßige Lösung des Problems implementiert. Um zumindest teilweise zu vermeiden, daß fehlerhafte Regeln, die mit Hilfe anderer

Tafel 6.5. Regeln des Ausgangsmodells einer konstruktiven Revision

```
x,y :: bigger_than(x,y) --> not(bigger_than(y,x))          (r101)
x,y,z :: bigger_than(x,y) & bigger_than(y,z)
          --> bigger_than(x,z)                             (r102)
x,y :: smaller_than(x,y) --> bigger_than(y,x)              (r104)
x,y,z :: smaller_than(x,y) & smaller_than(y,z)
          --> smaller_than(x,z)                            (r105)
x,y :: bigger_than(x,y) --> smaller_than(y,x)              (r106)
x,y :: heavier_than(x,y) --> not(heavier_than(y,x)         (r107)
x,y,z :: heavier_than(x,y) & heavier_than(y,z)
          --> heavier_than(x,z)                            (r108)
x,x_n,y,y_n :: weight(x,x_n) & weight(y,y_n) &
     gt(x_n,y_n) --> heavier_than(x,y)                     (r109)
x,y :: smaller_than(x,y) --> not(smaller_than(y,x)         (r110)
x,y :: smaller_than(x,y) & is_light(y) --> is_light(x)     (r111)
x,y,z :: lighter_than(x,y) & lighter_than(y,z)
          --> lighter_than(x,z)                            (r112)
x,y :: lighter_than(x,y) --> bigger_than(y,x)              (r113)
x,y :: bigger_than(x,y) --> lighter_than(y,x)              (r114)
x,y,z :: longer_than(x,y) & longer_than(y,z)
          --> longer_than(x,z)                             (r115)
x,y :: longer_than(x,y) --> smaller_than(y,x)              (r116)
x,y :: longer_than(x,y) --> lighter_than(y,x)              (r117)
x,y :: smaller_than(x,y) --> longer_than(y,x)              (r118)
x,y :: lighter_than(x,y) --> longer_than(y,x)              (r119)
x,x_n,y,y_n :: volume(x,x_n) & volume(y,y_n) &
     gt(x_n,y_n) --> bigger_than(x,y)                      (r120)
x,y :: lighter_than(x,y) --> not(lighter_than(y,x))        (r121)
x,y :: lighter_than(x,y) & is_small(y) --> is_small(x)     (r122)
x elem (all excl block3) :: is_light(x)
          --> is_floating(x)                               (r123)
x elem (all excl block3) :: is_floating(x)
          --> is_light(x)                                  (r124)
x :: is_small(x) --> is_floating(x)                        (r125)
x :: is_floating(x) --> is_small(x)                        (r126)
x,x_w,x_v,xy_m,z,y,y_w,y_v :: weight(x,x_w) & volume(x,x_v) &
     material(x,xy_m) & div(x_w,x_v,z) & material(y,xy_m) &
     weight(y,y_w) & div(y_w,z,y_v) --> volume(y,y_v)      (r127)
```

fehlerhafte Regeln bestätigt wurden, bei einer nicht-konservativen Revision nicht eliminiert werden, löscht das System alle Regel, die eine Synonym-Beziehung zwischen dem Prädikat der Konklusion der alternativen Hypothese und anderen Prädikaten beschreiben (ungeachtet der Möglichkeit, daß diese Regeln auch mit Hilfe der alternativen Regeln bestätigt werden könnten). Im Ausgangsmodell (Tafel 6.5) betrifft dies die Regeln r126 und r127.

Im nächsten Schritt löscht METAXA.3 alle Regeln des Ausgangsmodells, die nicht mit der alternativen Hypothesen zu vereinbaren sind. Dazu nutzt das System, wie im folgenden näher beschrieben, seine Metaregel aus, d.h. die Konsistenzüberprüfung erfolgt nur auf der Ebene des Metafakten und Metaregeln. Nachdem alle Metafakten, die eine inferentielle Beziehung beschreiben, in eine spezielle Datenstruktur kopiert wurden[24], werden alle Metafakten gelöscht (ohne die aus ihnen generierten Regeln zu löschen). Dann trägt METAXA.3 die alternative Hypothese mit der aus ihr ableitbaren Aussagen in die Wissensbasis ein. Dann werden die in der Datenstruktur gespeicherten Metafakten nacheinander auf ihre Konsistenz zur alternativen Hypothese geprüft, wobei jedes akzeptierte Metafaktum sofort wieder in die Wissensbasis eingetragen wird, und bei folgenden Konsistenzprüfungen mit verwendet wird.

Dabei verwendet das System insbesondere auch solche Metaregeln, die „einfache" Beschreibungen inferentieller Beziehungen zwischen Prädikaten als inkonsistent zu schon akzeptierten „komplexeren" Beschreibungen ausweisen. Ein Beispiel für solche Metaregel ist:

```
o,p,q,r,s,supset1,supset2 ::
     thresh_ratio(o,p,q,r,supset1)
        --> not(synonym(s,r,supset2)).
```

Über die Anwendung dieser Regeln wird erreicht, daß die Regeln, die die alternative Hypothese ersetzen soll, nicht in das neue Modell übernommen werden. So verhindert z.B. die gezeigte Metaregel, daß die Regeln r123 und r125 in das neue Modell eingehen. Ferner fallen diesem Schritt die Metafakten zu den Regeln r104, r106, r113 und r114 zum Opfer, was jedoch weniger auf das Revisionsverfahren zurückzuführen ist, als auf die unvollständigen Inferenzprozesse im kumulativen Lernmodus. Inkonsistenzen im Regelwissen, die im kumulativen Lernmodus nicht entdeckt wurden, sind von dem System bei der nicht-konservativen Revision expliziert und durch Löschung einiger Regeln beseitigt worden.[25]

Anschließend sorgt die Datenabhängigkeitskomponente der Inferenzmaschine für die Rücknahme aller Inferenzregeln (einschließlich der mit ihnen vorgenommenen Inferenzen), deren Metafakten bei Klassifikation nicht akzeptiert wurden. Damit ist die Revision des inferentiellen Wissens beendet.

Zur Bereinigung des assertionellen Wissens werden alle Assertionen, die mit gelöschten Regel abgeleitet wurden, einer Klassifikation in „fehlerhafte" und „korrekte" Daten unterzogen, sofern sie nicht schon durch die Datenabhängigkeitsverwaltung gelöscht wurden.

---

[24]Nicht kopiert werden die Metafakten, die besagen, daß eine inferentielle Beziehung nicht gilt.

[25]Eine Abwägung zwischen verschiedenen Möglichkeiten, eine Inkonsistenzen zu beseitigen, wird in METAXA.3 nicht vorgenommen. Das Resultat ist allein von der Reihenfolge abhängig, in der die Metafakten des Ausgangsmodells auf ihre Konsistenz zur alternativen Hypothese überprüft werden.

Damit wird die Anwendung der neuen Regeln zur Klassifikation forciert. Außerdem werden alle Assertionen (re)-klassifiziert, deren Prädikat in der Konklusion einer alternativen Hypothese vorkommen. Auf diese Weise wird z.B. von METAXA.3 mit dem neuen Modell eine Aussage über das Schwimmen einer (eisernen) Nadel als fehlerhaft zurückgewiesen, die mit dem Ausgangsmodell akzeptiert wurde. Einer Re-Klassifikation werden schließlich auch alle Daten unterzogen, die mit dem Ausgangsmodell als fehlerhaft klassifiziert wurden.

Abschließend ist auf Tafel 6.6 das Ergebnis der nicht-konservativen Revision hinsichtlich des Regelwissens dargestellt.

Nach der Anpassung des assertionellen Wissens an die revidierte Regelmenge geht METAXA.3 sofort (mit der revidierten Wissensbasis) zum kumulativen Lernen über. Ein Vergleich (oder gar ein Wettstreit) zwischen dem Ausgangsmodell und dem neuen Modell wird von dem System aufgrund der nicht gegebenen Möglichkeiten, mehrere konkurrierende Modelle gleichzeitig zu repräsentieren, nicht initiiert. Von daher ist das System darauf angewiesen, daß die neue Wissensbasis besser ist als die Wissensbasis vor der nicht-konservativen Revision.

6.3.4 Diskussion

Das in METAXA.3 implementierte Revisionsverfahren ist in der gegenwärtigen Form aus verschiedenen Gründen nur in der Welt der schwimmenden Körper anwendbar. So sind die in METAXA.3 verwendeten Metaregeln auf die Aufdeckung bestimmter Arten von Regularitäten zugeschnitten. Dies gilt z.B. für die beschriebene Regel, die kontrainduktive Revisionen initiiert. Während das System STAHLp (s. Abschnitt 2.1.2) schon durch den verwendeten Repäsentationsformalismus auf den Bereich chemischer Reaktionen ausgerichtet ist, lassen sich für METAXA.3 auch Heuristiken für andere Sachbereiche formulieren.

Der Grund, weshalb eine solche Erweiterung nicht erfolgt ist, liegt im wesentlichen in dem Generalisierungsverfahren von METAXA.3 begründet. Wie die vorangegangenen Betrachtungen zum nicht-kumulativen Lernen gezeigt haben, können bei nicht-konservativen Revisionen ganz verschiedene induktive Schlußfolgerungen eine Rolle spielen. So kann beispielsweise die Induktion qualitativer Regeln oder neuer Konzepte zur Aufdeckung einer alternativen Hypothese notwendig sein. Solche Generalisierungen werden aber von METAXA.3 nicht vorgenommen, und die Forschung im Maschinellen Lernen ist derzeit noch damit beschäftigt, Möglichkeiten der Kombination verschiedener Lernverfahren in einem System zu untersuchen.

Das System METAXA.3 wurde mit dem Ziel implementiert, die Realisierbarkeit konstruktiver nicht-konservativer Revisionsverfahren für das Maschinelle Lernen zu zeigen. Dieses Vorhaben ist gelungen und hat die weitere theoretische Ausarbeitung von Überlegungen zum kumulativen/nicht-kumulativen Lernen gefördert. Daneben hat die Implementierung zu Einsichten über die zentrale Rolle von Wissensrepräsentationskomponenten in maschinell lernenden Systemen beigetragen.

Tafel 6.6. Regeln des Revisionsergebnisses

```
x,y :: bigger_than(x,y) --> not(bigger_than(y,x))          (r101)
x,y,z :: bigger_than(x,y) & bigger_than(y,z)
         --> bigger_than(x,z)                              (r102)
x,y,z :: smaller_than(x,y) & smaller_than(y,z)
         --> smaller_than(x,z)                             (r105)
x,y :: heavier_than(x,y) --> not(heavier_than(y,x)         (r107)
x,y,z :: heavier_than(x,y) & heavier_than(y,z)
         --> heavier_than(x,z)                             (r108)
x,x_n,y,y_n :: weight(x,x_n) & weight(y,y_n) &
     gt(x_n,y_n) --> heavier_than(x,y)                     (r109)
x,y :: smaller_than(x,y) --> not(smaller_than(y,x)         (r110)
x,y :: smaller_than(x,y) & is_light(y) --> is_light(x)     (r111)
x,y,z :: lighter_than(x,y) & lighter_than(y,z)
         --> lighter_than(x,z)                             (r112)
x,y,z :: longer_than(x,y) & longer_than(y,z)
         --> longer_than(x,z)                              (r115)
x,y :: longer_than(x,y) --> smaller_than(y,x)              (r116)
x,y :: longer_than(x,y) --> lighter_than(y,x)             (r117)
x,y :: smaller_than(x,y) --> longer_than(y,x)             (r118)
x,y :: lighter_than(x,y) --> longer_than(y,x)             (r119)
x,x_n,y,y_n :: volume(x,x_n) & volume(y,y_n) &
     gt(x_n,y_n) --> bigger_than(x,y)                      (r120)
x,y :: lighter_than(x,y) --> not(lighter_than(y,x))        (r121)
x,y :: lighter_than(x,y) & is_small(y) --> is_small(x)     (r122)
x,x_w,x_v,xy_m,z,y,y_w,y_v :: weight(x,x_w) &
     volume(x,x_v) & material(x,xy_m) &
     div(x_w,x_v,z) & material(y,xy_m) &
     weight(y,y_w) & div(y_w,z,y_v) --> volume(y,y_v)      (r128)
x,x_n,x_m,y,y_n,y_m,z1,z2 :: weight(x,x_n) &
     volume(x,x_m) & is_ice_object(y) & ne(x,y) &
     weight(y,y_n) & volume(y,y_m) &
     div(x_n,x_m,z1) & div(y_n,y_m,z2) & gt(z1,z2)
     --> not(is_floating(x))                               (r129)
x,x_n,x_m,y,y_n,y_m,z1,z2 :: weight(x,x_n) &
     volume(x,x_m) & is_ice_object(y) & ne(x,y) &
     weight(y,y_n) & volume(y,y_m) &
     div(x_n,x_m,z1) & div(y_n,y_m,z2) & le(z1,z2)
     --> is_floating(x)                                    (r130)
```

7. Schlußbemerkungen

Die vorliegende Arbeit behandelt Probleme der Modellbildung durch induktiv lernende Systeme. Es wurden Betrachtungen angestellt, die weit über das hinausgehen, was bisher im Maschinellen Lernen untersucht wurde. So wurden die Vorteile und Probleme des *inkrementellen Lernens im geschlossenen Kreislauf* untersucht. Es wurden Überlegungen zum Thema *Wissensrepräsentation im Maschinellen Lernen* angestellt und darauf aufbauend wurde ein Wissensrepräsentationssystem vorgestellt, das auf bestimmte Anforderungen zugeschnitten ist, die sich beim induktiven Lernen ergeben können - womit hoffentlich ein kleiner Beitrag zur Überwindung des Stiefkinddaseins des Themas „Wissensrepräsentation im Maschinellen Lernen" geliefert wurde. Mit der Diskussion *konfirmativer Strategien zur Hypothesengenerierung und Hypothesenüberprüfung* wurde versucht, Erkenntnisse aus der (Wissenschafts-)Psychologie im Maschinellen Lernen zu nutzen. Die Betrachtung wissenschaftstheoretischer Untersuchung führte zum Ergebnis, daß sich viele Probleme wissenschaftlicher Theoriebildung auch bei der maschinellen Bildung von Modellen wiederfinden. Nicht zuletzt aus diesem Ergebnis wurde die Notwendigkeit nicht-konservativer Revisionsverfahren für maschinell lernende Systeme abgeleitet und ein erster Ansatz zur *konstruktiven nicht-konservativen Wissensrevision* in maschinell lernenden Systemen entwickelt.

Dies insgesamt hat Konsequenzen auf die Art der Ergebnisse dieser Arbeit: Es wurde nichts logisch bewiesen, es wurden keine Computerprogramme implementiert, die irgend etwas stichhaltig belegen und es wurde auch kein konkretes allgemeines Lern- oder Revisionsverfahren beschrieben. Das heißt, die Untersuchungen, die mit dieser Arbeit angestellt wurden, gehen eher in die Breite als in die Tiefe. Damit lassen sich die Ergebnisse dieser Arbeit auch schwerlich in einer Formel zusammenfassen. Man könnte vielleicht am ehesten sagen, daß das Ergebnis dieser Arbeit in einer neuen Sichtweise auf das Problem „maschinelles Lernen in komplexen Weltausschnitten unter begrenzten Ressourcen" und zahlreichen Hinweisen auf offene Probleme besteht.

Eine Alternative wäre gewesen, ein Teilproblem genauer zu untersuchen. Dies ist aus mehreren Gründen nicht geschehen: a) weil zu Beginn nicht klar war, wie komplex die Thematik ist, b) weil es erforderlich schien, erst einen allgemeinen Rahmen zu entwickeln, der einer Untersuchung von Teilproblemen eine gewisse Rechtfertigung verleiht, und c) weil es an der Zeit war, gewisse Idealisierungen des Maschinellen Lernens insgesamt zu kritisieren.

Die Hauptpunkte dieser Arbeit lassen sich vielleicht dennoch folgendermaßen zusammenfassen:

- Lernen im geschlossenen Kreislauf steigert die Effizienz und Effektivität des Lernens, ist aber auch mit der Gefahr radikaler Fehlentwicklungen von Wissen verbunden (Abschnitt 2.1.2).

- Inkrementelles Lernen im geschlossenen Kreislauf erfordert die Verwaltung von Abhängigkeitsbeziehungen zwischen induzierten Regeln (Abschnitt 2.1.2, Abschnitt 6.2.4)

- Modellbildung in komplexen Weltausschnitten erfordert konfirmative Lern- und konservative Revisionsstrategien (Abschnitt 1.5.1, Kapitel 5).

- Modellbildung mit konfirmativen Lern- und konservativen Revisionsstrategien ist mit der Gefahr radikaler Fehlentwicklungen verbunden (Kapitel 5, 6).

- Induktiv lernende Systeme müssen daher zu nicht-konservativen Wissensrevisionen fähig sein (Abschnitt 1.5.2, Abschnitt 2.1.2).

- Die bekannten Ansätze zur nicht-konservativen Wissensrevision sind *destruktiv* orientiert (Abschnitt 2.1.4).

- Induktiv lernende Systeme müssen zu *konstruktiven* nicht-konservativen Wissensrevisionen fähig sein (Abschnitt 1.5.2, Kapitel 3).

- Induktiv lernende Systeme sollten bei nicht-konservativen Revisionen ihres Wissens *kontrainduktiv* vorgehen (Kapitel 6, Abschnitt 6.2.1, Abschnitt 2.2.2).

- Induktives Lernen stellt besondere Anforderungen an Wissensrepräsentationssysteme (Kapitel 4).

- Lernende Systeme sollten durch den automatischen Erwerb von Heuristiken zur konstruktiven Wissensrevision ihre Revisionsfähigkeit selbständig verbessern (Abschnitt 6.2.1).

- Ein Wettstreit zwischen verschiedenen Modellen in einem lernenden System kann zur Verbesserung der Modelle ausgenutzt werden (Abschnitt 6.2.6, Abschnitt 2.2.2).

- Konstruktive nicht-konservative Revisionen können in maschinell lernenden Systemen realisiert werden; die Frage, ob diese Verfahren allgemein und zugleich praktikabel für den Aufbau von Wissensbasen sein können, muß mit zukünftigen Forschungsarbeiten geklärt werden (Kapitel 6).

Abschließend eine Bemerkung zur Bedeutung der Arbeit außerhalb des Maschinellen Lernens. Die vorliegende Arbeit war auf die Untersuchung von Problemen induktiven Lernens ausgerichtet. Es stellt sich damit die Frage, ob konstruktive nicht-konservative Revisionsverfahren spezielle Verfahren für maschinell lernende Systeme sind, oder ob konstruktive nicht-konservative Revisionsverfahren Bestandteil eines allgemeinen Revisionsverfahrens auch in anderen Systemen sein könnten. Die Antwort, die hier gegeben werden kann, ist: Auch in nicht-induktiv lernenden System können konstruktive nicht-konservative Revisionsverfahren sinnvoll sein. Ob die verschiedenen speziellen Verfahren in einem allgemeinen Verfahren zusammengefaßt werden können bzw. sollten, muß in folgenden Untersuchungen geklärt werden.

Ein Beispiel für nicht-induktiv lernende Systeme, in denen konstruktive nicht-konservative Revisionen sinnvoll (oder sogar notwendig) sein können, sind textverstehende Systeme. Das Verstehen natürlich-sprachlicher Texte erfordert im Verstehensprozeß laufend verschiedenartige Entscheidung, z.B. bei der Bestimmung, in welcher Bedeutung ein mehrdeutiges Wort in einem Text zu verstehen ist oder auf welches Objekt der Welt sich bestimmte Äußerungen beziehen (s. (Habel 1986)). Wenn sich das textverstehende System auf eine bestimmte Lesart einer Äußerung festgelegt hat, sich später aber bei der Verarbeitung weiterer Textteile herausstellt, daß eine getroffene Entscheidung falsch sein muß, sollte das System sein Wissen revidieren. Statt das Ergebnis des gesamten Verstehensprozesses zu verwerfen und eine erneute Analyse des Textes (mit anderen Entscheidungen) vorzunehmen, kann es unter Umständen sinnvoll sein, mit einer alternativen Hypothese das bisher erworbene Wissen konstruktiv nicht-konservativ zu revidieren, wobei korrekte Analyseergebnisse des vorangegangenen Verstehensprozesses identifiziert und in das revidierte Wissen übernommen werden.

Literaturverzeichnis

Ahlheim, K.-H. (1972): Wie funktioniert das? Gifte-Medikamente-Drogen. Bibliographisches Institut, Mannheim, (1972)

Alchourron, C.E., Gärdenfors, P., Makinson, D. (1985): On the Logic of Theory Change: Partial Meet Contraction and Revision Function. *The Journal of Symbolic Logic*, **50**(2), (1985) 510–530

Attardi, G., Simi, M. (1984): Metalanguage and Reasoning about Viewpoint. in: *Proc. European Conference on Artificial Intelligence*, (1984)

Belnap, N.D. (1976): How a Computer Should Think. in: *Contemporary Aspects of Philosophy*, G. Reyle (Hrsg.), Oriente Press, (1976)

Bentrup, J.A., Mehler, G.J., Riedesel, J.D. (1987): INDUCE 4: A Program for Incrementally Learning Structural Descriptions from Example. ISG Report 87-2, University of Illinois at Urbana-Champaign, (1987)

Bowen, K.A. (1985): Meta-Level Programming and Knowledge Representation. *New Generation Computing*, **3**, (1985) 359–383

BPI (Bundesverband der Pharmazeutischen Industrie e.V.) (1979): Rote Liste 1979 - Verzeichnis von Fertigarzeneimitteln der Mitglieder des Bundesverbandes der Pharmazeutischen Industrie e.V.. Editio Cantor, Aulendorf/Württ., (1979)

Brazdil, P. (1986a): Transfer of Knowledge between Systems: Use of Meta-Knowledge in Debugging. in: *Machine and Human Learning - Advances in European Research*, Kodratoff, Y., Hutchinson, A. (Hrsg.), Michael Horwood, East Wittering, England, (1989) 229–248

Brazdil, P. (1986b): Transfer of Knowledge between Systems: A Common Approach to Teaching and Learning. in: *Proc. ECAI-86, Brighton Volume II*, (1986) 73–78

Brazdil, P. (1987): Knowledge States and Meta-Knowledge Maintenance. in: *Progress in Machine Learning - Proceedings of the EWSL-87, Bled, Yugoslavia*, I. Bratko, N. Lavrac (Hrsg.), Sigma Press, Wilmslow, England, (1987) 138–146

Brazdil, P., Clark, P. (1988): Learning from Imperfect Data. in: *Proceedings of the Workshop on Machine Learning, Meta reasoning and Logics (Sesimbra, Portugal)*, P. Brazdil (Hrsg.), (1988) 27–36

Brebner, P.C. (1985): Paradigm Directed Computer Learning. Master's Thesis, Computer Science Department, University of Waikato, Hamilton, Neuseeland, (1985)

Brewka, G. (1985): Über unnormale Vögel, anwendbare Regeln und einen Default-Beweiser. in: *GWAI-85, 9th German Workshop on Artificial Intelligence (Dassel/Solling, September 1985)*, H. Stoyan (Hrsg.), Springer, Berlin, (1986) 218–229

Brown, J.S. (1973): Steps toward automatic theory formation. in: *Proceedings of the Third International Joint Conference on Artificial Intelligence*, Morgan Kaufmann, Los Altos, Kalifornien, (1973) 121–129

Buchanan, B.G., Mitchell, T.M. (1978): Model - Directed Learning of Production Rules. in: *Pattern-Directed Inference Systems*, D.A. Waterman, F. Hayes-Roth (Hrsg.), Academic Press, New York, (1978)

Carbonell, J.G. (1983): Learning by Analogy: Formulating and Generalizing Plans from Past Experience. in: *Machine Learning: An Artificial Intelligence Approach*, R.S. Michalski, J.G. Carbonell, T.M. Mitchell (Hrsg.), Tioga, Palo Alto, Kalifornien, (1983) 137–161

Carbonell, J.G. (1989): Introduction: Paradigms for Machine Learning. *Artificial Intelligence Journal*, 40, (1989) 1–9

Carey, S. (1978): The Child as Word Learner. in: *Linguistic Theory and Psycholocical Reality*, M. Halle, J. Bresnan, G. Miller (Hrsg.), Cambridge, (1978) 264–293

Cestnik, B., Kononenko, I., Bratko, I. (1987): ASSISTANT 86: A Knowledge Elicitation Tool for Sophisticated Users. in: *Progress in Machine Learning*, I. Bratko, N. Lavrač (Hrsg.), Sigma Press, Wilmslow, England, (1987) 31–45

Charniak, E., McDermott, D. (1984): Introduction to Artificial Intelligence. Addison-Wesley, Reading, (1984)

Clark, P. (1988): A Comparison of Exemplar-based and Rule-based Learning Systems. in: *Proceedings of the Workshop on Machine Learning, Meta reasoning and Logics (Sesimbra, Portugal)*, P. Brazdil (Hrsg.), (1988) 69–81

Clark, P. (1989): Knowledge Representation in Machine Learning. in: *Machine and Human Learning - Advances in European Research*, Y.Kodratoff, A. Hutchinson (Hrsg.), Michael Horwood, East Wittering, England, (1989) 35–49

Clark, P., Niblett, T. (1987): Induction in Noisy Domains. in: *Progress in Machine Learning*, I. Bratko, N. Lavrač (Hrsg.), Sigma Press, Wilmslow, England, (1987) 11–30

Dalal, M. (1988): Investigation Into a Theory of Knowledge Base Revision: Preliminary Report. in: *Proc. AAAI-88, Minneapolis*, Morgan Kaufmann, Los Altos, Kalifornien, (1988) 475–479

de Kleer, J. (1986): An Assumption-Based Truth Maintenance System. *Artificial Intelligence Journal*, 28(2), (1986) 127–162

Dietterich, T.G. (1986): Learning at the Knowledge Level. *Machine Learning*, 1(3), (1986) 287–319

Dietterich, T.G., Bennet, J.S. (1986): The Test Incorporation Theory of Problem Solving). in: *Proceedings of the Workshop on Knowledge Compilation, Inn at Otter Crest, Oregon*, T.G. Dietterich (Hrsg.), (1986) 145–159

Dietterich, T.G., Michalski, R.S. (1983): Inductive Learning of Structural Descriptions: Evaluation Criteria and Comparative Review of Selected Methods. in: *Machine Learning*, R.S. Michalski, J.G. Carbonell, T.M. Mitchell (Hrsg.), Tioga, Palo Alto, Kalifornien, (1983) 41–81

Dietterich, T.G., Michalski, R.S. (1985): Discovering Patterns in Sequences of Objects. *Artificial Intelligence Journal*, 25(2), (1985) 187–232

Dietterich, T.G., London, B., Clarkson, K., Dromey, G. (1982): Learning and Inductive Inference. in: *The Handbook of Artificial Intelligence*, P.R.Cohen/E.A.Feigenbaum (Hrsg.), Chapter XIV, 3, Morgan Kaufmann, Los Altos, Kalifornien, (1982) 325–605

Doyle, J. (1979): A Truth Maintenance System. *Artificial Intelligence Journal*, 12(3), (1979) 231–272

Emde, W. (1983): Kontrainduktives Lernen von Konzepten aus Fakten. in: *GWAI-83, 7th German Workshop on Artificial Intelligence*, B. Neumann (Hrsg.), Informatik Fachberichte, 76, Springer, Berlin, (1983) 169–178

Emde, W. (1984): Inkrementelles Lernen mit heuristisch generierten Modellen. KIT-Report 22, Fachbereich Informatik, Technische Universität Berlin, (1984)

Emde, W. (1986): Big Flood in the Blocks World (or Non-Cumulative Learning). in: *Advances in Artificial Intelligence II (7th ECAI-86, Brighton, England, 1986)*, B. Boulay, D. Hogg, L. Steels (Hrsg.), Elsevier Pub. (North Holland), Amsterdam, (1987) 103–109

Emde, W. (1987): Non-Cumulative Learning in METAXA.3. KIT-Report 56, Fachbereich Informatik, Technische Universität Berlin, (1987), eine Kurzfassung ist erschienen in: *Proc. 10th IJCAI-87, Milan, Italy*, Morgan Kaufmann, Los Altos, Kalifornien, (1987) 208–210

Emde, W. (1988): An Inference Engine for Representing Multiple Theories. in: *Knowledge Representation and Organization in Machine Learning*, K. Morik (Hrsg.), Lecture Notes in Artificial Intelligence, 347, Springer, Berlin, (1989) 148–176

Emde, W. (1989): Lernen im geschlossenen Kreislauf. in: *Wissensbasierte Systeme - 3. Internationaler GI-Kongreß, München 1989*, W. Brauer, C. Freksa (Hrsg.), Informatik Fachberichte 227, Springer, Berlin, (1989) 72–84

Emde, W., Habel, Ch., Rollinger, C.-R. (1982): Automatische Akquisition von inferentiellem Wissen. in: *GWAI-82, 6th German Workshop on Artificial Intelligence*, W. Wahlster (Hrsg.), Informatik-Fachberichte, Springer, Berlin, (1982) 72–81

Emde, W., Habel, Ch., Rollinger, C.-R. (1983): The Discovery of the Equator (or Concept Driven Learning). in: *Proc. 8th IJCAI-83, Karlsruhe*, Morgan Kaufmann, Los Altos, Kalifornien, (1983) 569–575

Emde, W., Keller, I., Kietz, J.U., Morik, K., Thieme, S., Wrobel, S. (1989): Wissenserwerb und Maschinelles Lernen - Abschlußbericht des KIT-LERNER Projektes. KIT-Report 71, Fachbereich Informatik, Technische Universität Berlin, (1989)

Emde, W., Morik, K. (1986): Consultation Independent Learning. in: *Machine and Human Learning - Advances in European Research*, Y. Kodratoff, A. Hutchinson (Hrsg.), Michael Horwood, East Wittering, England, (1989) 93–104

Emde, W., Rollinger, C.-R. (1987): Wissensrepräsentation und Maschinelles Lernen. in: *Wissensrepräsentation in Expertensystemen*, G. Rahmsdorf (Hrsg.), Springer, Berlin, (1988) 172–189

Emde, W., Schmiedel, A. (1983): Aspekte der Verarbeitung unsicheren Wissens. KIT-Report 6, Fachbereich Informatik, Technische Universität Berlin, (1983)

Fagin, R., Kuper, G.M., Ullman, J.D., Vardi, M.Y. (1986): Updating Logical Databases. *Advances in Computing Research*, **3**, (1986) 1–18

Falkenhainer, B. (1987): Towards a General-Purpose Belief Maintenance System. Report UIUCDCS-R-87-1329, Department of Computer Science, University of Illinois at Urbana Champaign, (1987)

Feyerabend, P.K. (1976): Wider dem Methodenzwang. Suhrkamp, Frankfurt (a.M.), (1983) (überarbeitete, erweiterte Fassung von: Wider dem Methodenzwang - Skizze einer anarchistischen Erkenntnistheorie. Suhrkamp, (1976), erste Fassung erschien unter dem Titel: Against Method. Outline of an Anarchistic Theory of Knowledge. New Left Books, (1975))

Feyerabend, P.K. (1978): Der wissenschaftstheoretische Realismus und die Autorität der Wissenschaften - Ausgewählte Schriften, Band 1. Vieweg, Braunschweig, (1978)

Filman, R.E. (1988): Reasoning with Worlds and Truth Maintenance in a Knowledge-based Programming Environment. *Communications of the ACM*, **31**(4), (1988) 382–401

Fisher, D.H. (1987): Knowledge Acquisition Via Incremental Conceptual Clustering. *Machine Learning*, **2**(2), (1987) 139–172

Flann, N.S., Dietterich, T.G. (1986): Selecting Appropriate Representations for Learning from Examples. in: *Proc. AAAI-86, Phil., PA*, Morgan Kaufmann, (1986) 460–466

Gams, M., Lavrač, N. (1987): Review of Five Empirical Learning Systems Within a Proposed Schemata. in: *Progress in Machine Learning*, I. Bratko, N. Lavrač (Hrsg.), Sigma Press, Wilmslow, England, (1987) 46–66

Ginsberg, M.L. (1986): Counterfactuals. *Artificial Intelligence*, **30**, (1986) 35–79

Gust, H., Grothaus, M. (1987): Wissensbasisverwaltung für LILOG. LILOG-Report 30, IBM-Deutschland GmbH, Stuttgart, (1988)

Haase, K.W. (1986): Discovery Systems. in: *Advances in Artificial Intelligence II (7th ECAI-86, Brighton, England, 1986)*, B. Boulay, D. Hogg, L. Steels (Hrsg.), Elsevier Pub. (North Holland), Amsterdam, (1987) 111–120

Habel, Ch. (1982): Inferences - The Base of Semantics?. in: *Meaning, Use and Interpretation of Language*, R. Bäuerle, C. Schwarze, A. v. Stechow (Hrsg.), deGruyter, Berlin, (1983)

Habel, Ch. (1986): Prinzipien der Referentialität - Untersuchungen zur propositionalen Struktur von Wissen. Informatik-Fachbericht 122, Springer, Berlin, (1986)

Habel, Ch. (1987): Remarks on the Status of *Inference* in the Area of *Knowledge Representation*. Bericht 133, Fachbereich Informatik, Universität Hamburg, (1987)

Habel, Ch., Rollinger, C.-R. (1982): The Machine as Concept Learner. in: *Proc. of the ECAI-82, Orsay, Frankreich*, (1982)

Habel, Ch., Rollinger, C.-R. (1984): Lernen und Wissensakquisition. in: *Künstliche Intelligenz - Repräsentation von Wissen und natürlichsprachliche Systeme, KIFS-84*, Ch. Habel (Hrsg.), Springer, Berlin, (1985) 249-320–

Hayes-Roth, F. (1978): An Interference Matching Technique for Inducing Abstractions. *Communications of the ACM*, **21**(5), (1978)

Hayes-Roth, F. (1983): Using Proofs and Refutations to Learn from Experience. in: *Machine Learning: An Artificial Intelligence Approach*, R.S. Michalski, J.G. Carbonell, T.M. Mitchell (Hrsg.), Tioga, Palo Alto, Kalifornien, (1983) 221–240

Hayes-Roth, F., Waterman, D.A., Lenat, D.B. (Hrsg.) (1983): Building Expert Systems. Addison-Wesley, Reading, Massachusetts, (1983)

Heidelberger, M. (1983): Zur logischen Rekonstruktion wissenschaftlichen Wandels am Beispiel der *Ohm'schen Revolution*. in: *Zur Logik empirischer Theorien*, W. Balzer, M. Heidelberger (Hrsg.), de Gruyter, Berlin, (1983) 281–303

Holte, R.C. (1986): Alternative Information Structures in Incremental Learning Systems. in: *Machine and Human Learning - Advances in European Research*, Y. Kodratoff, A. Hutchinson (Hrsg.), Michael Horwood, East Wittering, England, (1989) 121–142

Inhelder, B., Piaget, J. (1968): The Law of Floating Bodies an the Elimination of Contradictions. in: *The Growth of Logical Thinking*, B. Inhelder, J. Piaget (Hrsg.), Routledge Kegan, London, (1968)

Kalish, D., Montague, R. (1964): Logic - Techniques of Formal Reasoning. Hartcourt, New York, (1964)

Kanngießer, S. (1984): Simulationskonzepte des Wissens und der Grammatik. in: *Probleme des (Text-) Verstehens*, C.-R. Rollinger (Hrsg.), Niemeyer, Tübingen, (1984) 24–44

Kauffman, H., Grumbach, A. (1986): MULTILOG: Multiple Worlds in Logic Programming. in: *Advances in Artificial Intelligence II (7th ECAI-86, Brighton, England, 1986)*, B. Boulay, D. Hogg, L. Steels (Hrsg.), Elsevier Pub. (North Holland), Amsterdam, (1987) 233–247

Kodratoff, Y. (1988): Introduction to Machine Learning. Pitman, London, (1988)

Kodratoff, Y., Tecuci, G. (1988): The Central Role of Explanations in DISCIPLE. in: *Knowledge Representation and Organization in Machine Learning*, K. Morik (Hrsg.), Lecture Notes in Artificial Intelligence 347, Springer, Berlin, (1989) 135–147

Kodratoff, Y., Ganascia, J.G., Bollinger, T. (1985): Using Structural Matching for Generalizing Examples. in: *GWAI-84, 8th German Workshop on Artificial Intelligence*, J. Laubsch (Hrsg.), Informatik Fachberichte 103, Springer, Berlin, (1985) 199–208

Kuhn, T.S. (1962): Die Struktur wissenschaftlicher Revolutionen. Suhrkamp, Frankfurt (a.M.), 5. Auflage (Übersetzung in der 2. Auflage revidiert, 1969 um ein Postscriptum ergänzt), (1981),

(Titel der Originalausgabe: The Structure of Scientific Revolutions. University of Cambridge, (1962))

Kuschinsky, G. (1975): Taschenbuch der modernen Arzeneimittelbehandlung. 7. Auflage, Thieme Verlag, Stuttgart, (1975)

Kutschera, F. von (1972): Wissenschaftstheorie II. Wilhelm Fink Verlag, München, (1972)

I. Lakatos, A. Musgrave (Hrsg.),1970 in: *Kritik und Erkenntnisfortschritt*, Vieweg, Braunschweig, (1974) 59–88, (Titel der Originalausgabe des Sammelbandes: Critism and the Growth of Knowledge. I. Lakatos, A. Musgrave (Hrsg.), Cambridge University Press, London, (1970))

Langbein, K., Martin, H.-P., Sichrovsky, P., Weiss, H. (1983): Bittere Pillen. Kiepenheuer & Witsch, Köln, (1983)

Langley, P., Nordhausen, B. (1986): A Framework for Empirical Discovery. in: *Addundum to Proceedings of the international Meeting on Advances in Learning - IMAL '86, Les Arcs, France*, (1986)

Langley, P., Zytkow, J.M., Simon, H.A., Bradshaw, G.L. (1983): Mechanisms for Qualitative and Quantitative Discovery. in: *Proceedings of the 2nd International Machine Learning Workshop, Allerton House - Monticello, Illinois* , (1983) 121–132

Langley, P., Gennari, J.H., Iba, W. (1987a): Hill-Climbing Theories of Learning. in: *Proceedings of the Fourth International Workshop on Machine Learning, Irvine, California*, Morgan Kaufmann, Los Altos, Kalifornien, (1987) 312–323

Langley, P., Simon, H.A., Bradshaw, G.L., Zytkow, J.M. (1987b): Scientific Discovery - Computational Explorations of the Creative Processes. MIT Press, Cambridge, Massachusetts, (1987)

Lebowitz, M. (1986): UNIMEM, A General Learning System: An Overview. in: *Advances in Artificial Intelligence II (7th ECAI-86, Brighton, England, 1986)*, B. Boulay, D. Hogg, L. Steels (Hrsg.), Elsevier Pub. (North Holland), Amsterdam, (1987) 25–35

Lebowitz, M. (1987): Experiments with Incremental Concept Formation: UNIMEM. *Machine Learning*, **2**(2), (1987) 103–138

Lenat, D.B. (1982): AM: Discovery in Mathematics as Heuristic Search. in: *Knowledge Based Systems in Artificial Intelligence*, R.Davis, D.G.Lenat (Hrsg.), McGraw Hill, New York, (1982)

Lenat, D.B. (1983): The Role of Heuristics in Learning by Discovery: Three Case Studies. in: *Machine Learning*, R.S. Michalski, J.G. Carbonell, T.M. Mitchell (Hrsg.), Tioga, Los Altos, Kalifornien, (1983) 243–306

Lenzerini, M., Nardi, D. (1988): Experimenting Belief Revision as Meta-reasoning. in: *Proceedings of the Workshop on Machine Learning, Meta reasoning and Logics (Sesimbra, Portugal)*, P. Brazdil (Hrsg.), (1988) 257–263

Luck, K. von, Owsnicki-Klewe, B. (1987): New AI Formalisms for Knowledge Representation: A Case Study. KIT-Report 57, Fachbereich Informatik, Technische Universität Berlin, (1987)

Manago, M.V., Kodratoff, Y. (1987): Noise and Knowledge Acquisition. in: *Proc. 10th IJCAI-87, Milan, Italy*, Morgan Kaufmann, Los Altos, Kalifornien, (1987) 348–354

Makinson, D. (1985): How to Give it up: A Survey of some Formal Aspects of the Logic of Theory Change. Synthese, 2, (1985) 347–363

Masterman, M. (1970): Die Natur eines Paradigmas. in: *Kritik und Erkenntnisfortschritt*, I. Lakatos, A. Musgrave (Hrsg.), Vieweg, Braunschweig, (1974) 59–88, (Titel der Originalausgabe des Sammelbandes: Critism and the Growth of Knowledge. I. Lakatos, A. Musgrave (Hrsg.), Cambridge University Press, London, (1970))

McAllester, D.A. (1982): Reasoning Utility Package - User's Manual. MIT, Memo 667, (1982)

McDermott, D. (1983): Contexts and Data Dependencies: A Synthesis. *IEEE Transactions of Pattern Analysis and Machine Intelligence*, **PAMI-5**(3), (May 1983) 237–246

Mettrey, W. (1987): An Assessment of Tools for Building Large Knowledge-Based Systems. *AI-Magazine*, (1987) 81–89

Michalski, R.S. (1983): A Theory and Methodology of Inductive Learning. in: *Machine Learning - An Artificial Intelligence Approach*, R.S. Michalski, J. Carbonell, T.M. Mitchell (Hrsg.), Tioga Press, Palo Alto, Kalifornien, (1983) 83–134

Michalski, R.S. (1985): Knowledge Repair Mechanisms. in: *Proc. 3rd International Machine Learning Workshop, Skytop, Pennsylvania*, (1985) 116–117

Michalski, R.S., Chilausky, R.L. (1980): Learning by Being Told and Learning from Examples: An Experimental Comparison of the Two Methods of Knowledge Acquisition in the Context of Developing an Expert System for Soybean Disease Diagnosis. *Policy Analysis and Information Systems*, 4(2), (1980)

Michalski, R.S., Stepp, R.E. (1985): Learning from Observation: Conceptual Clustering. in: *Machine Learning - An Artificial Intelligence Approach*, R.S. Michalski, J. Carbonell, T.M. Mitchell (Hrsg.), Tioga Press, Palo Alto, Kalifornien, (1983) 331–361

Michalski, R.S., Winston, P.H. (1986): Variable Precision Logic. *Artificial Intelligence*, **29**, (1986) 121–146

Mitchell, T.M. (1982): Generalization as Search. *Artificial Intelligence*, **18**(2), (1982) 203–226

Mitchell, T.M., Utgoff, P.E., Banerji, R. (1983): Learning by Experimentation: Acquiring and Refining Problem-Solving Heuristics. in: *Machine Learning - An Artificial Intelligence Approach*, R.S. Michalski, J. Carbonell, T.M. Mitchell (Hrsg.), Tioga Press, Palo Alto, Kalifornien, (1983) 163–190

Mitchell, T.M., Mahadevan, S., Steinberg, L.I. (1985): A Learning Apprentice for VLSI Design. in: *Proc. 9th IJCAI-85*, Morgan Kaufmann, Los Altos, Kalifornien, (1985) 573–580

Moore, R.C. (1984): Semantical Considerations on Non-Monotonic Logic. *Artificial Intelligence Journal*, **25**(1), (1984) 75–94

Morik, K. (1982): Überzeugungssysteme in der Künstlichen Intelligenz. Niemeyer, Tübingen, (1982)

Morik, K. (1987): Acquiring Domain Models. *International Journal of Man-Machine Studies*, **26**, (1987) 93–104

Morik, K. (1988): Sloppy Modeling. in: *Knowledge Representation and Organization in Machine Learning*, K. Morik (Hrsg.), Lecture Notes in Artificial Intelligence 347, Springer, Berlin, (1989) 107–134

Morik, K., Rollinger, C.-R. (1985): The Real Estate Agent - Modeling Users by Uncertain Reasoning. in: *The AI Magazine*, (Summer 1985) 44–52

Nebel, B. (1989): A Knowledge Level Analysis of Belief Revision. in: *Proceedings of the First International Conference on Principles of Knowledge Representation and Reasoning*, (1989)

Nebel, B. (1990): Reasoning and Revision in Hybrid Representation Systems. Lecture Notes in Artificial Intelligence, Vol. 422, Springer-Verlag, Berlin, (1990)

Neches, R., Swartout, W.R., Moore, J. (1985): Explainable (and Maintainable) Expert Systems. in: *Proceedings 9th IJCAI-85*, Los Angeles, Morgan Kaufmann, Los Altos, Kalifornien, (1985) 382–389

Newell, A. (1981): The Knowledge Level. *Artificiel Intelligence Journal*, **18**(1), (1982) 87–127

Nordhausen, B., Langley, P. (1987): Towards an Integrated Discovery System. in: *Proc. 10th IJCAI-85, Milan, Italy*, Morgan Kaufmann, Los Altos, Kalifornien, (1987) 198–200

Paredis, J. (1988): Qualified Logic as a Means of Integrating Conceptual Formalisms. in: *Proceedings of the 8th European Joint Conference on Artificial Inteligence (ECAI-88, München)*, Y. Kodratoff (Hrsg.), Pitman, (1988)

Poincaré, H. (1908): The Choice of Facts. Auszug aus einer Veröffentlichung von 1908, in: *On Scientific Thinking*, R.D. Tweney, M.E. Doherty, C.R. Myatt (Hrsg.), Columbia University Press, New York, (1981) 316–320

Puppe, F. (1987): Belief Revision in Diagnosis. in: *GWAI-87, 11th German Workshop on Artificial Intelligence*, K. Morik (Hrsg.), Springer, Berlin, (1987) 175–184

Quinlan, J.R. (1986): Induction of Decicion Trees. *Machine Learning*, 1, (1986) 81–106

Rajamoney, S.A. (1986): Automated Design of Experiments for Refining Theories.; Report UILU-ENG-86-2213, Coordinated Science Laboratory, University of Illonis at Urbana-Champaign, (1986)

Reinfrank, M. (1985): An Introduction to Non-Monotonic Reasoning.; Memo-Seki-85-02, Fachbereich Informatik, Universität Kaiserslautern, (1985)

Reinke, R.E., Michalski, R.S. (1985): Incremental Learning of Concept Descriptions: A Method and Experimental Results. in: *Machine Intelligence XI*, Michie, D. (Hrsg.), (1986)

Reiter, R. (1980): A Logic for Default Reasoning. in: *Artificial Intelligence*, **13**(1,2), (1980) 81–132

Reiter, R., Criscuolo, G. (1981): On Interacting Defaults. in: *Proceedings of the 7th International Joint Conference on Artificial Intelligence (IJCAI-81, Vancouver)*, (1981)

Rendell, L. (1985): Utility Patterns as Criteria for Efficient Generalization Learning. Report UIUCDCS-R-85-1209, Department of Computer Science, University of Illinois at Urbana-Champaign, (1985)

Rescher, N. (1973): The Coherence Theory of Thruth. Oxford University Press, (1973)

Rescher, N. (1980): Induktion: Zur Rechtfertigung des induktiven Schließens. Philosophia Verlag, München, (1987), Titel der Originalausgabe: Induction. An essay on the justification of Inductive Reasoning. Basil Blackwell, Oxford, (1980)

Rescher, N. (1984): Die Grenzen der Wissenschaft. Reclam, Stuttgart, 1985, Titel der Originalausgabe: The Limits of Science. University of Califorina Press, Berkeley, (1984)

Rich, E. (1983): Artificial Intelligence. McGraw-Hill series in artificial intelligence, New York, (1983)

Rollinger, C.-R. (1983): How to Represent Evidence - Aspects of Uncertain Reasoning. in: *Proc. 8th IJCAI-83, Karlsruhe*, (1983) 358–361

Rollinger, C.-R. (1984): Die Repräsentation natürlichsprachlich formulierten Wissens - Behandlung der Aspekte Unsicherheit und Satzverknüpfung. Dissertation, Fachbereich Informatik, Technische Universität Berlin, (1984)

Rose, D. (1988): Discovery and Belief Revision via Incremental Hill Climbing. in: *Proceedings of the Workshop on Machine Learning, Meta reasoning and Logics (Sesimbra, Portugal)*, P. Brazdil (Hrsg.), (1988) 129–145

Rose, D., Langley, P. (1986): Chemical Discovery as Belief Revision. *Machine Learning*, 1, (1986) 423–451

Rott, H.D. (1988): Reduktion und Revision - Aspekte des nichtmonotonen Theorienwandels. Dissertation, Fakultät für Philosophie, Wissenschaftstheorie und Statistik, Universität München, (1988)

Russell, S.E. (1985): The Complete Guide to MRS. Report No. KSL-85-12, Stanford University, Stanford, Kalifornien, (1985)

Salzberg, S. (1985): Heuristics for Inductive Learning. in: *Proc. 9th IJCAI-85, Los Angeles, Kalifornien*, Morgan Kaufmann, Los Altos, Kalifornien, (1985) 603–609

Sammut, C. (1979): Concept Learning by Experiment. in: *Proc. 7th IJCAI-79*, Vancouver, (1979) 104–105

Sammut, C. (1988): Logic Programs as a Basis for Machine Learning. in: *Proceedings of the Workshop on Machine Learning, Meta reasoning and Logics (Sesimbra, Portugal)*, P. Brazdil (Hrsg.), (1988) 183–193

Sammut, C., Banerji, R. (1986): Learning Concepts by Asking Questions. in: *Machine Learning - An Artificial Intelligence Approach Volume II*, R.S. Michalski, J.G. Carbonell, T.M. Mitchell (Hrsg.), Morgan Kaufmann, Los Altos, Kalifornien, (1986) 167–191

Samuel, A.L. (1959): Some Studies in Machine Learning using the Game of Checkers. in: *Computer an Thought*, E. Feigenbaum, J. Feldman (Hrsg.), McGraw-Hill, New York, (1963) 71–105

Schlimmer, J.C. (1987): Incremental Adjustment of Representations in Learning. in: *Proc. Fourth International Workshop on Machine Learning*, P. Langley (Hrsg.), Morgan Kaufmann, Los Altos, Kalifornien, (1987) 79–90

Schmiedel, A. (1984): Eine Inferenzmaschine fuer die Verarbeitung unsicheren Wissens.; in: *Probleme des (Text-) Verstehens*, C.-R. Rollinger (Hrsg.), Niemeyer, Tübingen, (1984)

Shapiro, E.H. (1981): Inductive Inference of Theories from Facts. Research Report 192, Yale University, (1981)

Shortliffe, E.H. (1976): MYCIN: Computer-based Medical Consultations. American Elsevier, New York, (1976)

Shrager, J. (1987): Theory Change via View Application in Instructionless Learning. *Machine Learnig*, **2**, (1987) 247–276

Someren, M.W. van (1988): Using Dependencies between Attributes for Rule Learning.; in: *Knowledge Representation and Organization in Machine Learning*, K. Morik (Hrsg.), Lecture Notes in Artificial Intelligence 347, Springer, Springer, Berlin, (1989) 192–210

Stegmüller, W. (19Stegmueller): Hauptströmungen der Gegenwartsphilosophie - Eine kritische Einführung. Band II, 6. erweiterte Auflage, Taschenausgabe, Bd. 309, Alred Kröner Verlag, Stuttgart, (1979)

Stepp, R.E., Michalski, R.S. (1986): Conceptual Clustering: Inventing Goal-Oriented Classifications of Structured Objects. in: *Machine Learning - An Artificial Intelligence Approach Volume II*, R.S. Michalski, J.G. Carbonell, T.M. Mitchell (Hrsg.), Morgan Kaufmann, Los Altos, Kalifornien, (1986) 471–498

Thieme, S. (1988): The Acquisition of Model-Knowledge for a Model-Driven Machine Learning Approach. in: *Knowledge Representation and Organization in Machine Learning*, K. Morik (Hrsg.), Lecture Notes in Artificial Intelligence 347, Springer, Berlin, (1989) 177–191

Tweney, R.D., Doherty, M.E., Myatt, C.R. (Hrsg.) (1981): On Scientific Thinking. Columbia University Press, (1981)

Velde, W. van de (1988): Learning from Experience. Technical Report 88.1, Vrije Universiteit Brussel, AI-LAB, (1988)

Vere, S. (1975): Induction of Concepts in the Predicate Calculus. in: *Proceedings 4th International Joint Conference on Artificial Intelligence (IJCAI-75)*, Tiblisi, (1975)

Wachsmuth, I. (1987): On Structuring Domain-Specific Knowledge. LILOG-Report 12, IBM-Deutschland GmbH, Stuttgart, (1987)

Wachsmuth, I. (1988): Zur intelligenten Organisation von Wissensbeständen in künstlichen Systemen. Habilitationsschrift, Universität Osnabrück, (1988)

Wason, P., Johnson-Laird, P.N. (1972): in: *On Scientific Thinking*, R.D. Tweney, M.E. Doherty, C.R. Myatt (Hrsg.), Columbia University Press, New York, (1981) 129–137 (Auszug aus: Wason, P., Johnson-Laird, P.N. (1972): Psychology of Reasoning: Structure and Content. Harvard University Press, Cambridge, (1972))

Winston, P. (1975): Learning Structural Descriptions from Examples. in: *The Psychology of Computer Vision*, P. Winston (Hrsg.), McGraw-Hill, New York, (1975)

Wirth, R. (1988): An Approach to Rule Base Refinement. in: *Proceedings of the Workshop on Machine Learning, Meta reasoning and Logics (Sesimbra, Portugal)*, P.Brazdil (Hrsg.), (1988)

Wrobel, S. (1987a): Design Goals for Sloppy Modeling Systems. *International Journal of Man-Machine Studies*, (1988)

Wrobel, S. (1987b): Higher-order Concepts in a Tractable Knowledge Representation. in: *Proc. 11th German Workshop on Artificial Intelligence 87*, Springer, Berlin, (1987)

Wrobel, S. (1988): Demand-Driven Concept Formation. in: *Knowledge Representation and Organization in Machine Learning*, K. Morik (Hrsg.), Lecture Notes in Artificial Intelligence 347, Springer, Berlin, (1989) 289–319

Stichwortverzeichnis

Namenregister